俄罗斯远东史

(第三卷)

刘爽　程红泽　等著

HISTORY OF THE RUSSIAN FAR EAST

中国社会科学出版社

第三卷目录

第十四章　苏联解体后的远东 ……………………………… (611)
 第一节　苏联解体后远东地区政治经济形势 ……………… (611)
  一　远东地区多党制的建立与发展 ………………………… (611)
  二　远东地区的经济形势 …………………………………… (615)
 第二节　远东地区的社会问题 ………………………………… (618)
  一　远东地区的工人罢工 …………………………………… (618)
  二　远东地区的犯罪问题 …………………………………… (619)
  三　远东地区的生态环境问题 ……………………………… (622)
 第三节　"休克疗法"对远东的影响 ………………………… (625)
  一　远东"休克疗法"的推行 ……………………………… (625)
  二　"休克疗法"对远东经济社会的影响 ………………… (626)

第十五章　俄远东地区与中国的边境贸易 ………………… (629)
 第一节　中俄边贸发展的历史回顾 …………………………… (629)
  一　苏联解体后远东与中国的边境贸易 …………………… (629)
  二　21世纪初中俄边境贸易的蓬勃发展 …………………… (631)
  三　中俄边贸繁荣发展的原因 ……………………………… (632)
 第二节　中俄边境贸易的特点与商品结构 …………………… (634)
  一　中俄边境贸易的特点 …………………………………… (634)
  二　黑龙江省与俄边境贸易商品结构 ……………………… (635)
  三　中俄贸易与地方产业结构的优化调整 ………………… (639)
 第三节　边境贸易与口岸的发展 ……………………………… (640)

  一　铁路口岸 ···（640）
  二　公路口岸 ···（642）
  三　水运口岸 ···（645）
  四　航空口岸 ···（654）

第十六章　远东经济的恢复与发展 ···（658）
第一节　远东开发新战略的制定 ···（658）
  一　远东发展战略要点 ··（658）
  二　新一轮俄远东开发政策分析 ···（660）
  三　远东未来发展方向及合作需求 ··（663）
第二节　远东经济的主要领域 ···（665）
  一　远东地区经济主要领域的发展 ··（666）
  二　远东地区的中小企业 ··（671）
  三　远东的对外经济关系 ··（672）
第三节　远东地区的创新经济 ···（674）
  一　远东的科技与创新 ···（674）
  二　远东创新经济存在的主要问题 ··（678）
  三　远东创新经济发展的趋势 ··（680）

第十七章　远东的交通运输业及规划 ···（683）
第一节　陆路运输 ···（685）
  一　西伯利亚大铁路的运营状况 ···（685）
  二　贝阿铁路运营及问题 ··（686）
  三　远东铁路网建设方案 ··（688）
  四　远东公路网建设 ···（692）
第二节　航空运输 ···（698）
  一　远东地区的航空运输 ··（698）
  二　远东航空业发展计划 ··（701）
第三节　内河及海洋运输 ··（704）
  一　河运及海运发展状况 ··（704）

二　远东航运的国际合作 ……………………………………（711）
　　三　远东航运发展的战略意义 ………………………………（716）
第四节　管道运输 …………………………………………………（718）
　　一　管道基础设施的建设 ……………………………………（718）
　　二　管道基础设施的未来发展方向 …………………………（721）

第十八章　21世纪初的远东社会 …………………………………（723）
第一节　远东地区人口结构状况 …………………………………（723）
　　一　远东地区人口自然结构变化 ……………………………（723）
　　二　远东地区人口地理结构 …………………………………（732）
　　三　远东地区主要民族人口构成 ……………………………（735）
第二节　远东地区的主要社会问题 ………………………………（739）
　　一　高发疾病与高死亡疾病 …………………………………（739）
　　二　远东人口老龄化问题 ……………………………………（743）
　　三　远东地区的贫富分化 ……………………………………（746）
第三节　远东地区劳动力与就业问题 ……………………………（752）
　　一　远东劳动力就业结构及分布 ……………………………（752）
　　二　远东地区失业问题 ………………………………………（757）
　　三　远东地区劳动力收入 ……………………………………（762）
第四节　远东地区的犯罪问题 ……………………………………（764）
　　一　远东地区的有组织犯罪 …………………………………（764）
　　二　远东地区的"影子经济" ………………………………（768）
第五节　远东地区的外来移民 ……………………………………（775）
　　一　远东地区外来人口结构与数量 …………………………（776）
　　二　远东移民政策与人口安全 ………………………………（784）

第十九章　远东的科教文卫事业 …………………………………（789）
第一节　远东的科研机构 …………………………………………（789）
　　一　俄罗斯科学院远东分院的机构设置 ……………………（789）
　　二　俄罗斯科学院远东分院的重要成果 ……………………（796）

三　俄罗斯农业科学院远东分院的发展历程 …………………（799）
　第二节　远东的教育事业 ……………………………………………（802）
　　一　远东地区普通教育不断进步 ………………………………（803）
　　二　远东地区职业教育发展的新时期 …………………………（807）
　　三　远东高等教育蓬勃发展 ……………………………………（810）
　第三节　远东的医疗卫生事业 ………………………………………（815）
　　一　苏联解体后远东地区的基本卫生状况 ……………………（816）
　　二　远东地区医疗保障体制改革 ………………………………（822）
　　三　远东地区公共卫生事业的发展 ……………………………（828）
　第四节　远东公共文化事业的发展 …………………………………（833）
　　一　远东的公共文化设施建设 …………………………………（834）
　　二　远东的公共文化服务水平 …………………………………（839）
　　三　远东地区与中国的文化交流与合作 ………………………（843）

第二十章　远东开发的新阶段 …………………………………………（847）
　第一节　2025远东发展纲要的实施 …………………………………（847）
　　一　2025远东战略出台的历史背景 ……………………………（847）
　　二　2025远东战略的主要内容 …………………………………（848）
　　三　2025远东战略对俄亚太政策的影响 ………………………（853）
　第二节　新时期的远东能源开发 ……………………………………（856）
　　一　远东能源经济发展状况 ……………………………………（856）
　　二　远东能源开发区域分布 ……………………………………（861）
　　三　远东能源开发与国际合作 …………………………………（865）
　第三节　蓬勃发展的远东旅游业 ……………………………………（868）
　　一　远东地区的主要旅游资源 …………………………………（868）
　　二　远东旅游业的发展及问题 …………………………………（872）
　　三　远东旅游业的目标和发展路径 ……………………………（875）
　第四节　远东超前社会经济发展区的建立 …………………………（877）
　　一　《俄罗斯社会经济超前发展区联邦法》的颁布 ……………（877）
　　二　远东超前发展区的内涵与特点 ……………………………（881）

三　远东超前发展区与国际合作 …………………………（883）
　　四　新时期远东开发开放及其展望 ………………………（886）

主要参考文献 ……………………………………………………（894）

俄汉地名对照表 …………………………………………………（897）

俄汉人名对照表 …………………………………………………（913）

后　　记 …………………………………………………………（928）

第十四章

苏联解体后的远东

苏联解体为远东地区带来了前所未有的政治、经济与社会变革。政治体制经历了重大转型，经济和社会结构也面临着深刻的调整。远东地区在新的历史阶段中呈现出独特的面貌，包括政治格局的重塑、经济体系的调整以及社会层面的多元变化。这些变化不仅影响了地区内部的发展，也对其国际关系产生了深远影响，反映了这一时期该地区发展的新动向和面临的挑战。

第一节 苏联解体后远东地区政治经济形势

一 远东地区多党制的建立与发展

苏联时期，共产党是唯一政党，其他政党事实上并没有形成。苏联解体之后，俄罗斯多党制的确立经历了一个从混乱无序状态逐渐走向规范化和法制化的过程。许多政党都以所谓的人民的名义，实际上却代表着一部分人的利益，有的甚至是为了一己私利。政党林立实际上并没有给人民带来期望的和平和富裕的生活，反而是党派间争夺不断，使国家陷入"民主"所带来的混乱之中。

到 1993 年 12 月通过《俄罗斯联邦宪法》之前，在俄罗斯出现了成百上千不同类别的政党和政治组织，它们的政治纲领不一，组织情况差别也很大。在拥护叶利钦的右翼激进民主派政党和反对叶利钦的以俄共为首的左翼政党及其他组织展开了激烈的斗争。斗争的主要形式是示威游行等街头活动。1993年10月,叶利钦总统与议会的矛盾激化,最终导致炮轰"白宫"流血事件和解散议会。1993年12月以全民公决的方式通过了新宪法。宪法宣布:"在俄罗斯联邦,承认政治多元化和多党制","每个人都享有自由组成社会联合组织的权利"[1],各政党在法律上具有平等的政治地位,由此奠定了多党制的宪法基础。宪法还规定,俄罗斯政治进入了相对稳定的发展时期。此后,政治斗争形式不再是"街头示威"和"暴力"行动,国家杜马成为各政党进行斗争的主要场所。各政党为了赢得选民的支持,也积极参与杜马选举。

1995年,俄政府颁布了《俄罗斯联邦社会联合组织法》[2],但并没有制定出一个规范政党活动的政党法。经过多年反复讨论和修改,俄罗斯国家杜马在2001年6月21日通过了《俄罗斯联邦政党法》(以下简称《政党法》),联邦委员会于6月29日批准了这一法案。普京总统在7月12日签署了《政党法》并予以正式颁布。《政党法》对政党的成立、登记和撤销、党员的人数和地区组织的数量、政党的宗旨和活动形式、政党的权利和义务等都做了详细的规定。一个政党必须拥有1万名以上成员,并且至少在一半以上联邦主体内建有人员不少于100名的地区组织,在其他联邦主体的地区组织成员不少于50名;政党必须推举候选人参加全国立法、权力机构和地方各级自治代表机构选举;不允许按职业、种族或宗教属性建立政党;成立政党必须先组成发起委员会,举行成立大会,然后召开代表大会,通过党的纲领和章程,并把这些文件提交负责政党登记的部门审核;凡在杜马选举中得票超过3%而组成议会党团,或通过单席位选举制在议会中拥有12名议员的政党都可以获得国家的财政资助。

叶利钦在任期间一共进行了三次杜马选举。其中包括1993年12月杜马第一次选举和1995年第二次选举。1999年第三届杜马选举,俄共、自由民主党、亚博卢党、右翼力量联盟、祖国—全俄罗斯和团结联盟是此次选举的重要参与者。俄共、自由民主党、亚博卢党政治主张比

---

[1] Каждый имеет право на объединение (ст. 30 Конституции России), https://01.мвд.рф/document/201361.

[2] Федеральный закон "Об общественных объединениях", https://base.garant.ru/10164186/#friends.

较固定,有比较稳定的选民,右翼力量联盟是除亚博卢以外的自由民主党的联盟,也是元老级的党派。祖国—全俄罗斯和团结联盟是1999年选举的焦点,这两个中间政党的出现结束了两极化的选举政治。团结联盟由于普京的支持获得了23.32%的选票,俄共与亚博卢的支持率与1995年相比区别不大,右翼力量联盟获得8.52%的选票,而自由民主党损失很大,几乎丢掉了一半的选票。

2000年普京入主克里姆林宫之后,对政党制度进行了一系列改革,特别是《政党法》的制定和实施,使政党活动逐步走上正常的法制化轨道,政党在国家政治生活中的作用也有所提高。各类政党和政治组织经过重新组合,初步形成由左、中、右三派政党组成的多党制格局。俄罗斯虽然政党很多,但除少数政党有明确的纲领、严密的组织和广泛的群众基础外,大多数政党和运动都没有形成自己的组织体系。有的党只是为了参加杜马选举而临时拼凑起来的,成立时间很短。有的党只有一些领导人和积极分子,并没有自己的基层组织。有的党不是严格意义上的政党,而只是群众组织,例如,俄罗斯妇女、退休者党等。普京总统也认为:"国家还没有形成一个能够发挥作用的政党体系",俄罗斯"所缺少的就是能够把俄罗斯人团结起来、有威望的、形成了体系的党"。另外,俄罗斯的"寡头"对各政党有重要影响。[1]

除此之外,普京对政党的发展采取了严格的限制措施。把原先规定的每个政党至少要拥有1万名党员提高到5万人,把原先规定的在半数以上俄罗斯联邦主体内所建地方分部的党员人数由100名的下限提高到500人。显然,这样做的目的是进一步限制小党的活动,鼓励、支持联邦性大党的发展。同时,还制定了涉及政党的其他法律。2002年,颁布了新的《俄罗斯联邦会议国家杜马议员选举法》(以下简称《选举法》)。新《选举法》对国家杜马选举制度做了很多调整和改革,比如,从2007年第五届国家杜马选举开始,得票超过7%的政党才可以参加杜马席位的分配。

2003年第四届杜马选举结束后,很多小党或自行解散,或纷纷要求并入统一俄罗斯党、公正俄罗斯党,从而大大增强了俄罗斯政党结构

---

[1] 李兴耕:《俄罗斯的政党现状及其发展趋势》,《今日东欧中亚》2000年第3期。

的稳定性。实际上，俄共等三个政党都成了统一俄罗斯党的陪衬，俄共影响力大大下降。而统一俄罗斯党与公正俄罗斯党是亲政府的政党，公正俄罗斯党进入议会，使亲政府的政党在议会中的地位更加稳固。因此，反对党的作用实际很难发挥。此时俄共面临双重危机。党员队伍老龄化；俄共在议会中的地位受到打击，新生力量不愿意加入俄共，导致其群众基础危机；2005年又对《选举法》进行重大修改，自2007年起俄罗斯的议会选举将完全转到按政党名单进行表决的比例代表制。

苏联时期，远东也和其他地区一样，除了共产党，并没有其他政党。1991年之后的远东，在向西方式的多党制转变过程中，出现了许多政党，各政党为了争夺选民进行各种形式的拉选票行动。其中，有的政党依托国外势力，成了国外势力的代言人。

根据远东联邦区2006年注册登记统计，在联邦区内注册的法人社会政治团体6927家，其中176家属于政治团体的分支机构。[①] 主要的社会团体和政党组织集中在两个联邦主体区域内，即滨海边疆区和萨哈共和国（雅库特），分别拥有1836家（占26.5%）和1531家（占22.1%）。哈巴罗夫斯克边疆区处于第三位，拥有1076家（占15.5%）。除此之外，阿穆尔州为635家（占9.2%）；堪察加边疆区为464家（占7%）；马加丹州为452家（占6.5%）；萨哈林州为677家（占9.8%）；犹太自治州为177家（2.6%），楚科奇自治区为79家（占1.1%）。一部分社会组织类似于苏联时期的工会组织，共有1896家，占27.4%。还有一些专业性的组织，主要是体育运动组织，大概有900家，占总数量的13%，大部分都集中在滨海边疆区（294家）和哈巴罗夫斯克边疆区（164家）。许多协会申报的目的是保护自己的某些权利、某个社会团体的社会利益，特殊社会弱势群体等。

远东联邦区现有140家人权组织（其中哈巴罗夫斯克有7家），161家慈善组织，100多家教育组织和107家环保组织。此外，根据社会分工的不同，还有391家残疾人组织、320家民族组织、350家青少年和儿童组织、超过200家军事协会，39家阿富汗战争老战士利益保护组织，45家哥萨克协会。

---

① Много партий - хороших и разных! http://debri-dv.com/article/247.

2003年初远东地区有注册政党60个，到2004年中期只剩下48个。2005年远东地区很多政党被取缔，主要有俄罗斯联邦全国爱国力量党、劳动者自我管理党、欧亚党—俄罗斯爱国者联盟等。《政党法》修改后，一些政党由于未达到法定人数，已经转变为从事社会活动的社团组织。

目前，在远东地区的33个政党组织中，俄罗斯国家保守党于2006年4月1日在远东联邦区注册，共有176个分支机构，包括173个地区分部和3个地方办事处。该党在哈巴罗夫斯克边疆区就有25个分支机构和1个办事处。从俄罗斯政党制度注册登记信息可以看出，统一俄罗斯党、俄罗斯共产党和自由民主党在俄罗斯联邦区都有分支机构，其中包括远东联邦区。在远东9个联邦主体中（不包括楚科奇自治区），都有俄罗斯退休者党组织，除了萨哈林州，其余8个联邦主体中，俄罗斯人民党、正义力量党、亚博卢党、生活党、右翼力量联盟都设有分支机构。除此之外，在远东联邦区内还有998个宗教组织，其中滨海边疆区有291个（占29.1%）、哈巴罗夫斯克边疆区有167个（占16.7%）。在远东地区内有26个教区。

二 远东地区的经济形势

20世纪90年代，远东经济形势如全俄一样，陷入深刻的危机之中，全部经济指标都急剧下滑，生产持续下降。远东经济最发达的滨海边疆区1995年的总产值比上年下降了19%，而1996年又下降了13%，为20.4万亿卢布，其工农业产值1996年比上年分别减少38.6%和2%。另一个经济发达地区哈巴罗夫斯克边疆区总产值1995年比上年下降12%，1996年又下降了10%，为15.1万亿卢布，其工农业产值1996年分别比上年减少了13%和11%。阿穆尔州总产值1995年比上年下降5%，1996年又下降了11%，为10.7万亿卢布。这个州工业产值下降幅度更大，1995年比上年减少18.5%，1996年降幅高达23.2%，1996年的农业产值减少7.2%。[1]

---

[1] 李传勋：《俄罗斯远东地区近期社会经济形势浅析》，《俄罗斯中亚东欧研究》1997年第5期。

企业由于经营亏损而大量负债,至 1996 年 12 月 1 日,滨海边疆区工业、运输业、建筑业欠债权人债务高达 12.2 万亿卢布,其中 52% 是逾期欠款。对供货人的商品、工程和服务的逾期欠款为 2.8 万亿卢布,买主的逾期欠款为 2.6 万亿卢布。哈巴罗夫斯克边疆区同期欠债权人的债务,包括贷款和债券债务,总额高达 11.7 万亿卢布,其中 56% 是逾期欠款。欠供货人的原料款为 3.2 万亿卢布,逾期预算缴款额达 1.2 万亿卢布,债务人欠款为 6.7 万亿卢布,买主对企业的逾期欠款达 3.4 万亿卢布。阿穆尔州的债务总额,包括工业、建筑业、运输业和农业的企业和单位的银行贷款和债券债务在 1995 年增加了 82%,达 6 万亿卢布,其中 70% 是逾期欠款。这些部门的企业和单位欠国家预算和预算外基金的款项 1995 年增加了 2 倍,达 2.5 万亿卢布。买主欠商品(工程和服务)款达 2.6 万亿卢布。集中于生产领域的巨额"三角债"把企业压得喘不过气来。支付危机引发销售危机,导致该地区很多企业停工,有些企业已濒临破产。越积越多的"三角债"还危及财政金融系统的稳定,也是引起通货膨胀的重要因素。

1996 全俄国内生产总值下降 5%,工业产值下降 5%,农业产值下降 6%。而远东地区即使是最发达的滨海边疆区、哈巴罗夫斯克边疆区、阿穆尔州,生产下降幅度也大大超过全俄的平均下降水平。1996 年全俄生活在贫困线以下的人口为 3600 万,占总人口的 1/4,而远东地区占 1/3。1998 年远东工业产值为 1997 年的 98.1%。与 1997 年相比,远东地区的发电量达到上年的 96.1%,石油开采量为 99%、采煤量为 88%、有用材采伐量为 73%、锯材产量为 83%、捕捞量为 95%、铁路货运量为 88%、水路货运量为 86%,出口量减少了 37%。1999 年上半年工业生产降幅为 1.1%。① 1999 年全俄失业人数约 280 万,占经济自立人口的 1/3;而滨海边疆区的失业人数为 12.8 万,占经济自立人口的 9.2%;哈巴罗夫斯克边疆区的失业人数为 9.4 万,占经济自立人口的 12.8%;阿穆尔州的失业人数为 6 万,占经济自立人数的 11.6%。

和全俄经济不同的是,1991 年以后,远东经济出现连续下滑,直

---

① [俄] П. А. 米纳基尔:《当前远东经济形势的某些特点》,殷建平译,《西伯利亚研究》2001 年第 1 期。

到1999年才出现缓慢增长迹象。与1991年相比，1999年远东经济指数下降了61%，比全俄高出11百分点（见表14—1）。

表14—1　　1992—2001年俄罗斯及远东地区失业人口数量①　　单位：万人

年份	1992	1995	1996	1997	1998	1999	2000	2001
全俄	387.7	671.1	673.2	805.8	890.2	932.3	751.5	641.6
中央联邦区	96.7	151.5	146.1	156.4	169.7	188.1	144.9	115.6
西北联邦区	46.8	81	82.2	88.2	104.4	102.2	72.4	57.8
南方联邦区	61.5	115.9	115.6	143.7	158.2	176.6	144.7	129.3
伏尔加河沿岸联邦区	72.6	140.2	139.3	165.2	182.9	177.7	151.3	132.6
乌拉尔联邦区	33	50.5	56.1	67.0	73.7	79.4	62.5	57.4
西伯利亚联邦区	54.6	91.4	95.4	133.8	146.6	150.9	128.5	111.1
远东联邦区	22.4	40.6	38.5	51.5	54.7	57.5	47.0	37.8
萨哈共和国（雅库特）	2.0	3.7	3.5	6.4	6.8	7.0	5.6	4.0
滨海边疆区	6.4	12.1	11.4	14.7	16.5	15.2	13.9	9.9
哈巴罗夫斯克边疆区	4.7	9.0	9.6	9.8	9.3	11.1	9.2	8.0
阿穆尔州	2.7	6.9	5.6	8.0	8.2	8.4	7.0	5.9
堪察加州	1.6	1.7	1.6	2.9	3.9	4.2	3.6	3.4
马加丹州	1.2	1.4	1.5	1.9	2.5	3.0	1.6	1.6
萨哈林州	2.9	4.1	3.9	5.0	5.2	6.4	4.2	3.9
犹太自治州	0.8	1.7	1.2	2.4	2.2	1.7	1.4	0.9
楚科奇自治区	0.2	—	—	0.5	0.2	0.5	0.5	0.3

资料来源：根据 Регионы России: социалиьно－экономическиепоказатели（2015）和 Статистический ежегодник（2013）数据整理得出。

从数字统计来看，苏联解体后，远东失业人数占总人口比重一直处于上升态势，从1992年的22.4万到1999年的57.5万，增加3.5倍。虽然从绝对数量来看，远东联邦区的失业人数远远低于其他联邦区，但是从人口数量比率分析，远东失业率远远高出其他地区。1999年全俄

---

① Регионы россии социально－экономические показатели 2015, статистический сборни, москва 2013.

人口1.46亿人,失业人口751.5人,失业人数占总人口比重为5.1%,而1999年远东人口726.1万人,失业人口57.5万人,失业比重为7.9%,比全俄平均值高出2.8个百分点。与相邻的西伯利亚联邦区相比,远东失业比重也是很高的。1999年西伯利亚联邦区人口2090万人,失业人口150.9万人,失业比重为7.2%,比远东联邦区低0.7个百分点。与中央联邦区相比,二者的差距就更加明显。1999年中央联邦区人口3713万人,失业人口188万人,失业比重为5.1%,比远东联邦区低2.8个百分点。从以上分析可以得出这样的结论:虽然远东地区资源丰富,又处在中日韩经济较发达国家周边,具有交通优势、地缘优势,经济基础比较优越,但是远东地区人民并没有享受到这些优越条件带来的福利,却要品尝高出全俄失业率的苦果。因此,如何发挥好自身优势,借力发力,促进远东地区经济发展不仅是经济问题,更是一个综合性的区域发展问题。

在远东联邦区,滨海边疆区、哈巴罗夫斯克边疆区和阿穆尔州失业人数最高。1999年三个州区的失业人数总和达到了34.8万人,占远东地区失业总人口的60.5%。其中滨海边疆区占远东失业总人口的26.5%。而且自1992年滨海边疆区的失业人口一直居高不下,1999年比1992年增加了2.4倍,低于远东联邦区0.1个百分点,与全俄增长速度持平。远东地区失业人数最低的地区楚科奇自治区,1999年只有4700人,但1999年楚科奇总人口也只有8.3万人,失业比重也达到了5.6%。

从性别来看,男性失业人口远远高于女性。2001年远东联邦区失业人口37.8万人,其中男性20.4万人,女性17.4万人。同样以2001年为例,失业人口年龄结构也有差异。2001年20岁以下失业人口为7.9%,20—29岁为31.8%;30—39岁为24.1%;40—49岁为23.8%;50—59岁为9.7%;60—72岁为2.7%。从中可以看出,与大多数国家和地区一样,中年人是失业率最高的人群。

第二节 远东地区的社会问题

一 远东地区的工人罢工

远东地区发生的罢工、集会抗议频次要高于全俄平均水平。例如,在滨海边疆区，1996年有209个企业举行过罢工，参加人数超过1.5万人；所有的城市和区都举行过抗议欠发工资的群众集会，抗议活动波及科研、教育、卫生、公用事业、农工综合体、造船业、军事工业综合体、煤炭工业、电力和热力工业等部门，其范围之广历史罕见。由于欠薪，远东地区警察甚至也参加了罢工。1997年2月初，阿穆尔州布拉戈维申斯克市就有113名警员投书《阿穆尔真理报》，呼吁市和州政府补发他们5个月的工资。1997年3月，滨海边疆区一个治安民警队给当地政府和边疆区政府领导人写信，要求清偿从1996年11月起拖欠的工资，不然就集体绝食。教育、卫生、文化艺术和科研单位欠薪占阿穆尔州欠薪总额的77%，由于这些单位的职工工资只有工业部门的一半、银行系统的1/4—1/3，加上长期拖欠不发，职工生活处于更加困难的境地。因此，他们常常走在罢工和抗议活动队伍的前列。阿穆尔州1996年发生的59起罢工中，就有45起是学校和学龄前教育机构的教工发动的。

二 远东地区的犯罪问题

经济不景气，失业率上升，社会矛盾突出，导致远东地区犯罪率高于俄罗斯其他地区。

苏联解体最初的10年间，俄罗斯的犯罪率并没有发生较大变化，只是在20世纪末期，犯罪率增加的幅度较大。1999年与1995年相比，犯罪率增加了8%，进入21世纪，犯罪率略有下降。20世纪末与1995年比，增长速度最快的就是与贩毒有关的各类刑事案件，案件数量增加了3倍多。远东地区确是犯罪率高发地区，各类刑事案件频发。

1990—2001年，远东地区的犯罪率一直处于全国前列。2001年更是上升到全俄各联邦区第二的位置，是全俄平均水平的1.2倍，与犯罪率最高的乌拉尔联邦区只相差0.03个百分点，高出犯罪率最低的南方联邦区1.6倍。在这10年间，远东地区犯罪率增长了1.5倍。与相邻的西伯利亚联邦区相比，远东地区的犯罪率也高出0.3个百分点，而西伯利亚联邦区在全俄处于第3位。2001年在远东联邦区内部，犯罪率最高的是犹太自治州，比远东联邦区高出1.3倍。每10万人超过3000起的除了犹太自治州，还有哈巴罗夫斯克边疆区，比远东联邦区平均水平高出1.2倍。犯罪率最低的是楚科奇自治区，犯罪率只相当于远东联邦区的58.3%，占全俄平均水平的71.1%，在全俄83个联邦主体中处于第67位。犯罪率低于2000起/10万人的还有萨哈共和国（雅库特），犯罪率只相当于远东联邦区的65.2%（见表14—2）。

表14—2　　1990—2001年谋杀及谋杀未遂犯罪案件数量　　单位：起

年份	1990	1995	1996	1997	1998	1999	2000	2001
全俄	15566	31703	29406	29285	29551	31140	31829	33583
中央联邦区	2937	7190	6678	6703	6267	6625	6431	6863
西北联邦区	1317	3075	2948	2728	2987	2980	3012	3254
南方联邦区	1943	3730	3535	3353	3434	3570	4076	4327
伏尔加河沿岸联邦区	3093	6027	5647	5739	5920	6487	6244	6539
乌拉尔联邦区	1532	3056	2820	2876	2917	3233	3423	3733
西伯利亚联邦区	3416	6233	5579	5707	5845	5926	6354	6403
远东联邦区	1182	2108	1982	1963	1950	2046	2026	2209
萨哈共和国（雅库特）	233	268	268	298	291	321	319	322
滨海边疆区	335	634	603	541	561	609	621	707
哈巴罗夫斯克边疆区	309	540	492	496	520	515	484	577
阿穆尔州	123	203	195	202	215	205	207	200
堪察加州	47	81	83	85	72	81	72	62
马加丹州	62	98	61	80	63	54	74	65
萨哈林州	73	200	200	186	156	212	173	202
犹太自治州	—	62	51	55	50	36	57	54
楚科奇自治区	—	22	29	20	22	13	19	20

资料来源：根据 Регионы России: социалиьно – экономическиепоказатели（2004）数据整理得出。

1990—2001年，远东地区的谋杀及谋杀未遂犯罪案件数量与其他联邦区相比，案件不是很多。在此期间，案件总数为15466起，占全俄所有此类案件的6.6%。2001年在远东联邦区内部，谋杀案件最高的是滨海边疆区，占远东联邦区的32%。占第2位的是哈巴罗夫斯克边疆区，2001年发生577起谋杀案件，占远东联邦区的26.1%。从以上分析可以得出这样的结论：谋杀案件高发地区一般是经济比较发达地区，各类刑事案件的频发往往与经济纠纷有着千丝万缕的联系。因此发展经济要与社会治理同步进行，否则就易出现扰乱经济秩序的刑事案件。案件发生率最低的是楚科奇自治区，2001年谋杀犯罪案件只有20起，占远东联邦区的0.9%。一年之内低于百起谋杀案件的还有犹太自治州、堪察加州和马加丹州，案件发生数量分别是20起、54起、62起和65起。上述4个联邦主体案件之和基本相当于阿穆尔州的案件数量（见表14—3）。

表14—3　　1990—2001年未成年人犯罪或参与犯罪案件数量　　单位：起

年份	1990	1995	1996	1997	1998	1999	2000	2001
全俄（万）	16.3	21.0	20.3	18.3	19.0	20.8	19.5	18.5
中央联邦区	31778	40382	38168	33055	35652	37957	36661	34291
西北联邦区	18049	25701	24323	23258	24659	26884	23768	21576
南方联邦区	17403	15959	16027	13928	14593	15017	14472	13788
伏尔加河沿岸联邦区	29299	39214	38328	36446	36432	42850	41088	40630
乌拉尔联邦区	17653	23635	23081	20414	20995	24300	21195	20298
西伯利亚联邦区	29809	40281	40760	36117	36110	38864	36896	34848
远东联邦区	13748	18157	16099	13568	14492	15181	14094	13072
萨哈共和国（雅库特）	1090	1269	1105	1001	1100	1105	1107	1105
滨海边疆区	4427	5401	4389	3965	4705	4810	4554	3886
哈巴罗夫斯克边疆区	3459	4345	3951	3150	3238	3490	3156	3114
阿穆尔州	1808	2333	2152	1926	1846	2225	2240	2201
堪察加州	807	744	756	573	547	774	678	678
马加丹州	900	779	759	569	527	668	504	387
萨哈林州	1257	2592	2183	1757	1823	1447	1235	1110
犹太自治州	—	580	679	520	607	508	478	477
楚科奇自治区	—	114	125	107	99	154	142	114

资料来源：根据Регионы России: социалиьно – экономическиепоказатели（2004）数据整理得出。

2001年在远东联邦区内部,未成年人犯罪数量最高的是滨海边疆区,占远东联邦区的29.7%。案件发生数量最低的是楚科奇自治区,只有114起,占远东联邦区的0.8%。一年之内低于千起未成年人犯罪案件的还有马加丹州、犹太自治州、堪察加州,分别是387起、477起和678起。上述4个联邦主体案件之和也低于阿穆尔州的案件数量,只相当于该州的75.2%。

三 远东地区的生态环境问题

随着远东地区的开发,生态环境问题也越来越严重,已经成为制约经济发展的不利因素之一。远东地区环境问题不容小觑。而且与远东相邻的中日韩等国家也都高度关注远东环境问题。生态环境问题既是国内问题,也是国际问题。

1. 空气污染

远东地区的空气污染相对较为严重。造成空气污染的主要因素是大型工业企业和机动车辆向大气中排放有害物质。尤其是在工业企业较集中的大中型城市,某些大型工业企业成为造成空气污染和水体污染的主要污染源。据《远东财富》杂志报道,仅哈巴罗夫斯克边疆区就有500多家企业向大气中排放污染物质。尤其是集中在哈巴罗夫斯克、瓦尼诺—苏维埃港和阿穆尔共青城等城市的大型企业占向大气中排放有害物质的90%。造成大气污染最严重的是电力(占45.8%)和燃料工业(占2.1%)。在马加丹州导致大气污染的是能源(占44.8%)和有色冶金企业(占43.9%),空气的最大污染源为马加丹中央热电站、阿尔卡加拉国营地区发电站、马加丹电力公司(米亚温贾镇)、奥莫隆金矿股份公司(库巴卡镇),以及数量众多的公共电力设施。在萨哈林州仅燃料动力综合体企业的废气排放量就占全州的40%。在滨海边疆区大气主要污染源同样是燃料动力综合体企业(占边疆区废气总排放量的55%,占废气排放量比重最大的是电力企业)。而科里亚克自治区公共事业企业废气排放量就占全自治区的45.1%。雅库茨克市、涅柳恩格里市和阿尔丹区受空气污染的程度更高。据统计,在雅库茨克这个仅有23.3万人口的城市,却拥有近2000个工业、交通运输业、农业、燃料、电力、公共事业等企业,这些企业不同程度地存在污染环境问题(见表14—4)。

表 14—4　　　　1990—2001 年向大气中排放污染物数量　　　　单位：万吨

年份	1990	1995	1996	1997	1998	1999	2000	2001
全俄（百万）	34.1	21.3	20.3	19.3	18.7	18.5	18.8	19.1
中央联邦区	438.4	219.4	193.5	181.9	175.6	168.5	159.7	154.4
西北联邦区	444.7	322.4	312.5	299.6	290.1	269.5	233.5	232.1
南方联邦区	213.6	87.3	96.4	85.1	82.6	88.4	91.6	91.5
伏尔加河沿岸联邦区	605.1	373.3	349.9	324.8	299.2	291.9	293.0	286.2
乌拉尔联邦区	810.1	461.0	415.9	416.4	407.2	408.8	456.2	486.4
西伯利亚联邦区	720.1	564.9	558.1	531.7	526.7	540.4	560.4	566.0
远东联邦区	172.8	98.7	101.1	93.8	84.8	86.5	87.6	95.9
萨哈共和国（雅库特）	19.2	12.0	14.1	12.9	13.5	12.4	13.4	13.0
滨海边疆区	47.5	26.1	28.3	26.3	23.2	26.3	26.7	35.2
哈巴罗夫斯克边疆区	38.8	17.3	16.8	16.5	14.6	15.8	15.4	14.9
阿穆尔州	15.1	9.3	10.4	10.1	9.1	8.8	9.4	9.2
堪察加州	6.5	6.2	6.3	5.8	5.3	4.9	4.4	4.7
马加丹州	24.0	7.6	6.0	5.2	4.6	4.0	3.4	3.7
萨哈林州	21.7	11.7	11.3	10.3	8.5	8.8	9.5	10.0
犹太自治州	—	1.3	1.2	1.1	0.9	1.4	1.6	2.0
楚科奇自治区	—	7.2	6.7	5.6	5.1	4.1	3.6	3.5

资料来源：根据俄联邦统计局数据整理得出。

有关环保的法规对机动车辆的限制很少，私家车迅速增加，于是机动车辆的尾气排放就成了城市的空气污染源。如在萨哈共和国（雅库特），向大气中排放有害物质总量的58%来自机动车辆［在萨哈共和国（雅库特）注册的企业汽车数量为8426辆，私人汽车为53139辆］；哈巴罗夫斯克边疆区空气污染44.9%也来源于机动车辆。在萨哈林州（45%）、堪察加州（32%）、阿穆尔州（30%）、滨海边疆区（37.9%）和马加丹州等联邦主体也都存在类似的问题。①

2. 水体污染

工业和生活废弃物是造成水污染的重要源头。在远东地区，矿业开发和公共事业企业是造成水体污染的主体。② 在萨哈林州，能源部门是

---

① 周洪涛：《俄罗斯远东地区环境问题初探》，《西伯利亚研究》2008 年第 4 期。
② Никита. С. Какие экологические проблемы существуют на Дальнем Востоке? https://yandex.ru/znatoki/user/9dd6afcb-e5ec-4119-b690-3d2c3be1fa86/.

最大的用水单位（占用水总量的60%），在南萨哈林斯克市，公共事业企业的废水排放量占全州的35%。而萨哈林州仅工业和生活废弃物堆放场就占地1400多公顷（大部分工业废弃物无法再生利用）。在哈巴罗夫斯克边疆区的城市和城镇中公共事业和木材加工企业是地表最大的污染源，每年新增生活废弃物和工业垃圾约15万吨，废弃物堆放场占地300多公顷。在马加丹州电力能源企业、公共事业企业、采金企业均为用水大户，同时也是污水排放大户，而排放污水最严重的行业是有色冶金业，占97.1%。马加丹市是俄罗斯为数不多的没有生物净化设施的州中心之一（经净化的污水仅占马加丹州公共事业企业所排放污水总量的4.5%），未经充分净化的污水大量排入鄂霍茨克海的格尔特涅尔湾及其邻近水域。堪察加州中心堪察加彼得罗巴甫洛夫斯克市由于缺少引导管道网，城市的生物净化设施只利用了40.3%。犹太自治州地表水最普遍的污染物为铜、铁、锌、苯酚、石油产品、轻度氧化有机物。由于净化设施老化（老化程度已达90%），该州大部分排放到水体中的污水不符合常规要求，排水总量的92.4%属于受污染的污水范畴，而水体的污染源基本上是公共事业企业（占92.5%）。在阿穆尔州居民生活用水是其用水大户（占全州用水总量的51%，工业占33.6%）。在排放的污水中，未充分净化的达86.2%，没有净化的为4.3%，达到标准的净化水为7.9%，而标准的纯净水仅为1.6%。在滨海边疆区污水排放总量中，工业企业占60%，居民生活用水占33%，农业占3.9%，交通运输业占2.1%。该边疆区最大的湖泊兴凯湖，由于水中铜和石油产品含量的增加，水质较差。

3. 放射性污染

民用和军用核设施产生的核废料对远东生态环境是一种严重威胁，尤其是在堪察加州还存在保存和销毁极具侵害性和剧毒物质的导弹燃料的问题。据《远东财富》杂志报道，堪察加州存在着放射性废料污染的危险。危险来自尚未从反应堆上卸载的液态放射性废料和许多停靠在维柳琴斯克区域内的有待销毁的核潜艇。除此之外，还有与核潜艇保障船只有关的问题。这些保障船只作为固体放射性废料的临时保存点，停泊在阿瓦恰湾水域内。实际上，并没有从这些船只中取出和销毁导航设备的放射性同位素动力装置。通常，这些船只停泊在堪察加半岛沿岸，并经常处于无安全保障监视的状态。据悉，在滨海边疆区也有需要销毁的退役核潜艇，因此存在保存和销毁液态放射性废料的问题。与销毁核潜艇有关的放射性危险目标是：国有远东"星"工厂、国防部的远东30厂、"远东放射性废料"国有企业和依然保存着退出作战编制核潜艇的部队。另外，根据俄罗斯联邦放射卫生登记的数据，马加丹州可能属于俄罗斯联邦最具氡危险的地区之一。[①]

第三节 "休克疗法"对远东的影响

一 远东"休克疗法"的推行

20世纪90年代初，在原有的政治、经济模式被打破，国家经济低迷甚至倒退的情况下，俄罗斯实施了激进的"休克疗法"。原有的对远东地区的财政优惠政策相继被取消，长期依靠国家财政维持经济运营的远东经济很快就陷入困境。与俄罗斯其他地区相比，远东地区经济危机爆发略迟，但恢复更为迟缓。与此同时，随着转型时期的利益分化和重组，新的利益集团成为远东的社会政治新现象。

1992年，俄罗斯开始实行激进的"休克疗法"，推行经济自由化与私有化，允许所有经济实体参与对外经济活动，商品价格由市场供求关系决定，实行紧缩财政与货币，企图迅速达到降低通胀率和稳定经济的目的。1995年，私有化企业数量和非国有经济产值分别超过俄企业总数与GDP的50%。远东地区的所有制形式转变进程较为缓慢，1992年上半年该地区全部1429家企业中的86.6%仍属于国有，私有企业仅占1.5%。1993年开始，远东地区的私有化进程明显加速，截至1993年上半年，私有企业比重已达20%。1993年，非国有企业提供的日常服务占服务总量的26%，而全俄为41%。考虑到私有化的复杂性，远东地区私有化首先是在商业和公共饮食业领域开始实施的。至1992年底，远东地区实现了公共饮食业部门的商业化，仅有8%的生活服务企业和1.7%的公共饮食部门转变为私人或者集体所有，这个指数远远低于当时全俄平均水平。俄远东大型国有企业私有化较为复杂，因为国有企业

---

① 周洪涛：《俄罗斯远东地区环境问题初探》，《西伯利亚研究》2008年第4期。

利润低下，大多数企业负债累累。主要是通过股份拍卖办法实现私有化。远东地区企业私有化直接带来的利益是出售国有资产的收入补充到地方财政预算中，增加国库收入，舒缓财政困难，政府也不再为扶持亏损企业而投入大量补贴和贷款。

在私有化初期，私有化纲要规定给予私有化企业劳动集体特殊的优惠。他们不仅可以免费或按低价获得一定数量的股票，而且有权购买本企业的控制股。因此，远东地区企业的绝大部分股票由企业内部职工持有，但在1992—1993年通货膨胀剧烈、赤字严重的情况下，国有资产价值估计不准，致使私有化证券长期有价无市，导致人们没有持券信心。更重要的是，现有利益集团借此途径形成了寡头资本。在远东地区大部分企业私有化结束时，外部的持券公民实际拥有的股份可以说是微不足道的，实际上在私有化过程中，许多企业是被内部瓜分的。寡头资本与其说是被不公平地私有化了的原国有资本，不如说是在市场条件下"合法取得"了国家资本。

二 "休克疗法"对远东经济社会的影响

在实施"休克疗法"后，俄罗斯经济并没有像预期的那样趋于稳定，居民生活逐步好转，而且经历了长达四年严重的经济衰退。四年间，俄罗斯经济衰退达到40%。到1995年底，消费品价格与1991年底相比上涨了1411倍，与1990年底相比上涨了3668倍。卢布汇率急剧下降，1995年5月达到1美元兑换4500卢布。受"休克疗法"的影响，俄罗斯远东地区各项经济指标濒临失控。

同全俄相比，远东地区工业危机更为深重，工业产品产量增长、企业利润在"休克疗法"期间均不及全俄平均水平。1994年远东工业生产下降20.8%，仅为1991年的46.3%。同年全俄亏损企业占全部企业的比重为23.2%，远东则高达39.7%；生产利润率全俄降到11.2%，远东则降至12.1%；生产纯利润全国降到9.9%，远东则仅达6.2%。远东亏损企业比重一直高于全国近10个百分点，生产纯利润低于全国平均水平3.7个百分点。生产下降严重的行业是木材采伐、造纸、石油开采等。

远东地区经济下滑还表现在外贸进出口额大幅度下降。20世纪90

年代初期，远东地区虽然出口商品结构单一，但由于邻近亚太地区国家，在很长一段时间内承担着俄罗斯西部的机械、钢材、化工产品转口贸易通道的角色。在这种情况下，远东出口贸易额迅速增加，1992—1993年在经济中的比重达到20%。实施"休克疗法"后，物价全面急剧上涨，导致货物运费大幅提高，西部地区产品难以继续通过远东转口。1994年，远东对外贸易额为77.6亿美元，其中出口额为16.1亿美元，进口额61.5亿美元，分别比上年下降了30%、22%和45%；远东的转口商品比重由1992年的20%下降到3.2%。在经济全面衰退的形势下，远东出口产品初级化、原料化倾向加强。1993年能源、矿物、林产品等大宗商品占出口商品的83.2%，进口商品仍以日用工业品、食品及食品生产原料为主。

俄罗斯远东地区食品、日用轻工业品等的供需矛盾突出，"休克疗法"不仅未能解决商品短缺问题，反而更加严重。1993年远东地区食品及消费品生产的下降幅度也超过全国平均水平。如非食品生产，1992年远东下降19.3%，全俄为14%；1993年远东下降13%，全俄为11%。消费品生产，1991年比上年下降5%，1992年下降12%，1993年下降8%—10%，其中阿穆尔州下降14.3%，滨海边疆区下降11.2%，哈巴罗夫斯克边疆区下降10%。食品生产下降更为严重，如哈巴罗夫斯克边疆区1993年人造奶油下降44%，通心粉、米下降25%；阿穆尔州肉制品、动物油、面粉、全奶制品下降了25%—30%。这些指标大都高于全国水平，即下降幅度较全国大。远东人均食品消费量逐年下降，并低于全国水平。居民人均肉类年消费量1990年为73公斤，1992年为57公斤，1993年为58公斤；居民人均鱼制品年消费量1990年为35公斤，1992年为22公斤，1993年为19.5公斤。

从1992年开始的"休克疗法"造成俄罗斯远东经济状况急剧恶化，劳动力收入水平大幅度下降，通货膨胀率高达2000%，居民实际收入下降70%左右，贫困人口迅速增加低收入居民比例高于全国平均水平。1993年底该全国指标为26.7%，远东则高达50%以上，其中萨哈林州为52.2%、马加丹州为56.2%。从1992年第二季度起，远东地区日趋增长的拖欠支付导致非常糟糕的结果，即连续拖欠工资。据1994年统计，滨海边疆区工业、建筑和农业部门拖欠工资总额已达150

亿卢布，萨哈林州为85亿卢布，马加丹州为201亿卢布。1994年1月，马加丹州工业企业拖欠工资总额已达应当月工资额的188%，建筑业为155%，农业为102%。拖欠时间超过20天的企业占85%，许多企业已3个月或更长时间停发工资。欠款在煤炭、机器制造业的总产值中占20%。在石油天然气、建筑业总产值中占30%。远东潜在破产企业占全部企业的59%，而全俄为37%。

远东居民收入降低，加之拖欠工资，使居民储蓄额迅速下降，也低于全国平均水平。持续拖欠工资使相当一部分居民的现金收入长期成为纯粹的账面收入。这种非实际的收入使储蓄在收入中的比重下降。因此，尽管远东的居民收入在增长，且超过全俄平均增长水平，但储蓄比重在1993年持续下降。远东地区居民收入中储蓄的比重从1993年1月的5.2%下降到当年11月的2.3%。

长期以来，俄罗斯远东地区优势产业部门对本地区社会经济发展起了重要作用，其中包括属于远东支柱产业的采矿和有色金属业、森林与木材综合加工业、渔业及海产品加工业等。在上述产业中，有色金属业多为原材料开发及初加工型，抵御经济风险能力弱。受俄国内市场需求锐减的影响，有色金属的生产出现萎缩。远东地区森林及木材加工业产量曾占全国的10%左右，渔业捕捞量占全国的65%。1992—1995年，上述经济部门也同样遭到严重打击。1992年木材产量仅为1985年的59%，锯材产量为20%；1993年渔业捕捞量和食品罐头产量比1985年分别下降35%和22%。各产业部门产量及利润大幅度下滑，加剧了远东地区的经济危机。

全国经济危机使远东地区原本落后的农业遭受严重打击，1993年播种面积比1990年减少11%，播种面积减少主要集中在犹太自治州、阿穆尔州和哈巴罗夫斯克边疆区。农业生产下降主要受劳动力流失、资金和机械短缺的影响，按三年可比价格计算，远东农业投资仅为原来的15%。1992年同1990年相比，拖拉机数量减少11%，谷物联合收割机减少13%，载重汽车减少6%。农业生产费用及支出猛增，如劳动报酬支出增加100—150倍，燃料费用上涨430—500倍，技术费用上涨700—800倍，其他费用上涨1000—1300倍。

第十五章

俄远东地区与中国的边境贸易

苏联解体后,远东地区的经济发展进入了一个新阶段。转型时期,经济改革成为核心议题,涉及市场机制的引入和产业结构的调整。这一时期的经济发展特征明显,包括对外贸易显著增长和内部经济的不平衡。改革给远东地区带来了新的经济面貌,同时远东的经济转型也受到多重维度和复杂因素的影响。

第一节 中俄边贸发展的历史回顾

一 苏联解体后远东与中国的边境贸易

20世纪90年代以来,以贸易自由化为先导的世界经济一体化步伐日益加快。边境贸易是国际贸易的一种特殊形式,在新的形势下发展边境贸易不是狭义的互通有无的简单交换形式,更为重要的是边贸开始融入了世界市场竞争,走区域性、国际性合作的道路。俄罗斯联邦独立后,中俄经贸关系明显好转。1991年4月,中国国务院颁发《关于积极发展边境贸易和经济合作促进边疆繁荣的意见》,对边贸提供了很多优惠政策。反过来,边境贸易的发展使中国与周边国家友好相处的睦邻关系更加密切,对稳定和巩固国防等方面都起到了重要作用。第一轮"边贸热"在1992年达到高潮,黑龙江省与俄罗斯边境小额贸易额达9.92亿美元,进入1993年开始放缓。中俄边境贸易的发展有力地促进了两国沿边地区经济发展和人民生活水平的提高,拓展了国内市场,促进了企业的发展以及产品销售,增加了地方财政收入,推动了第三产业的发展,创造了更多的就业机会,成为国家经济发展,尤其是边境省区经济发展的重要补充。

1996年1月,中国国务院下发了《关于边境贸易有关问题的通知》,该文件以国际惯例为依据,将中国边境贸易划分为边民互市贸易和边境小额贸易。至此,黑龙江省对俄边境贸易步入规范发展时期,易货贸易逐步退出历史舞台,从1993年的峰值18亿美元降至1997年的4160万美元。到2005年,易货贸易基本退出历史舞台(见表15—1)。

表15—1　　　1990—2005年黑龙江省对俄易货贸易情况　　　单位:万美元

年份	进出口额	进出口同比(%)	出口额	出口同比(%)	进口	进口同比(%)
合计	347941	—	132319	—	215623	—
1993	180078	—	81201	—	98877	—
1994	70927	-60.61	26596	-67.25	44331	-55.17
1995	56415	-20.46	17039	-35.94	39376	-11.18
1996	35760	-36.61	6151	-63.9	29608	-24.81
1997	4160	-88.37	882	-85.65	3277	-88.93
1998	239	-94.26	216	-75.47	22	-99.32
1999	96	-59.89	50	-76.94	46	104.72
2000	52	-45.72	47	-6.07	5	-88.81
2001	47	-8.95	45	-4.46	3	-50.01
2002	42	-12.32	25	-44.86	17	555.02
2003	23	-44.26	23	-6.29	0	-100
2004	103	342.85	42	82.06	60	0
2005	0	-100	0	-100	0	-100

资料来源:根据俄联邦统计局数据整理得出。

20世纪90年代,国家出台了一系列扶持措施,其中主要的优惠政策是对边境口岸的小额贸易企业,实施进口关税和进口环节税按减半征收。1996—1998年边境小额贸易企业通过指定口岸进口原产于毗邻国家的商品(除烟、酒、化妆品以及国家规定必须照章征税的其他商品外),按法定税率减半征收进口关税和进口环节税。这一扶持政策实施后,全省边境小额贸易企业数量猛增,使黑龙江省对俄边境小额贸易规模不断扩大。普京总统执政以来,俄罗斯政局趋于稳定,加之强有力的中央干预，促成了俄罗斯经济的强劲复苏，经济持续稳定增长，外汇储备有所增加。尽管与中国毗邻的俄罗斯西伯利亚及远东地区经济增长较为缓慢，但边境贸易发展总体平稳。持续回升的俄罗斯经济，为其外贸包括边贸，创造了持续发展的基础。特别是普京政府对中俄贸易高度重视，一再强调俄远东地区与中国边境城市经贸合作，对于该地区经济发展和政治稳定具有战略意义，逐步改变以往对中俄边贸采取谨慎乃至限制的政策，不断加大鼓励政策力度，使中俄边境贸易环境得到极大改善。在中俄双方的共同努力下，中俄边境贸易出现了新一轮热潮。2000年黑龙江对俄边境小额贸易突破10亿美元，2003年突破20亿美元，2005年达到36.85亿美元。

二 21世纪初中俄边境贸易的蓬勃发展

进入21世纪，在经济全球化的大背景下，中俄边境贸易有了突飞猛进的发展，现代边境贸易已经取代了传统的边境贸易。两国不断丰富和深化合作内涵，使合作的形式更加多样化。在中俄两国共同努力下，已经奠定了两国经济贸易合作的法律框架，而且建立了总理定期会晤机制，这都为中俄边境贸易奠定了制度基础，使其朝着又快又好的趋势发展。

中俄边境贸易额在2000年超过10亿美元，同比增长31.3%，2003年超20亿美元，2005年超30亿美元，2007年突破50亿美元。2000—2009年，中俄边境贸易额不断提高，边境小额贸易额为310.82亿美元，占黑龙江省对俄贸易总额的59.75%。与此同时，中俄边境贸易交往形式多样化，贸易方式也更为方便灵活。两国的经济技术合作也日益密切，经贸领域也在不断拓宽，特别是近几年的大型合作项目如劳务输出、工程承包都已成为双方经贸发展的重要方式，两国居民在边境贸易中得到切切实实的实惠。

2009年，俄罗斯开始打击"灰色清关"，关闭切尔基佐沃市场，中俄双方都开始正视"灰色清关"问题。双方采取了政府间、各部门、各领域间的相互沟通方式，俄罗斯政府不断出台各种措施，主要是运用法律法规、行政监督、国际合作、高科技工具等多种手段，清理和遏制"灰色清关"现象。自此，中俄边境贸易更趋规范发展。2009年边境小额贸易同比下降 35.6%，但短暂下降后，2010 年又恢复至 50.08 亿美元，2011 年超 60 亿美元，2012 年超 70 亿美元，2010—2015 年，黑龙江省与俄罗斯边境小额贸易额约为 370 亿美元。

三 中俄边贸繁荣发展的原因

（一）独特的地缘优势

中俄边境贸易具有特殊的地缘优势和传统友谊，中俄两国共同拥有长达 4300 多千米的边境线，得天独厚的地理条件为两国经贸活动和民间贸易往来的开展提供了便利条件。尤其是黑龙江省，地处中国东北边陲，位于东北亚区域腹地，为中国对俄罗斯及其他独联体国家开展经贸合作的最大省份。黑龙江省北部和东部隔黑龙江、乌苏里江与俄罗斯相望，沿着黑龙江省与俄罗斯远东地区接壤的 2981 千米边界线两侧，双方坐落着 20 多对对应城镇。这些对应城镇有的隔江相望、水陆相连，有的铁路相接、公路相通，使黑龙江省形成了得天独厚的沿江、沿边、沿线对外开放的地缘优势。中俄两国物流通道已覆盖水陆空各领域，两国直接通航的机场数也在逐年递增。

（二）国际环境推动两国边境贸易发展

在全球经济一体化逐步加深的背景下，中俄两国不断加强中俄贸易合作的层次与高度，完全符合中俄两国各自的安全利益与经济利益。在经济全球化的冲击下，两国间的经贸往来日渐密切，经济利益最大化一直是两国经贸合作追求的目标。中国和俄罗斯远东地区都在东北亚区域扮演着重要的角色。随着美国经济的全面复苏，美国正式推出"重返亚太"的战略。世界贸易组织管理下的多边贸易体制发挥着举足轻重的作用，有力地推动了区域经济体内部贸易。多边贸易体制越有影响力，区域经济一体化发展越向好。另外，俄罗斯加入世界贸易组织，对于全球贸易格局的改变与多边贸易体制的完善具有重要意义，也是中俄边境贸易繁荣发展的重要动力。

（三）资源和产品优势互补

中俄双方在经济、资源、技术和进出口商品结构方面有很明显的发展前景，发展边境贸易条件优越，尤其是俄罗斯远东地区地上地下资源丰富，黑龙江边境口岸体系较完善，交通运输比较发达，是中国重要的商品粮基地和林业基地。中俄边境贸易的进出口商品具有互补性，双方本着"平等互利、互通有无"的原则进行交易。黑龙江省向俄罗斯边境地区出口粮食、肉类、蔬菜、纺织品、服装和日用品；从苏联远东地区进口木材、钢铁、车辆、机械、电力、水泥、玻璃、化肥、纯碱和水产品等。这些均为双方的短缺商品和物资。1985 年对苏联记账贸易出口额为 1.51 亿美元。

（四）两国政治经济关系稳步发展

在中俄两国领导人和两国人民的共同努力下，中俄关系取得了巨大的成就。20 世纪 90 年代开始中俄两国关系全面实现正常化，建立了国家和政府领导人的经常性会晤机制，建立了真正伙伴关系和战略协作关系，签订了具有历史意义的《中俄睦邻友好合作条约》，在上海合作组织框架内实现多方面合作。从"友好国家关系"发展到"建设性伙伴关系"，再从"建设性伙伴关系"发展到"面向二十一世纪的战略协作伙伴关系"。中俄关系的发展历程表明，两国具有广泛而坚实的合作基础，中俄关系已经进入了有史以来最健康、最稳定的发展时期，合作、共赢成为中俄关系的主旋律。21 世纪以来，中俄关系进入了实质性发展阶段，中俄两国不仅在政治互信、经贸往来、能源合作、文化交流及地区合作等领域取得重大进展，而且在国际舞台上展开了更加有效的合作。也为未来中俄关系的全面推进打下了坚实基础。2015 年 5 月 8 日，中华人民共和国和俄罗斯联邦在莫斯科发表《中华人民共和国和俄罗斯联邦关于深化全面战略协作伙伴关系、倡导合作共赢的联合声明》。两国互为最主要的贸易伙伴和最重要的战略协作伙伴，既维护了共同利益，也提高了两国的国际地位和影响；既给两国人民带来了实实在在的好处，也促进了地区及世界的和平稳定。

两国致力于经贸领域互利共赢，并取得了重大进展，俄两国经济合作的趋势仍在继续加深。两国在能源领域的合作也取得了重大突破。《中华人民共和国东北地区与俄罗斯联邦远东及东西伯利亚地区合作规划纲要（2009—2018 年）》正在逐步落实，区域间的合作逐年迈上新台阶。两国金融领域的合作也出现可喜成绩，2010 年 12 月，人民币与卢布实现了挂牌交易，标志着俄罗斯成为人民币在境外挂牌交易的第一个国家，这将加速两国货币的国际化进程，并将在区域性货币结算方面扮演重要角色,促进两国边境贸易的发展。

第二节 中俄边境贸易的特点与商品结构

一 中俄边境贸易的特点

(一)中俄边境贸易长期呈现逆差

在中俄边境贸易的发展历程中一直为贸易逆差。中国自俄罗斯进口主要以我方短缺而又需求量较大的资源型产品为主,货值高、货运量大,随着中国经济的进一步发展,对这类商品的需求还将增加,进口量和进口额均会扩大。而对外边境贸易的出口货值较低,主要是轻工、纺织、服装类商品,且出口额和出口量与俄消费市场的需求和变化紧密相关,具有不稳定性的特点,这种趋势在短期内将难以改变。

(二)贸易方式更加多样化

黑龙江省对俄边境贸易方式由最初单一的易货贸易,逐步发展到目前的边民互市贸易、边境小额贸易等多种方式,形成了以边境小额贸易为主、其他贸易为补充和加工贸易正在兴起的格局。此外,旅游购物商品成为边境贸易新的增长点。旅游购物商品是边境地区开展的"边境游"中,出境旅客委托报关企业以货运方式报关出境的小批量旅游购物商品,其出口限值为3000元人民币至5万美元。由于贸易方式比较灵活,贸易规模随着市场需求而变化,因此交易的商品也由毗邻的远东地区延伸至俄罗斯腹地。此贸易方式在黑龙江省发展迅速,涉及的商品数量增多、价值逐渐增长。

(三)贸易通道更加顺畅

一是口岸建设成效斐然。口岸对于经济贸易发展起到了不可或缺的作用,它可以较好地起到交通运输便利的作用。自1986年以来,黑龙江省陆续开放国家一级口岸25个,口岸通关效率和便利化程度不断提高,为与俄罗斯经贸往来提供了坚实的基础。黑龙江省经国家批准先后有19个边境县(市)开展对俄边境贸易,形成了以绥芬河、东宁、黑河、同江、抚远、饶河等重点边境口岸为龙头,牵动内陆地区共同发展的格局。二是在"一带一路"和"欧亚经济联盟"对接背景下,2013年中国国务院批准《黑龙江和内蒙古东北部地区沿边开发开放规划》

上升为国家战略，为黑龙江成为中国面向俄罗斯、东北亚开放的桥头堡打下了坚实的基础，以哈尔滨为中心，以大（连）哈（尔滨）、佳（木斯）同（江）、绥（芬河）满（洲里）、哈（尔滨）黑（河）沿边铁路干线与俄罗斯西伯利亚铁路和贝阿铁路连通，通过铁路与俄罗斯远东地区各港口的水运业务实现畅通，形成的"黑龙江通道"为依托，建设哈尔滨临空经济区等航空网络以及管网、电网和光纤通信网，打造国际商贸物流带、要素聚集产业带、互利共赢开放带，形成"三带合一"的大开放、大贸易的新格局。

（四）利用政府间会晤机制推进中俄边境贸易发展

除了国家层面，近年来，黑龙江省与俄毗邻各州、区建立了省级领导人和双方政府部门定期会晤机制；各边境市、县也与俄对应城市间建立了完善的会晤机制；省、市、边境县市商务部门分别与毗邻俄州区的经贸、外事、旅游等部门建立了顺畅的沟通协商渠道。通过这种有效的工作机制，及时协商解决双方贸易合作中存在的重大问题，极大地促进了对俄边境贸易的发展。

二 黑龙江省与俄边境贸易商品结构

中俄两国在技术、商品、产业结构和资源方面都有很大的互补性。中俄之间的边境贸易对于各自的经济发展意义重大。中国是资源产品消费大国，木材、化肥、废铜等资源紧缺，已经成为国民经济发展的瓶颈。而俄罗斯远东地区地广人稀，石油、木材、天然气、矿产等自然资源蕴藏丰富，在俄罗斯国内市场上，资源产品供过于求。俄罗斯出口的资源性产品可以缓解中国资源紧缺的瓶颈，因此两国进行边境贸易可以推动地方产业结构的优化调整。

（一）出口主要商品

黑龙江省对俄远东边境贸易出口主要商品有服装、鞋类和纺织品等轻工产品，这些商品在对俄边境出口贸易中占据主导地位，机电产品和高新技术产品出口规模也不断扩大。自俄罗斯进口商品主要有肥料、纸浆、钢材、原油等能源、原材料商品，贸易额增幅显著，占比超过1/3，整体表现为上扬趋势。

一是从历年的商品出口额排序来看，20世纪80年代向苏联主要出口大豆、罐头、玉米、冻牛肉等食品、轻工等传统产品；进入90年代服装及衣着附件、鞋类和纺织纱线、织物及制品基本是对俄边境贸易主要出口产品。二是农副产品虽为黑龙江省对俄出口的骨干商品，但与服装、鞋类等轻纺产品比较，其在出口总额中所占的比重偏小。三是机电产品所占比重不高。四是随着出口规模的大幅增长，主要出口商品的品种也趋向多样化。

纺织服装产品。纺织服装产品贸易在黑龙江省与俄罗斯边境贸易中占有重要地位，俄罗斯是黑龙江省最大的纺织服装产品出口市场，该类产品也一直居于对俄罗斯出口额榜首，具体产品主要有服装及衣着附件和纺织纱线、织物及制品。地产品出口额约占对俄纺织服装产品出口额的2%左右，主要地产品包括亚麻纱、亚麻布、凉席、坐垫、簇绒毛毯、经编毛毯、纬编毛毯等。黑龙江省具有一定的纺织工业基础和显著的地缘与人文优势，亚麻产品还具有独特的生产优势，黑龙江省拥有80余年的亚麻栽培历史，亚麻种植面积和总产值均占全国的80%左右，是中国重要的亚麻生产基地。

机电产品。黑龙江省作为中国最早的老工业基地，工业基础雄厚，机电产品出口是对俄边境贸易的重要组成部分，通过机电产品贸易，大幅提高了双方合作水平。目前，俄罗斯已成为黑龙江省机电产品出口的最大目的国，对俄出口占全省机电出口的半壁江山。出口机电产品涉及机械、电子、汽车、轻工和家电等多个行业，出口产品主要包括：电子计算器；电视机；汽车和汽车底盘；电视、收音机及无线电通信设备零件；电动机及发电机；自动数据处理设备及其部件。以能源密集型和劳动密集型产品为主，产品的技术含量不高，附加值偏低，出口竞争力还处于较弱的水平。2005年开始，高附加值机电产品出口比重逐年加大。汽车、汽车零件、计算机散件、电站设备等地产品比重加大，如哈飞汽车、哈电站出口的电站设备的质量大幅提高、品牌效应和价格优势凸显。

高新技术产品。黑龙江省对俄高新技术产品出口总体呈增长势头，计算机及其部件、家用电器、电子技术类产品出口占据绝对优势且逐年增多。为了促进高新技术产品出口，黑龙江省建立了科技兴贸联合工作机制。黑龙江省商务厅还选择了一批国际市场竞争能力强、附加值高、出口潜力大的高新技术企业和机电企业进行重点扶持。

农副产品。农副产品是黑龙江省对俄出口的主要商品之一，多年来一直排在对俄出口商品的第二位，黑龙江省对俄罗斯农副产品出口总体呈波浪式变化。一是受俄罗斯经济从萧条到增长的变化，俄罗斯购买力在苏联解体（1990年）、亚洲金融危机等时期降低。1994年以后，因为黑龙江省对俄农副产品出口逐渐由易货贸易向现汇贸易过渡，价格优势减弱，虽然随着20世纪90年代边境贸易发展加速，但仍没有扭转农副产品出口下滑局面。进入21世纪，随着俄罗斯政府调节经济政策的相继出台，增加了对国外农副产品的进口。黑龙江省对俄罗斯农副产品出口不断增加。

黑龙江省向俄罗斯出口农副产品可细分为600多个品种，出口额排在前列的分别为：谷物及谷物粉；鲜、干水果及坚果；蔬菜；食糖；鲜、冻猪肉；鲜、冻牛肉；食用油籽；猪肉罐头；水海产品等，合计约占农副产品出口总额的60%。

（二）进口主要商品

黑龙江省自俄（苏）边境贸易进口产品则高度集中于原材料产品，主要商品有原油、原木、肥料、纸浆、钢材、初级形状的塑料、汽车和汽车底盘、废钢、合成橡胶、己内酰胺和纸及纸板。1986—1989年，黑龙江省自苏联进口的主要商品包括木材、钢铁、车辆、机械、电力、水泥、玻璃、化肥、纯碱和水产品等。20世纪90年代开始，除机电产品外，黑龙江省自俄罗斯进口的大多都是附加值和加工程度较低的能源或原材料商品，进口产品中缺少高科技产品及其副产品。从俄罗斯大量进口的能源和原材料产品既弥补了国内基本建设物质紧缺问题，又调剂了国内市场需求，为保障中国"天保工程"、节能降耗政策的顺利实施奠定了基础。主要进口商品有原油、肥料、纸浆、钢材、初级形状的塑料，进口产品品种稳定。

黑龙江省十分重视激励本地企业购买俄罗斯机电产品，俄罗斯是黑龙江省主要机电产品来源地，20世纪80年代末至90年代初，黑龙江省自俄进口机电产品保持较高水平，1999年开始呈总体缓慢上升，主要进口汽车和汽车底盘、建筑及采矿用机械、金属加工机床排在进口额前三位。

高新技术产品。黑龙江省自俄罗斯进口高新技术产品规模较小，主要是由于俄罗斯对高新技术的出口管制和国内配套生产能力较弱导致的。

农副产品。冻鱼是俄罗斯传统优势产品；进口大豆集中在1995—1998年（进口额3991.16万美元），主要是由于1995年以后，虽然国内大豆收购价格不高，其他农产品和农业生产资料价格的相对提高，种植大豆的比较收益有所下降，影响了农民的种植积极性，导致国内大豆总产量始终处于下降和波动徘徊状态，不能满足中国对大豆的消费需求。2000年以前年均进口额约为50万美元，2001年开始进口鲜、干水果及坚果增速加快。

石化产品。黑龙江省自俄罗斯进口的石化商品累计达300余种，俄罗斯是黑龙江省最大的石化产品进口来源地，所占市场份额高达60%以上。主要商品有肥料、初级形状的塑料、合成橡胶、己内酰胺、成品油和苯乙烯等，除合成橡胶外都是工业制成品。

林木产品。俄罗斯是黑龙江省最大的林木产品进口市场，占黑龙江省林木产品进口总额的90%以上。主要进口商品包括纸浆、纸及纸板（未切成形的）和锯材等。俄罗斯是世界纸浆生产和出口的主要国家之一，1987—1990年，苏联纸浆产量较大，于1989年达到最高，苏联解体以后，纸浆生产也严重衰退，黑龙江省自俄罗斯进口纸浆品种中，主要为漂白硫酸盐针叶浆和漂白硫酸盐阔叶浆两大浆种，占进口总量的1/3左右。1999年中国取消了纸浆进口关税，采取进口环节增值税减半政策促进了黑龙江省自俄罗斯进口纸浆。双方纸浆贸易具有距离近、价格低和享受边贸优惠政策等优势。

能源及其他原材料。黑龙江省自然资源丰富，但是与俄罗斯尤其是俄远东地区相比，俄罗斯自然资源优势明显，其拥有丰富的油气、煤炭、矿产等资源是黑龙江省的传统能源进口市场。黑龙江省能源和原材料产品建立起稳定的进口货源基地，如原油、钢材、铁矿砂及其精矿等。原棉进口主要是在1998年以前，俄罗斯本身纺织品原材料严重短缺，需要大量进口，所以黑龙江省自1999年开始不再从俄罗斯进口原棉。

随着大庆油田储量下降，出于保证国内能源安全等原因，黑龙江省由原来主要从安哥拉等国家进口原油，开始寻求更多的原油进口渠道，而俄罗斯与黑龙江省拥有得天独厚的地缘优势和交通优势，从俄罗斯进口原油可以实现能源进口多元化、降低能源引进的风险和成本，加强彼此能源战略合作。黑龙江省从 1992 年开始自俄罗斯进口原油，但进口额仅为 20 余万美元，直到 1999 年恢复进口，2002 年强势增长至超 1 亿美元。2010 年中俄原油管道开通后，年输量约 1500 万吨，作为中国重要的能源战略通道，这条管线的建设对保证国家能源安全具有重要作用。

三　中俄贸易与地方产业结构的优化调整

黑龙江省作为东北老工业基地之一，经过多年的发展逐步形成了完整的产业体系及具有龙江特色的产业集群，坚持"出口抓加工、进口抓落地"。

一方面，政府加大政策支持力度，发挥黑龙江省产业、技术优势，支持装备制造企业调整产品出口结构、市场结构和贸易结构，建设一批特色商品出口基地，鼓励高技术、高附加值产品出口；扩大资源性商品进口，加大能源、矿产资源进口力度。

另一方面，围绕远东资源开发，推动大企业、大项目合作。如利用俄罗斯丰富林业资源，进一步加强与俄罗斯政府和企业间的沟通，"寻求建立森林资源开发及林产品贸易的长期合作关系，通过在俄进行林业开发，将原料或半成品运回国内进行深加工，然后进行全球贸易，从而健全中国林木产品进出口贸易体系"。在黑俄贸易现有基本格局的基础上，在巩固扩大服装鞋帽业加工贸易的同时，延伸产业链条，研发制造并出口附加值高、技术含量高产品，把跨境连锁加工贸易进一步做大做强。当前，中国正实施新一轮东北老工业基地振兴战略，俄罗斯也正深入开展远东大开发战略，双方可以找到共同的战略诉求点，深入合作、实现共赢，从而推动黑龙江省产业结构升级调整和形成全新的经济增长点，应鼓励省内大庆油田、哈电、哈飞、北大荒、哈轴、哈量、森工、龙江银行等大企业、大集团联手"走出去"，在多领域、多方面、多层次上对俄合作，积极培育对俄进出口加工企业，培育并打造进出口贸易、产品加工的龙头企业；在农业方面，推进境外农产品加工产业园区建设，整合对俄农业产业联盟企业的资源。

主要是探索与俄罗斯远东共建工业园区，围绕双方边境区域开展大项目合作，突出能源合作，开展深层次贸易往来，鼓励双方合资合作企业，打造跨境产业链条；跟踪对俄经贸合作意向，推动项目达成并落实。

第三节　边境贸易与口岸的发展

改革开放以来，随着中俄经贸合作和边境旅游的蓬勃发展，黑龙江省获准对外开放的国家一类口岸，由20世纪60年代初的绥芬河铁路口岸增加到目前的25个。口岸的建设促进了黑龙江省与俄罗斯（苏联）远东地区的经贸合作，加快了地区产业结构和产品结构的调整，同时，边境地区的基础设施建设和商业市场也得到了发展。其中，水运口岸15个（哈尔滨、佳木斯、桦川、绥滨、富锦、同江、抚远、饶河、萝北、嘉荫、逊克、孙吴、黑河、呼玛、漠河），公路口岸4个（东宁、绥芬河、密山、虎林），航空口岸4个（哈尔滨、齐齐哈尔、牡丹江、佳木斯），铁路口岸2个（绥芬河、哈尔滨）。这些口岸星罗棋布在全省沿边14个市县和松花江、嫩江流域6个市县，构成了水陆空俱全和客货运兼有的口岸格局，在全国口岸对外开放总体格局中独具优势。特别是20世纪90年代以后，现有口岸利用状况和开放效益显著提高，客货运量呈大幅度增长态势，为发展和促进中俄边境贸易和经贸合作，加快双边经济发展发挥了积极的作用。

一　铁路口岸

黑龙江省共有两个铁路口岸，即绥芬河铁路口岸和哈尔滨铁路货运口岸。进口主要商品有木材、化肥、铁精矿；出口主要商品为建筑装饰材料。随着中俄两国分别推进"一带一路"与"欧亚经济联盟"全方位对接，并促进中国东北和俄罗斯远东及西伯利亚地区区域经济发展战略对接的背景下，加强"中蒙俄经济走廊"沿线中俄海关、口岸、铁路部门合作，将对畅通欧亚国际大通道、促进通道沿线地区和中俄边境毗邻地区经济发展发挥重要作用。中方以哈欧班列为落脚点，简化手续，缩短口岸停留时间，俄方代表表示，今后俄方将修建与中国铁路一样的标准轨铁路。

1. 绥芬河铁路口岸

绥芬河铁路口岸（绥芬河国境站）位于黑龙江省东南绥芬河市的西南部，滨绥铁路的终端，滨绥铁路与俄罗斯远东铁路的接轨处，是黑龙江省唯一的对俄边境铁路口岸，也是中国对俄经贸的重要口岸之一。与绥苏河铁路口岸对应的俄罗斯滨海边疆区波格拉尼奇内铁路口岸（格罗捷阔沃国境站）铁路相通，距离只有26.5千米，距俄方铁路枢纽站乌苏里斯克123千米，距俄方西伯利亚铁路终点、滨海边疆区首府符拉迪沃斯托克（海参崴）230千米，距俄方远东最大的海运港口东方港（纳霍德卡）369千米；距黑龙江省东部中心城市牡丹江193千米，距中国北方重要水、陆、空交通枢纽、黑龙江省省会哈尔滨540千米。该铁路口岸地处要道，处于东北亚经济区中心位置，地缘优势十分突出，是中国重要的铁路国际联运口岸之一。

绥芬河铁路口岸建成于1899年6月，1900年绥芬河至俄乌苏里斯克区间开始通车，1903年7月绥芬河至满洲里全线通车，距今已有百年多历史。1952年10月经国家批准对外开放，成为中国同苏联及东欧国家进行贸易往来和货物交接的重要陆运口岸，一直担负着国家和地方对苏联及东欧国家进出口货物的中转、分拨和交接任务。随着中国对外开放、对外经济贸易特别是边境经济贸易的蓬勃发展，1991年12月增开了绥芬河至格罗捷阔沃的临时铁路旅客列车。1992年9月先后开通了绥芬河至符拉迪沃斯托克（海参崴）的"三日游"、牡丹江至俄罗斯滨海边疆区的"五日游"业务。1991年7月获准，1993年6月正式开行了哈尔滨经绥芬河至符拉迪沃斯托克和哈巴罗夫斯克的国际铁路旅客列车，并允许第三国人员通过。1994年1月绥芬河铁路口岸被正式生效的《中俄两国政府关于中俄边境口岸协定》确定为国际客货铁路运输口岸。1995年，国家加大了口岸建设的力度，使铁路口岸的运输换装能力提高到500万吨，年出入境旅客为100万人次。2003年5月经国务院批准开展口岸签证工作。

该口岸是一等铁路车站，主要办理国际联运货物运输和国际、国内旅客运输，以及自站货物的到发、装卸等业务。设有南、北两个站场，管辖绥阳（二等站）、宽沟两个中间站，年设计综合运输换装能力为1000万吨货物、年出入境旅客为100万人次。

中国铁路采用1435mm轨距（标准轨），俄罗斯铁路采用1520mm轨距（宽轨）。根据国际惯例，各国在本国境内设置口岸站（换装站），各自承担进口货物的换装作业。目前，两口岸站间铺设有各自轨距的铁路路线。

2. 哈尔滨铁路货运口岸

哈尔滨铁路货运口岸（哈尔滨内陆港）是国务院于1996年9月24日批准的全国第一个试点对外开放的一类内陆铁路货运口岸，主要办理国际集装箱业务。1997年8月1日正式对外开放使用。哈尔滨铁路货运口岸货场占地面积10万平方米，拥有6条铁路到发线，装卸作业便利，堆存能力充足，通关功能完善，可以办理20英尺和40英尺国际集装箱运输业务，年吞吐量10万标准箱。

哈尔滨铁路货运口岸是沿海、沿边口岸在内陆城市的延伸，是外贸运输的目的港和起运港。1998年11月30日延伸到满洲里、绥芬河口岸，实现了国际集装箱直通过境运输，形成了南接沿海、北连边陲的多式物流网络，成为黑龙江及其周围腹地最大的集装箱集散地。进出口货物的报关、报检、报验、结汇等手续在哈尔滨铁路货运口岸一次进行，入出境口岸不做重复查验。口岸设有海关、商检、卫检、动植检、港监和银行、保险、代理等办事机构，实行联合办公、集中报关报验和"一站式"服务，为客户提供报关、检验、代理、结汇、保险、签发单证、租船、订舱、中转、仓储及铁路、公路海上运输等全方位服务。

二 公路口岸

黑龙江省共有4个公路口岸，分别是绥芬河公路口岸、东宁公路口岸、虎林公路口岸和密山公路口岸。黑龙江省公路口岸进口主要商品有木材、钢材和有色金属；出口主要商品为果蔬、建材、轻纺和食品。

1. 绥芬河公路口岸

绥芬河公路口岸属国际性陆运口岸，位于黑龙江省绥芬河市东北部，距市区5千米，是301国道的起点。与俄罗斯滨海边疆区毗邻，距俄对应口岸城市波格拉尼奇内区16千米，距俄乌苏里斯克市120千米，距符拉迪沃斯托克（海参崴）210千米，距纳霍德卡和东方港270千米。距牡丹江市153千米，距哈尔滨市460千米。绥芬河公路口岸于

1988年12月23日被国家口岸领导小组批准为"汽车临时过货运输口岸"，1990年3月经中俄两国政府换文确认为汽车运输口岸，并于当月对外开通过货，1992年12月经中俄两国政府换文确认为双边客货运输口岸，并开始为绥芬河铁路口岸旅客及行李包裹运输进行分流，1994年1月又被正式生效的《中俄两国政府关于中俄边境口岸协定》确定为国际客货公路运输口岸。绥芬河公路口岸于2000年9月16日由国务院批准正式对外开放。

绥芬河口岸进口主要商品为木材、水泥、机电产品、钢材、杂货、化肥和海鱼；出口主要商品有粮食、轻工产品、纺织、日用工业品、机械、家用电器及农副产品。绥芬河铁路口岸进出口货运量远大于公路口岸，且进出口货运量逐年攀升。

2. 东宁公路口岸

东宁口岸位于黑龙江省东宁市三岔口朝鲜族镇，距市区11千米，与对应的俄罗斯滨海边疆区波尔塔夫卡公路口岸隔瑚布图河相望，瑚布图河为两国界河，水深不足1米，河宽不到10米，现架有永久性桥梁，连接双方口岸边境公路。距俄十月区24千米，距俄远东最大铁路编组站乌苏里斯克53千米，距俄远东最大城市符拉迪沃斯托克（海参崴）153千米，居中、俄、朝三角区域中心地带，是东北亚国际大通道上重要的交通枢纽。

东宁口岸于1989年12月17日经国函〔1989〕81号文（《国务院关于同意开放东宁、逊克两个对苏口岸的批复》）批准为一类口岸，1990年3月中苏两国政府换文确认为双边客货公路运输口岸，同年5月正式对外开通过货。1992年2月经国家批准对俄罗斯开展国际旅客运输，同年11月中俄两国政府换文开通公路旅客运输，1992年5月以后陆续开通了至乌苏里斯克的"一日游"和符拉迪沃斯托克（海参崴）的"四日游"业务。1994年1月根据《中俄两国政府关于中俄边境口岸协定》再次被确定为双边客货公路运输口岸。

口岸开放初期，在瑚布图河上架设了一座长32米、宽4.5米、荷重30吨的临时桥，以满足口岸开放初期客货运输需要。1993年与俄方合作建成了长45米，桥宽9米，荷重600吨的永久性界桥。同年，又修筑了县城至口岸的11千米水泥路面。1994年，口岸基础设施以及与之相配套的硬环境建设也有了很大的进展，1995年，对口岸进一步改造，口岸年过货能力提高到50万吨、50万人次。2002年6月口岸新建设施投入使用，口岸设施逐渐完善。

东宁公路口岸进出口货运量总体呈递增趋势，主要进口商品为钢材、有色金属、水产品、木材、机械、化肥、松子；主要出口商品为果菜、轻纺、食品、建材、粮食、文化百货、煤矿。

3. 虎林公路口岸

虎林口岸位于南起绥芬河、北到同江的600千米扇状沿边开放带的中点位置，具有一岸对两区（俄滨海边疆区和哈巴罗夫斯克）、辐射半径大的特点。东隔松阿察河与俄罗斯滨海边疆区马尔科沃口岸对应，有中俄界河公路相通，相距4千米，是国家一类陆路客货运输口岸。

1988年4月19日，国务院国函〔1988〕61号文（《国务院关于黑龙江省对苏联边境易货贸易和经济技术合作问题的批复》）同意虎林为边境贸易口岸。1989年4月8日，国务院国函〔1989〕25号文件（《国务院关于同意黑龙江省六个对苏边贸口岸的批复》）正式批准虎林口岸对外开放。1993年3月，虎林口岸经国家验收宣布正式对外开通使用。

中俄边境上最大，也是黑龙江省边境迄今为止唯一的永久性公路桥梁——松阿察界河大桥（长207.08米，宽13.96米）紧邻虎林口岸，是一个不受流冰、流冰期限制的可全天候均衡过货的口岸。

虎林口岸交通方便，铁路有虎林到哈尔滨直快列车和东方红经虎林至哈尔滨普通列车，还有东方红至牡丹江列车在此经过；公路有省级公路方（方正）虎（虎头）线横贯全境，还有直通俄罗斯列所扎沃茨克市等地公路，可以常年运输进出境旅客和货物。

虎林公路口岸进出口货运量总体呈递增趋势，进口主要以木材为主；主要出口商品为果蔬、包裹、大米、煤炭。

4. 密山公路口岸

密山公路口岸位于黑龙江省密山市当壁镇，地处中俄界湖兴凯湖的西北岸1.5千米，距密山市区38千米，南隔白棱河与俄罗斯滨海边疆区图里洛格口岸对应，有中俄界河公路桥相通，相距2千米，距俄最近城市卡缅雷博洛夫64千米，距俄远东地区重要交通枢纽和贸易中心乌苏里斯克150千米，距俄滨海边疆区首府符拉迪沃斯托克260千米，是以公路汽车运输为主的国家一类客货两用陆路口岸。

密山在历史上是中俄民间贸易的重要通道，新中国成立后双边边境贸易和友好往来也很频繁。1988年4月19日，经国务院国函〔1988〕61号文（《国务院关于黑龙江省对苏联边境易货贸易和经济技术合作问题的批复》）同意密山为边境贸易口岸。1989年4月，经国务院国函〔1989〕25号文件（《国务院关于同意黑龙江省六个对苏边贸口岸的批复》）正式批准密山口岸对外开放。1992年4月10日，中俄界河白棱河公路桥竣工通车，进行首批过货。同年10月经中俄两国政府换文确认密山——图里洛格口岸为双边公路客货运输口岸，11月密山市被国务院批准为对外国人开放。1993年3月密山口岸经国家验收宣布正式对外开通使用，每周开关6天。同年9月国家旅游局批准密山市与俄罗斯斯帕斯克达尔尼市开展边境三日游活动。1994年1月经中俄两国政府再次确认为双边客货运输口岸。

该口岸基础及配套设施日臻完善，功能齐全。中俄双方共同在白棱河界河上修建了一座长33米、宽12米的永久性公路桥梁，可常年过客过货。口岸设有4条进出口货物检验通道，两条出入境旅客查验通道。密山口岸公路与俄罗斯卡缅雷博洛夫镇公路相连，汇入滨海边疆区公路网，经公路、铁路可以通往俄罗斯各地，以及独联体、东欧国家和地区，并可借路达港，通过海参崴、纳霍德卡、东方港通往世界各地。

三　水运口岸

黑龙江省共有15个国家一类水运口岸，占全省口岸总数的60%。进口主要商品有橡胶、钢材、木材、化肥、重轨、鱼、废旧钢铁；出口主要商品为服装、鞋帽、农副产品、纺织品、水果蔬菜、建材、食品、轻工产品。

1. 黑河水运口岸

黑河水运口岸（黑河口岸）位于中俄界河黑龙江上游末端南岸黑龙江省黑河市内，与俄罗斯阿穆尔州布拉戈维申斯克（海兰泡）口岸隔江相望，相距只有3.5千米。双方货运码头相距3500米，客运码头相距750米，是中俄边境水运口岸中级别最高、规模最大、人口最多、运输距离最近、城市规格最高、通过能力最强的对应口岸。

黑河水运口岸历史悠久，早在1858年即成为中国对俄贸易口岸，进行民间和官方贸易。中华人民共和国成立后，1957年恢复通商，双边开展边境小额贸易与友好往来，直至1966年中断。1982年1月经国务院批准为对外恢复开放的国家一类口岸，1983年3月经中国与苏联两国政府换文确认为边境地方贸易口岸，1986年9月经中国与苏联两国政府补充换文确认为国家贸易口岸，当月正式对外恢复开通使用。1986年9月地方贸易开始过货，翌年9月边境贸易开始过货，1988年2月开辟了冰上汽车运输，同年9月，经国办函〔1988〕39号（《国务院办公厅关于黑河市与苏联布拉戈维申斯克市开展"一日游"活动的复函》）批准，开通了至布拉戈维申斯克的"一日游"。1989年6月国家贸易开始过货，同年9月开辟了轮渡汽车运输。1990年3月经中国与苏联两国政府换文确认为国际客货运输口岸。1991年1月开辟了国际直通旅客汽车运输，同年3月开展了大黑河岛民间互市贸易。1994年1月被《中俄两国政府关于中俄边境口岸协定》确定为国际客货河运、公路运输口岸。2004年4月经国务院批准开展口岸签证工作。现已成为国家贸易、地方贸易、边境小额贸易、边民互市贸易及为对外旅游、国际旅客服务的多功能口岸。

黑河口岸作为中国黑龙江沿岸最大的河运口岸，运输方式具有多元化特色。随着季节变换，黑河口岸明水期开展水上船舶运输和轮渡运输，冰封期开展冰上汽车运输，流冰期开展气垫船运输和航空运输，确保了一年四季均可通航运行。1992年4月开辟了气垫船运输，5月又经国家批准开辟至对岸的季节性临时飞行航线，从而解决了黑龙江在一年中的两个流冰期无法对外通航的问题。口岸已形成水运、陆运和空运的立体交叉运输，船舶、汽车和飞机多种运输形式结合，明水期、冰封期和流冰期不间断运输，国贸、地贸、边贸、民贸和旅游"五位一体"的多功能口岸。通过黑河口岸南下内地可利用北黑铁路、黑大公路和哈黑飞行航线，抵达国内各地。由该口岸经俄布拉戈维申斯克可与俄罗斯西伯利亚大铁路和贝阿铁路连接；由该口岸沿黑龙江水道下行，还可抵达中俄各开放港口直至日本海沿岸各国港口。对外可经布拉戈维申斯克，通过109千米的铁路支线，与欧亚大陆桥——西伯利亚铁路和贝阿铁路相连，进入俄罗斯腹地，到达独联体及东欧各国。

黑河口岸进口主要商品有橡胶、废钢、原木、钢材、大豆、化工原料；出口主要以服装、鞋帽、农副产品为主。

2. 同江水运口岸

同江口岸位于黑龙江省同江市，由东、西两个作业区组成。西部作业区地处市区西3.5千米松花江横江口处，距俄罗斯对应口岸下列宁斯阔耶35千米；东部作业区地处市区东28.5千米黑龙江南岸，距下列宁斯阔耶15千米。

同江作为通商口岸已有百年的历史。早在20世纪初同江港就有中俄两国商人在此进行贸易活动，1909年曾为黑龙江沿岸中俄贸易重要口岸。1910年英国在同江设立拉哈苏苏海关，收取关税。1958年经国务院批准设立了同江口岸。1986年3月经国函〔1986〕41号文（《国务院关于开放同江口岸的批复》）批准作为一类口岸对外开放，并于当年6月开通过货，成为黑龙江省改革开放以来最早开通使用的口岸。1988年12月经国家批准，于1989年1月开通了至下列宁斯阔耶的冬季冰上汽车运输。1992年10月经中俄两国政府换文确认为双边客货运输口岸。1994年1月在《中华人民共和国政府和俄罗斯联邦政府关于中俄边境口岸协定》中被确认为国际客货运输口岸，可以通过第三国人员和货物。1995年6月经国家批准开通了对俄汽车轮渡运输，成为黑龙江省东北部重要的对俄水陆联运国际大通道。另外，根据两国协定，中国国际航行船舶可由同江沿黑龙江下行，经俄罗斯共青城至马戈河段，驶入日本海，进行江海联运。

同江口岸进出口货运量总体呈上升趋势，进口主要商品为木材、钢材，并日益呈现多样化，还有木材、大豆、鱼、废钢、水镁石、一次性筷子等；出口主要商品为粮食、果蔬、建材、机械、焦炭、红砖、硅铁、机电、机械、建材、包裹等。

3. 哈尔滨水运口岸

哈尔滨水运口岸（哈尔滨港）位于哈尔滨市区东北部，地处松花江中游南岸，是中国八大内河港之一，也是中国东北地区内河最大的水陆换装枢纽港，为国际性港口口岸。

哈尔滨水运口岸是1958年3月经国家主席刘少奇同志批准对苏联

开放的内河水运口岸。当时主要是用于发展两国边境贸易，一直到1962年，中苏两国关系紧张后，双方口岸自行关闭。1989年7月1日经国务院批准哈尔滨港作为国家一类口岸恢复对外开放。哈尔滨港经松花江、黑龙江与俄罗斯远东地区的下列宁斯阔耶、波亚尔科沃、哈巴罗夫斯克、共青城、布拉戈维申斯克、尼古拉耶夫斯克七个大中港口城市相连。根据中俄两国政府协议，从1992年5月起，俄罗斯对中国国际船舶开放了共青城至尼古拉耶夫斯克的出海口，通过江海联运由哈尔滨经俄罗斯的哈巴罗夫斯克（伯力）、共青城、尼古拉耶夫斯克（庙街）的出海口经鞑靼海峡直达日本、韩国、朝鲜及东南亚等国开放港口，经水路还可以连接"欧亚大陆桥"。1992年10月经国家批准又增加了国际客运业务，开辟了哈尔滨至俄罗斯哈巴罗夫斯克水上国际客运航线，使哈尔滨港口岸由单一货运成为客货兼有的口岸。

哈尔滨水运口岸年营运期平均在210天左右，封冻期约为150天，是一个典型的季节性生产港口。

4. 佳木斯水运口岸

佳木斯水运口岸（佳木斯港）位于佳木斯市区，松花江下游南岸，是中国东北地区内河较大的水陆换装枢纽港。年营运期平均在180天左右，是一个季节性生产港口。港口位于市区内松花江中下游南岸，地理环境非常优越，沿松花江上行可达哈尔滨港，下行可达富锦、同江，进入黑龙江后可直达俄罗斯的下列宁斯阔耶、哈巴罗夫斯克、共青城等开放港口，是黑龙江、乌苏里江、松花江水陆换装的重要枢纽港和进出口货物集散地，是黑龙江省东部地区综合性交通枢纽。

佳木斯港于1989年7月经国家批准为一类口岸正式对外开放，当月对外开通过货。1992年中俄两国签订协议，中方船舶可经黑龙江下行，经俄罗斯尼古拉耶夫斯克港出海，开展国际江海联运业务 2000年两国地方政府签署了有关协议，2004年由中国交通部正式批准营运。运行路线为佳木斯—富锦—同江—下列—乌贡—比罗比詹，目前采取冬季浮箱固冰通道和夏季轮渡两种过境方式开展汽车运输。

5. 富锦水运口岸

富锦水运口岸（富锦港）位于黑龙江省富锦市北部，松花江下游南岸。该港区江面开阔，属天然深水良港。年营运期平均在180天左右，是一个季节性生产港口。富锦口岸系国家一类水运口岸，属于内河客、货运输对外开放口岸。

富锦港具有悠久的对外贸易历史，早在明清时期就与国外通商，后来与苏联的贸易尤为频繁。富锦口岸始建于 20 世纪 50 年代，50 年代到 60 年代中期曾是中国唯一对苏联贸易的内河运输口岸。1989 年 7 月经国家批准为一类口岸正式对外开放，并于同年 8 月开通过货。2005 年 7 月 15 日，正式开通客运航线，解决了只过货不过客的历史。

港区内有 6 个 3000 吨级泊位和 7.62 千米的铁路专用线连接码头，运输条件较好，进口大宗货物实现了国际水铁联运一条龙。现有港区面积近 5 万平方米，日装卸能力可达 3000 吨，年货运量在 30 万吨左右。富锦口岸检查检验机关和服务部门机构齐全，查验设施完备。联检机关还承担着鹤岗市绥滨口岸的查验任务。

6. 逊克水运口岸

逊克水运口岸（奇克港）位于黑龙江省北部边陲逊克县奇克镇，黑龙江中上游南岸，与俄罗斯阿穆尔州波亚尔科沃口岸隔江相望，两港仅距 12 千米。夏季明水期可进行船舶及轮渡运输，滚装船运输，能够运输 175 天左右；冬季冰封期为冰上汽车运输，85 天左右。全年有效运营开关时间为 250 天左右。逊克口岸集国贸、边贸、地贸、民贸多功能一体。

逊克口岸历史上曾是中俄民间贸易口岸，为双边居民交往发挥过窗口作用。1989 年明水期获准允许从事国际航行运输的国轮停靠，同年 12 月 17 日经国函〔1989〕81 号文（《国务院关于同意开放东宁、逊克两个对苏口岸的批复》）批准为一类对外开放口岸。1990 年 2 月对外开辟了冰上汽车运输，3 月经中国与苏联政府确认为对应开放口岸，6 月开展了包括轮渡在内的船舶运输。1992 年 6 月 1 日逊克海关正式建关，同年国务院批准逊克口岸开通边境旅游，交通部批准逊克口岸为江海联运国际航运口岸，同年 8 月，经国家批准对俄开辟客运及旅游。1993 年 1 月又经中俄两国政府换文确认为双边客货运输口岸，1994 年 1 月在《中华人民共和国政府和俄罗斯联邦政府关于中俄边境口岸协定》中被确定为国际客货运输口岸。2004 年 7 月省政府正式批复逊克县辟建中俄边民互市贸易区。

7. 抚远水运口岸

抚远水运口岸位于黑龙江省东北部抚远市，地处黑龙江和乌苏里江中下游三角地带，东隔黑龙江与俄罗斯远东中心城市哈巴罗夫斯克口岸相望，水上距离 70 千米，是以河运为主的国家一类客货运输口岸。口岸所处抚远市抚远镇是中国最东部的县级市，也是中国最早见到太阳升起的地方。著名的"一岛两国"黑瞎子岛就在抚远市境内。抚远口岸距所对应的俄罗斯远东第一大城市——哈巴罗夫斯克市口岸航道距离仅 65 千米，乌苏镇距离俄西伯利亚大铁路在远东地区最大编组站卡杂科维茨沃只有 2.5 千米。

抚远与国际间通商历史悠久。据史料记载，早在 1904 年，抚远就有商号同俄国人进行贸易。1992 年 5 月国务院批准抚远口岸对外开放，当年进行了临时性客货运输。1993 年 2 月抚远口岸经国家验收宣布正式对外开通使用，5 月被国务院批准为对外国人开放地区，8 月正式开关。1994 年 1 月，根据《中俄两国政府关于中俄边境口岸协定》确定抚远口岸为国际客货河运口岸。1999 年 11 月，国务院批准抚远市乌苏镇至俄罗斯卡杂科维茨沃国际客货运输通道。

抚远市拥有 275 千米的中俄界江黄金水道，从 1992 年 7 月 12 日重新恢复间断百年的江海联运以来，黑龙江省船只可以从松花江、乌苏里江驶入黑龙江，由黑龙江省唯一的天然深水良港——抚远港出境，经俄罗斯一直驶向鞑靼海峡到日本海的酒田港。这条"东方水上丝绸之路"的开通，使黑龙江省的船只可以直接出江入海，把抚远市同内地及俄罗斯、美国、日本、朝鲜、韩国等各国连接起来，使抚远市在东北亚经济圈内的地缘优势凸显。

8. 嘉荫水运口岸

嘉荫水运口岸位于黑龙江省东北部嘉荫县朝阳镇，距嘉荫县城中心 9.5 千米处的黑龙江南岸，北隔黑龙江与俄罗斯犹太自治州巴斯科沃口岸隔江对应，水上距离 9 千米。帕什科沃口岸距所属奥布卢奇耶市 33 千米，距犹太自治州首府比罗比詹 200 千米，距俄远东铁路干线 17 千米。嘉荫口岸是以船舶和汽车运输为主体的国家一类客货运输口岸。

嘉荫在历史上曾是中俄双边民间贸易的通商地点，中华人民共和国成立后双方地方领导人之间的互访和友好往来十分频繁，两岸边民贸易一直比较活跃。1988年4月19日，国务院国函〔1988〕61号文（《国务院关于黑龙江省对苏联边境易货贸易和经济技术合作问题的批复》）同意嘉荫为边境贸易口岸。1989年4月8日，经国务院国函〔1989〕25号文件（《国务院关于同意黑龙江省六个对苏边贸口岸的批复》）正式批准嘉荫口岸对外开放。1992年7月嘉荫口岸实现了临时性过货运输，12月嘉荫县被国务院批准为对外国人开放地区，国家旅游局批准嘉荫县与俄罗斯奥布卢奇耶市开展边境"一日游"活动。1993年1月，中俄两国政府外交换文确认嘉荫—巴斯科沃口岸为国际客货运输口岸，明水期进行船舶运输，冰封期进行汽车运输，同年5月嘉荫口岸经国家验收宣布正式对外开通使用。1994年1月经中俄两国政府再次确认为国际客货运输口岸。

9. 萝北水运口岸

萝北水运口岸位于黑龙江省萝北县名山镇，距县城25千米。东北隔黑龙江与俄罗斯犹太自治州阿穆尔捷特口岸对应，水上距离1.5千米。萝北口岸是以船舶和汽车运输为主体的国家一类客货运输口岸。

萝北在历史上曾是中俄双边民间贸易的通商地点，进入20世纪80年代，两国边境地区友好往来与日俱增。1988年4月19日，国务院国函〔1988〕61号文（《国务院关于黑龙江省对苏联边境易货贸易和经济技术合作问题的批复》）同意萝北为国家二类边境贸易口岸，与苏联阿穆尔捷特相对应。1989年4月8日，国务院国函〔1989〕25号文（《国务院关于同意开放黑龙江省六个对苏边贸口岸的批复》），同意开放萝北为对苏联阿穆尔捷特一类贸易口岸，批准设立萝北相应的口岸检查检验机构。1992年12月25日，中俄两国外交部正式换文，确认萝北—阿穆尔捷特口岸为国际客货运输口岸。1994年1月27日，中俄两国政府在北京签署了中俄边境口岸协定，进一步明确萝北—阿穆尔捷特口岸为国际客货运输口岸，明水期进行船舶运输，冰封期进行汽车运输。

10. 漠河水运口岸

漠河水运口岸位于黑龙江省漠河县连釜，距漠河县城183千米。北隔黑龙江与俄罗斯阿穆尔州斯科沃罗季诺区加林达口岸隔江相望，水上距离1.5千米，为中国最北端的口岸。加林达为连接西伯利亚大铁路和贝阿大铁路的小贝阿干线的终点站，距离阿穆尔州第二大城市滕达市300千米。漠河口岸是以船舶和汽车运输为主体的国家一类客货运输口岸。

漠河在历史上曾是中俄双边民间贸易的通商地点，中华人民共和国成立后双边仍有小额贸易往来。1988年4月19日，国务院国函〔1988〕61号文（《国务院关于黑龙江省对苏联边境易货贸易和经济技术合作问题的批复》）同意漠河为边境贸易口岸。1989年4月8日，国务院国函〔1989〕25号文件（《国务院关于同意黑龙江省六个对苏边贸口岸的批复》）正式批准漠河口岸对外开放。1990年3月28日经中俄两国政府换文确认为国际客货运输口岸。1993年9月1日，中方一艘千吨级货船满载果蔬运抵俄方加林达镇，连釜通道正式开通。1993年9月，漠河口岸经国家验收宣布正式对外开通使用。

1994年6月29日，漠河口岸首批过货。进口主要商品有废旧钢铁和废旧钢铁重轨；出口主要商品有水果、蔬菜、日用品、服装。

11. 饶河水运口岸

饶河水运口岸位于黑龙江省东部中俄界河乌苏里江中段，双鸭山市饶河县大楞，距县城6千米。东隔乌苏里江与俄罗斯哈巴罗夫斯克边疆区波克罗夫卡口岸对应，水上距离1.5千米。直线距离470米，距俄比金市35千米，距俄哈巴罗夫斯克市263千米。饶河口岸是以船期和汽车运输为主体的国家一类客货运输口岸。

饶河在历史上曾是中俄双边民间贸易的通商地点，新中国成立后双方边民的频繁经济往来和物资交流十分活跃。1988年4月19日，国务院国函〔1988〕61号文（《国务院关于黑龙江省对苏联边境易货贸易和经济技术合作问题的批复》）同意饶河为边境贸易口岸。1989年4月8日，经国务院国函〔1989〕25号文件（《国务院关于同意黑龙江省六个对苏边贸口岸的批复》）批准饶河县建立对苏边贸口岸。1993年5月，饶河口岸正式运行，由不定期临时开关改为除流融冰期外常年开关。1993年5月15日，国务院批准饶河县为开放县，列为对外国人开放地区。1993年9月21日经国家口岸部门验收宣布正式对外开通使用，口岸性质为边境公路运输口岸。1994年1月27日，中俄两国政府在边境口岸协定中将饶河—比金口岸确定为双边公路客货运输口岸。2000年12月25日，俄罗斯比金口岸正式开关，中国饶河—俄罗斯联邦比金口岸正式成为双边通商通道。

口岸出口货物主要有大米、蔬菜、水果、汽车及摩托车配件、小家电、玩具、日用百货、服装、建材、装饰品及卫生筷等；进口货物主要有水产品、木材、化工原料、机械、化肥、建筑材料等。

12. 绥滨水运口岸

绥滨水运口岸（绥滨港）位于黑龙江省绥滨县绥滨镇，松花江下游北岸，是以船舶运输为主体的国家一类客货运输口岸。港口水深流缓，水面宽阔，明水期可停靠千吨级客货轮。上行可通佳木斯、哈尔滨等港口，下行可达富锦、同江等港口，与富锦港隔江相距15千米。沿黑龙江继续下行，可通过俄罗斯尼古拉耶夫斯克入海，进入鞑靼海峡及日本海，江海联运货物可直达日本、韩国等太平洋沿岸国家和地区。

绥滨港历史悠久，是松花江流域五大港口之一，年营运期平均在180天左右，属季节性生产港口。绥滨水运口岸是1995年1月经国务院批准对外开放的国家一类口岸，开展国际客货运输业务，并允许第三国人员通行，同年9月30日正式开通使用。多年来由于松花江枯水，加之对外贸易规模较小，进出口货运量不大，均统计在富锦水运口岸。

13. 呼玛水运口岸

呼玛水运口岸位于黑龙江省呼玛县呼玛镇，东隔黑龙江与俄罗斯阿穆尔州施马诺夫斯克区乌沙科沃口岸对应，水上距离19千米。这里有呼玛至黑河、呼玛至塔河2条干线公路贯通，距韩家园铁路车站百余千米。是以船舶和汽车运输为主体的国家一类客货运输口岸。

呼玛在历史上曾是中俄双边民间贸易的通商地点，新中国成立后双方民间友好往来也很频繁。1993年5月15日，经国函〔1993〕67号文（《国务院关于同意开放黑龙江呼玛口岸的批复》）批准呼玛口岸对外开放，开展客货运输业务。1994年1月，中俄两国政府在边境口岸协定中将呼玛—乌沙科沃口岸确定为国际客货运输口岸，明水期进行船舶运输,冰封期进行汽车运输。

该口岸基础条件很好,港口全长4060米,港口岸线总长410延长米,设有客运、工作船、木材、综合、简易码头。

14. 孙吴水运口岸

孙吴口岸位于黑龙江省孙吴县四季镇,距县城54千米。东隔黑龙江与俄罗斯阿穆尔州康斯坦丁诺夫卡口岸对应,水上距离27千米。上行可达我黑河市及俄方布拉戈维申斯克港,下行可抵逊克县及俄罗斯波亚尔科沃港,是以船舶和汽车运输为主体的国家一类客货运输口岸。

孙吴在历史上曾是中俄双边民间贸易的通商地点,新中国成立后双方民间友好往来也很频繁。1993年6月6日,经国函〔1993〕78号文(《国务院关于同意开放黑龙江孙吴口岸的批复》)批准为一类口岸对外开放,开展客货运输业务。1994年1月,中俄两国政府在《中华人民共和国政府和俄罗斯联邦政府关于中俄边境口岸协定》中将孙吴—康斯坦丁诺夫卡确定为国际客货运输口岸,明水期进行船舶运输,冰封期进行汽车运输。

15. 桦川水运口岸

桦川水运口岸(桦川港)位于黑龙江省东部桦川县悦来镇,松花江下游南岸,上行可至佳木斯、哈尔滨,下行可至绥滨、富锦、同江、抚远。顺流直下可东出鄂霍茨克海进入太平洋沿岸各国,是以船舶运输为主体的国家一类客货运输口岸。

桦川港已有几十年的历史,是松花江流域运量较大的港口之一。桦川口岸是1994年6月30日经国函〔1994〕66号文(《国务院关于同意开放黑龙江桦川港口岸的批复》)批准的国家一类口岸,开展对外客货运输业务,并允许第三国人员通行。

四 航空口岸

1. 哈尔滨航空口岸

哈尔滨航空口岸(哈尔滨太平国际机场)位于哈尔滨市西郊30千米,是中国主要干线机场之一,为国际性航空口岸。哈尔滨太平国际机场地处东北亚中心位置,辐射国内重要城市,连接俄罗斯、日本、韩国等周边国家和欧洲、美洲主要国家的空中交通网络。哈尔滨太平国际机场，原名哈尔滨阎家岗机场，1979年建成投入使用，1998年更名为哈尔滨太平国际机场。1987年7月1日，哈尔滨航空口岸经国函〔1987〕112号文（《国务院、中央军委关于开辟哈尔滨至苏联伯力航线问题的批复》）批准对外开放，1989年7月经国务院批准作为国家一类口岸。哈尔滨太平国际机场于1979年建成投入使用，1994年该机场进行大规模扩建改造，1997年6月扩建工程完工，于1997年8月28日投入使用。2014年，哈尔滨太平国际机场正式扩建，按满足目标年2020年旅客吞吐量1800万人次、货邮吞吐量17.5万吨、年起降14.1万架次的使用需求设计。

2. 牡丹江航空口岸

牡丹江航空口岸（牡丹江海浪机场），位于黑龙江省牡丹江市区西南7千米处。于1985年9月2日正式运营，1988年国家批准为军民合用机场，经扩建改造后成为东北地区第六大航空港。

牡丹江航空口岸是1996年6月经国务院批准对外开放的国家一类口岸，1998年8月成功试航牡丹江至俄罗斯符拉迪沃斯托克航线，1998年12月正式对外开通使用。

3. 佳木斯航空口岸

佳木斯航空口岸（佳木斯机场）位于佳木斯市以东6千米处，为日伪时期遗留机场，是黑龙江省东部地区重要机场，辐射人口近千万。

佳木斯航空口岸是1992年12月20日，经国函〔1992〕202号文（《国务院关于同意开放黑龙江省佳木斯航空口岸的批复》）正式批准为对外开放的一类航空口岸。目前，在稳定飞行佳木斯至哈巴罗夫斯克、佳木斯至韩国首尔空中航线的基础上，并逐步向俄腹地延伸。

4. 齐齐哈尔航空口岸

齐齐哈尔航空口岸（齐齐哈尔三家子机场）位于齐齐哈尔市东南13千米处，是黑龙江省第二大航空港。该机场是中国东北地区五大机场之一，已开通十余条国内航线。1993年6月经国家正式批准为对外开放的一类航空口岸（见表15—2）。

表 15—2　　　　　　　　黑龙江省对外开放口岸一览

口岸类别	口岸名称	批准时间	开放种类	开放时间	对应口岸名称	对应口岸位置
水运口岸	黑河水运口岸*	1982年	国际客货运输	1983年	布拉戈维申斯克口岸	阿穆尔州斯科沃罗季诺区
	同江水运口岸	1986年	国际客货运输	1986年	下列宁斯阔耶口岸	犹太自治州列宁斯阔耶区
	哈尔滨水运口岸*	1958年	内河口岸	1989年	哈巴罗夫斯克、共青城、马戈等	
	佳木斯水运口岸	1989年	内河口岸	1989年	哈巴罗夫斯克、共青城、马戈等	
	富锦水运口岸	1989年	内河口岸	1989年	哈巴罗夫斯克、共青城、马戈等	
	逊克水运口岸*	1989年	国际客货运输	1990年	波亚尔科沃口岸	阿穆尔州斯科沃罗季诺区
	抚远水运口岸	1992年	国际客货运输	1993年	哈巴罗夫斯克口岸	哈巴罗夫斯克市
	嘉荫水运口岸*	1989年	国际客货运输	1993年	帕什科沃口岸	犹太自治州奥布卢奇耶区
	萝北水运口岸	1989年	国际客货运输	1993年	阿穆尔泽特口岸	犹太自治州十月区
	漠河水运口岸	1989年	国际客货运输	1993年	加林达口岸	阿穆尔州斯科沃罗季诺区
	饶河水运口岸	1989年	双边客货运输	1993年	波克罗夫卡口岸	哈巴罗夫斯克边疆区比金区
	绥滨水运口岸	1995年	内河口岸	1995年	哈巴罗夫斯克、共青城、马戈等	
	呼玛水运口岸*	1993年	国际客货运输	截至2005年	乌沙科沃口岸	阿穆尔州斯科沃罗季诺区
	孙吴水运口岸*	1993年	国际客货运输	截至2005年	康斯坦丁诺夫卡口岸	阿穆尔州斯科沃罗季诺区
	桦川水运口岸	1994年	内河口岸	截至2005年	哈巴罗夫斯克、共青城、马戈等	

续表

口岸类别	口岸名称	批准时间	开放种类	开放时间	对应口岸名称	对应口岸位置
航空口岸	哈尔滨航空口岸	1987年		1989年		
	牡丹江航空口岸	1996年		1998年		
	佳木斯航空口岸	1992年		尚未开通（2009.12）		
	齐齐哈尔空港	1993年		尚未开通（2009.12）		
铁路口岸	绥芬河铁路口岸	1994年	国际客货运输	1952年	波格拉尼奇内铁路口岸	滨海边疆区波格拉尼奇内区
	哈尔滨铁路货运口岸	1996年		1997年		
公路口岸	绥芬河公路口岸	1988年	国际客货运输	1988年	波格拉尼奇内公路口岸	滨海边疆区波格拉尼奇内区
	东宁公路口岸	1989年	双边客货运输	1990年	波尔塔夫卡口岸	滨海边疆区波格拉尼奇内区
	虎林公路口岸	1989年	双边客货运输	1993年	马尔科沃口岸	滨海边疆区列索扎沃茨克区
	密山公路口岸	1989年	双边客货运输	1993年	图里罗格口岸	滨海边疆区兴凯区

注：口岸名称中有＊的为明水期开展船舶运输，冰封期开展冰上汽车运输的边境水运口岸。

资料来源：根据黑龙江商务年鉴数据整理。

第十六章

远东经济的恢复与发展

21世纪初,俄罗斯远东地区的经济形势显著改善,俄政府恢复经济和实现增长的努力集中在加强工业基础、振兴农业生产和扩大对外贸易等领域。创新和科技进步在促进经济发展过程中发挥了关键作用,引领着区域经济走向多元化和现代化。这些变革和发展不仅改变了远东地区的经济格局,也对俄罗斯的政策制定与调整产生了深远影响,为该地区的长期稳定和繁荣发展打下了坚实基础。

第一节 远东开发新战略的制定

进入21世纪以后,俄罗斯政府更加重视开发远东,因为俄罗斯的振兴离不开能源经济,离不开资源富集的远东和西伯利亚地区。但由于各种复杂的主客观原因,开发远东的计划一直没有得到有效的落实,况且近年来远东的发展还有与愿望渐行渐远的趋势。普京在第二次任总统之后全力推进远东大开发,制定了一系列政策措施,取得了一定的成就。

一 远东发展战略要点

冷战结束后,俄罗斯政府曾多次制定远东发展战略。2010年1月出台的《俄罗斯远东及贝加尔地区社会经济发展战略》是近年来俄罗斯出台的内容最为详细的发展纲要。该纲要以全球化视角,立足远东和贝加尔地区的资源和地缘优势,瞄准东北亚地区,加快俄罗斯融入亚太地区经济空间的步伐,以保证俄罗斯出口市场多元化,防止国家对远东和贝加尔地区的经济和政治影响力下降，遏制远东和贝加尔地区人口下降趋势，以维护俄罗斯的地缘政治和地区经济利益。远东地区拥有丰富的石油和天然气资源以及有色金属、林业和渔业资源等，同时远东地区毗邻经济飞速发展的亚太地区；过境运输潜力巨大；拥有漫长的海岸线和国境线，具有良好的港口基础设施，有利于开展国际经济合作，这些优势对于俄罗斯国家和地区发展的重要意义历来为俄政府所重视。按照《俄罗斯远东及贝加尔地区社会经济发展战略》规划，至 2025 年远东地区发展的总体目标是：使该地区各联邦主体的 GDP 增长速度超过全俄 GDP 平均增速 0.5 个百分点，以推动相关联邦主体创造经济较为发达、生活条件比较舒适的发展环境，使该地区经济社会发展达到全俄平均水平，并使收入低于最低生活保障线的居民比重从 24.5% 降至 9.6%，从而实现稳定人口数量的地缘政治发展任务。

按照该《社会经济发展战略》，远东发展分为三个实施阶段：

第一阶段：2009—2015 年。使远东和贝加尔地区的投资增速超过全俄平均水平，使居民就业率略有提高，并通过推广节能技术，新建基础设施项目，在经济较发达的地区发展工农业项目，形成一批新的区域发展中心。

第二阶段：2016—2020 年。吸引国内外投资，兴建大型能源项目，弥补基础设施的不足；提高交通运输能力，增加客货过境流量，完成主干交通网建设；增加原材料深加工产品的出口比重。

第三阶段：2021—2025 年。以巩固俄罗斯在世界经济中的领先地位、使远东和贝加尔地区深度融入世界经济空间的视角看待该地区的经济社会发展。为此，该阶段的发展任务是：发展创新型经济，加入国际分工体系，实现本地区在高科技、知识型经济、能源和交通运输方面的竞争优势；实施大型油气开采、加工和供应项目；完成能源、运输领域的大项目；巩固俄罗斯在前沿科研领域的领先地位；快速发展人力资本，逐步提高国家和个人在教育和医疗卫生事业上的投入，达到发达国家水平，并确保教育和医疗卫生领域居领先地位。

该发展战略制定了特殊的政策措施和提供相应的支持手段：包括制定特殊的价格、缴费、关税、税收（包括增加局部地区的个别税种）和财政预算政策，为实现该地区与俄罗斯其他地区的经济、社会一体化扫除障碍；吸引俄罗斯联邦投资基金、俄罗斯风险投资公司参与该地区某些重点投资项目，并采取信贷优惠和贷款贴息的方式予以扶持；实施联邦政府对该地区重点行业的支持政策，使特定行业及企业通过提高装备竞争力实现生产现代化；通过完善社会基础设施、提供退休保障、发展职业教育以及支持少数民族原住民传统的生活方式等措施，留住该地区劳动力人口，并吸引高技能人才。

二 新一轮俄远东开发政策分析

普京在当选第二任俄总统之后，对远东的发展实施了新的举措，吸取了过去远东开发的经验和教训，不仅从制度和机制上加以保障，同时还实施相关举措，以提高远东居民的收入，增加人口数量，促进经济发展。

1. 设立远东发展部

2012 年 5 月 21 日，普京再次任总统伊始就签署命令，成立远东发展部，由俄罗斯远东全权代表伊沙耶夫任部长。远东发展部协调执行政府规划和联邦发展方案的执行情况，其中包括由联邦政府制定的长期发展规划方案。除此之外，发展部还负有管理联邦政府财产的职责，但不包括林业基金以及联邦特殊资源保护区，开放式股份公司的财产、列入联邦政府战略清单的战略型企业，以及由联邦总统确认的股份公司的财产也不在监管之列。从级别上看，该部高于俄罗斯其他各部。

2. 成立国家发展集团

2012 年 1 月 21 日，俄紧急情况部长绍伊古向总理普京提出建议成立国家发展集团。这个国家发展集团将负责开发俄罗斯东西伯利亚和远东的 16 个地区，将拥有项目投融资、管理和矿产开发等多项职能。在该计划框架内，总投资将达到 32 万亿卢布。国家发展集团是俄罗斯一种特殊的组织机构。从法律上讲，国家发展集团不受俄罗斯《公司法》的限制，按照专门的国家集团公司法规行事，大规模整合某领域资产并拥有强大的行政资源，比如军工行业的国家技术集团、核能领域的国家原子能集团和国家开发投资领域的国家外经银行等。这一举措表明，俄罗斯高层对远东和西伯利亚事务给予了极大的关注，主要就是为支持东西伯利亚和远东的发展创造优惠条件，因为现行的法律和经济机制不利于为俄罗斯东部地区的加快发展创造必要的条件，也不利于改变当地把原料作为优先发展方向的状况。但在大众传媒、政治学家和经济学家公开的报告中，为俄罗斯东部发展创造特殊条件的方针却没有得到普遍一致的支持。

按照计划，正在创建的国有集团将管理俄东部地区阿尔泰共和国、布里亚特共和国、萨哈共和国（雅库特）、特瓦共和国、哈卡斯共和国、外贝加尔边疆区、堪察加边疆区、克拉斯诺亚尔斯克边疆区、滨海边疆区、哈巴罗夫斯克边疆区、阿穆尔州、伊尔库茨克州、马加丹州、萨哈林州、犹太自治州和楚科奇自治区投资项目的实施，基础设施项目是其重点。国有集团的主要任务是：在俄罗斯总统的直接领导下，吸引开发西伯利亚和远东的资金及有效地利用自然资源，在其管辖内的一些地区将享有联邦资源法、森林法、土地法、城建法、劳动活动法和国籍法各项法规之外的部分法权。

3. 确立远东优先发展项目

2008年世界经济危机之后，全球经济持续低迷，在整个世界经济尚未走出低谷之时，为防止远东经济进一步衰落，俄罗斯政府计划确定了一系列发展远东和外贝加尔优先项目。主要包括铁路和航空运输项目、对运输项目进行补贴、促进远东地区人口增长等。

在铁路建设投资方面，2016年前，俄铁路公司需巨额资金发展东部铁路干线。俄罗斯铁路公司计划2016年前需要2910亿卢布国家援助用于维修和发展贝加尔—阿穆尔铁路（贝阿铁路）和跨西伯利亚大铁路的基础设施。其中2080亿卢布用于贝阿铁路。在客运方面，2012年俄罗斯铁路公司计划投资22亿卢布，其中旅客运输计划投资7亿卢布，符拉迪沃斯托克至机场的线路投资15亿卢布。[①]

2012年7月，俄总理梅德韦杰夫视察远东时，再次提出建设萨哈林岛与大陆的铁路。这个项目虽然已经提出了很多年，但一直以来没有实施。这个项目估计造价4000亿卢布。

在口岸建设方面，俄罗斯已经完成了"联邦国家边境地区总体发展规划"，计划2020年之前加大对远东地区16个口岸投入的力度。其

---

① РЖД в 2012г планирует вложить в развитие пассажирского комплекса ДВЖД более 2.2 млрд рублей.

中有 8 处口岸位于萨哈林州，联邦财政计划投资 45 亿卢布，整个改造口岸需要投资 120 亿卢布。①

在能源合作方面，2012 年 6 月 22 日，俄滨海边疆区政府与俄罗斯天然气工业股份公司签署一份协议，决定在符拉迪沃斯托克建设第二座液化天然气生产厂，项目计划投资 70 亿美元，到 2017 年工厂的生产能力将达到 1000 万吨，随后增加到 2000 万吨，日本表示了对该项目投资的意愿。目前俄罗斯只有"萨哈林 – 2"号油气项目框架内运营的天然气液化厂，年产能力为 1050 万吨。按计划工厂的生产能力将扩大 50%。建厂的原因之一是增加对远东地区能源的供应，同时，未来可用作液化天然气、压缩天然气和液化石油气作为清洁能源，为发动机提供燃料；另一个原因就是，俄罗斯经过充分论证，认为向日韩出口液化天然气是唯一选择，建设油气管道得不偿失。

大力开发南千岛群岛。2012 年 7 月，俄罗斯总理梅德韦杰夫第二次登上国后岛，提出大力发展千岛群岛的基础设施，并计划斥资 1.6 亿美元在千岛群岛修建 8 家养鱼场，其中 6—7 家建在择捉岛，另外一家建在国后岛。

4. 制定发展远东经济的优惠政策

由于远东地区恶劣的气候和地理条件，国家必须出台有别于俄罗斯其他地区的特殊优惠政策，否则俄罗斯远东的发展将难以取得竞争优势。根据第一任远东发展部长伊沙耶夫的建议，首先在企业税收方面应当为 80% 的新建企业免税，保留个人所得税。企业总会以某种方式增加地区税收。美国的阿拉斯加和中国的经济特区都把税收作为调节的手段。税收优惠能为企业缩短投资回收期创造条件，增强国内外竞争力，让企业更有活力。

5. 实施增加人口新举措

进入 21 世纪以后，远东地区人口一直呈下降趋势，这无疑为远东发展增加了不确定性的因素，劳动力不足是远东目前面临的最大难题。没有劳动力任何项目都无法实施。而远东人口分布也极不合理，80% 的

---

① Более 12 млрд рублей планируется вложить в обустройство пограничных пунктов в ДФО до 2020 года. http：//www. rosgranitsa. ru/ru/pressa/monitor/5172）.

人口都集中在南部沿江和铁路、公路沿线 50—100 千米范围内，广大内陆地区人烟稀少，但这些地区正是资源丰富的地区。根据 2002 年人口普查结果表明，远东有居民 644 万人，2010 年的人口普查资料表明，居民人数为 628 万人，8 年时间人口减少了 160 万人，年均减少 20 万人。人口比例每平方千米 1.2 人，比全俄低 7 倍。根据俄罗斯远东 2025 年发展规划，俄罗斯计划至 2025 年前增加 51.1 万人，而且其中 80% 应该是有文凭的高技能专家。为了更广泛地吸引劳动力，俄罗斯有关方面正在对吸引劳工机制问题进行研究。过去苏联计划经济时期实施的对劳动力津贴机制已经不能适合当今经济发展的需求。因为过去的津贴主要由政府支配，现在应有企业自主支配，应该鼓励企业拿出部分利润增加劳动者的收入，使远东成为高收入地区，这样自然就吸引了劳动力自然流动。

提高人口素质最直接的办法就是增加教育的投入。俄罗斯亚太峰会召开之后，将为峰会修建的配套设施已全部移交给远东联邦大学，以大力发展远东教育。俄罗斯远东联邦大学是俄罗斯远东地区最大的高等教育机构，现有在读学生 3 万人，预计 2012 年以后，学生生源可以扩充到整个亚太地区，学生人数可增加至 5 万人。

普京远东政策的实施，必将为远东的发展带来新的机遇，也为远东尽快加入东北亚经济快车提供了可能。但远东的发展绝不是一帆风顺的，甚至可以说，远东的政策能否真正得到落实也是一个未知数。之前俄罗斯也制定了一系列的开放远东的各种战略，但在落实的过程中大都成了一纸空文。据俄罗斯学者统计，1972—1986 年，苏共中央决议的执行率为 65%；1986—2000 年的国家专项纲要执行率为 30%；1996—2005 年的国家专项纲要执行率为 10%。俄远东联邦区总统代表伊沙耶夫曾表示，俄联邦制定的投资规划几乎从未执行过。2010 年 6 月，俄科学院远东分院经济所所长米纳基尔院士在参加第三届东北亚区域合作论坛时表示，俄方的各种纲要大多是纸上谈兵。

三　远东未来发展方向及合作需求

《俄罗斯远东及贝加尔地区社会经济发展战略》还确定了地区未来发展方向与合作需求，特别是在产业发展和对外合作等方面，指出远东的优先发展路径是交通、能源和信息传媒等产业。交通基础设施建设将优先发展骨干交通网络：大力发展西伯利亚大铁路；实现远东地区公路的一体化，并使之融入俄罗斯主干公路网；发展俄罗斯的骨干航空网络，使伊尔库茨克机场、哈巴罗夫斯克机场和符拉迪沃斯托克机场成为国际航空枢纽；优先建设集装箱运输等现代化设施，实现港口专业化，打造运输、物流综合体系；建设港口型经济特区；发展"北方海运"；为开采北极（包括大陆架）油气资源以及海上出口提供交通运输保障；保证北方地区重要社会物资的运输，并为日后发展大规模区域内运输和过境转运业务奠定基础；建设"东西伯利亚—太平洋"管道系统，确保形成一批新的石油开采和输运中心，保证俄罗斯向亚太地区能源市场供应石油，并在这一地区逐步发展俄罗斯统一的天然气供应系统。

在能源基础设施方面，致力于满足新用户的长期电力需求，除了新增发电能力，将进行大规模的电网建设，并强化西伯利亚大铁路和贝阿铁路干线沿线的电网，以提高供电效率，保证可靠的电力供应。在地区信息通信基础设施方面，将建立创新、高效的电信部门；扩大通信渠道的传输能力；在人口密集地区铺设光纤传输线路和无线电中继通信线路；依靠卫星通信系统实现偏远地区的通信保障；在与中国和日本交界地区建立国际高速通信通道；在国际合作的框架内建设滨海边疆区、萨哈林州与日本之间的高速通信线路；向高椭圆形轨道发射通信卫星群，以确保远东北极地区、极北地区的可靠通信和电视广播服务；铺设奥哈（乌斯季博利舍列茨克和乌斯季博利舍列茨克）马加丹海底光纤传输线路。

重点规划基础经济部门。能源部门的主要任务就是加强跨系统联系，提高供电可靠性。使用新能源和替代能源，鼓励电力出口，同时希望政府实施优惠政策。

交通部门：规划铁路、公路、航空和内河运输。使该地区的铁路总运量在2025年前增加50%—70%，构建现代汽车运输系统，形成具有竞争力的专业运输市场，减少货运成本，重建内河航道，提高运营质量，满足陆上和航空运输不足地区人口对内河运输的需求。

采矿部门。减少地下资源开采许可证的申领时间，引入许可证竞争机制；鼓励生产高附加值的精炼产品，进行原料深加工；提供资金，配备现代化设备和高技能人才实施综合勘探；鼓励吸引私人投资。

林业部门：扩大利用贝加尔地区和远东南部地区开发程度最高、最有利于再生产区域的森林资源，扩大对低档木材和软木的深加工。

渔业部门。建造渔船和对渔船、鱼类加工设备进行现代化改造提供贷款贴息；调整进出口关税税率；对从俄罗斯租赁公司租赁捕鱼船予以部分租金补贴，降低水生物资源及其制品在俄罗斯境内的运费；国家对成品鱼输往消费目的地的铁路运费进行调节；对渔业企业给予税收优惠；把"远东鱼类和海产品"品牌推向全俄市场和全球市场；提升远东地区在培育俄罗斯健康饮食文化中的地位。

机械制造业。发展油气管道设备、勘探设备、钻井设备和钻井维护设备、再生能源小型发电机组和维修设备的生产；发展渔业服务企业，为远东沿海地区捕鱼船只提供养护服务。主要支持举措：一是增加国家订货；二是建设专业化机械制造科技园区，最大限度地提供税收优惠；三是发展专业化高等学校，通过发放奖学金和实施资助项目解决高技能人才的短缺问题，并规划国家对企业人才培训的支持。

旅游业。利用远东地区丰富的旅游资源，发展文化信息游、医疗保健游、生态和海上休闲游等旅游休闲方式，同时发展商务游、民俗游和文化历史游。

重视与中国东北地区的合作。远东地区参与东北亚国际经济合作的主要领域，包括交通、信息通信技术、能源、高科技、采矿、林业、农业、渔业、旅游业、人文和生态等。其中，把与中国东北地区的合作视为优先方向之一。在交通领域，提出深化俄中在航空领域的合作，推动俄罗斯东海岸几个大城市开设到中国的国际航线，发展现有的格罗捷科沃和外贝加尔斯克铁路边检站，建设下列宁斯阔耶至同江的跨阿穆尔河（黑龙江）铁路大桥；在电信服务领域合作，在俄罗斯和中国边境地区实施相关合资项目，建设俄中国际高速通信干线，提供可靠、高质量的通信服务和互联网服务系统。

第二节　远东经济的主要领域

俄罗斯远东地区面积占全俄总面积的36%，人口占4.2%，GDP总量占全俄5.4%—6.4%。相对于俄罗斯其他联邦区，远东地区是偏远落后的地区，也是俄罗斯亟待发展的地区之一。进入21世纪以来，俄罗斯政府不断出台发展远东的规划，如2007年批准的《远东及外贝加尔地区1996—2005年经济社会发展联邦专项规划》，之后又不断修改和完善。2011年出台了《远东及贝加尔地区2025年前发展战略》，对远东2025年前制定了详细的发展规划，只是由于2008—2009年世界金融危机导致俄罗斯资金紧张，投资远东的计划一再落空。2015年初，俄罗斯又重新修订了远东发展规划。2015年3月，俄政府先后在远东设立14个超前经济社会发展区，从税收、土地、保险等方面给予投资者以极大的优惠，目的是改善投资环境，吸引境内外资金进入。2015年9月，俄政府又宣布设立符拉迪沃斯托克自由港，这一政策对俄罗斯开发远东意义重大，而且吸引外资的政策更加优惠，对于远东经济发展也具有极大的意义。

一 远东地区经济主要领域的发展

自2005年开始，俄罗斯工业经济进入震荡调整期。2005—2014的10年，俄罗斯工业每年增长在1%—5%徘徊，2014年增幅最低，只比上一年增长了1.7%。远东地区工业平均增长速度高于全俄。2005—2014年，年均增长6%，2014年增长了6.7，高出全俄平均速度3.9个百分点。在俄罗斯8个联邦区中位居首位。2005—2014年，远东工业增长速度差异很大。2005年增长速度为2.6%[①]，基本处于全俄最低的增长速度，经过10年时间，远东的工业增长速度位居全俄之首。在整个远东联邦区中，增长速度较快的是楚科奇自治区，2014年增速达到38.5%，除了阿穆尔州下降2.7%，其他联邦主体都呈上升趋势。

1. 远东的石油工业

俄罗斯独立以来，能源产业得到快速发展，远东地区石油和天然气凝析油产量得到了很大的提高。远东地区石油工业开采主要集中在萨哈共和国（雅库特）和近年开发的萨哈林1—7号油田。根据统计数据，远东探明石油储量为10.45亿吨，储藏量56亿吨。1991—2011年，在

---

① Федеральная служба Государственной Статистики. Регионы России социально–экономические показатели. 2015. С. 469.

整个俄罗斯联邦区中，只有远东区和西伯利亚区呈增长态势，其他各个联邦区除了伏尔加沿岸区基本持平，都呈下降的趋势，而且下降的幅度很大。下降幅度最大的是远东南部区，20年时间石油产量下降了近6倍。1991年，南方区石油产量是远东区的6倍，20年之后，远东区石油产量是南方区的近11倍。由此可以看出，俄罗斯开发远东已经取得了实质性的成果，特别是在能源开采领域表现尤其明显。2010年远东联邦区石油产量1828万吨，只占全俄产量的3.6%，2014年比例的份额就已经达到了4%，5年提高了0.4个百分点。

2. 远东的天然气工业

1990—2010年俄罗斯天然气产量增加了1倍，2011年达到了670.8亿立方米，比上一年增长了3%，出口量为198.2亿立方米，占产量的30%。远东地区天然气产量20年时间增加了近9倍。2014年产量为280.9亿立方米，占全俄天然气总产量的4.9%。占产量最高的乌拉尔联邦区5.8%，比相邻的西伯利亚联邦区高出近2.1倍。2014年远东占全俄的份额略有增长，达到了5%的水平。从2014年与2010年进行比较可以看出，这一时期远东天然气产量增长了1.2倍，而同期全俄下降了0.2个百分点。2008年之前，远东天然气产量一直没有达到百亿立方米。这一时期只有乌拉尔、伏尔加和南部联邦区的产量超过百亿立方米，其中乌拉尔联邦区2007年达到5916亿立方米，比远东高出70多倍。自2009年之后，远东天然气产量达到了200亿立方米，至2011年，增长速度分别为28%和5%。这在全联邦区中增长的速度也属于前列。在俄罗斯2025年前远东及贝加尔地区开发战略中明确指出，在国家东部地区，发展统一的天然气供应体系将会提高远东和贝加尔地区能源供应的稳定性和可靠性，同时实现俄罗斯天然气出口方向的多元化。

3. 远东的煤炭工业

俄罗斯远东地区拥有丰富的煤炭资源，是全俄煤炭消费比重最高的地区。全区已探明总储量200亿吨，远景储量高达3574亿吨。2014年俄罗斯煤炭产量达3.5651亿吨，比上一年略有增长。远东煤炭生产处于下降趋势，2014年产量3300万吨，比1990年下降了33.7%，这在全俄也是下降幅度比较大的地区（见表16—1）。

表 16—1　　　　1990—2014 年俄罗斯及远东煤炭产量　　　　单位：万吨

年份	全俄	中央（联邦）区	西北（联邦）区	南方（联邦）区	伏尔加沿岸（联邦）区	乌拉尔（联邦）区	西伯利亚（联邦）区	远东（联邦）区
1990	39535	1326	2979	2892	734	1656	24970	4975
1995	26281	358	2267	1947	276	904	17142	3385
2000	25829	80	1882	971	17	668	19375	2835
2001	26956	109	1907	949	5	509	20658	2818
2002	25575	84	1312	839	23	462	19850	3006
2003	27666	46	1380	693	15	468	21992	3072
2004	281744	212	14828	6406	215	4653	223536	31894
2005	29850	58	1310	766	24	458	23983	3251
2006	31003	54	1410	703	31	430	25170	3205
2007	31379	30	1296	740	53	346	25695	3219
2008	32855	36	1293	708	52	335	27198	3233
2009	30123	20	1180	494	31	202	25413	2782
2010	32170	24	1363	473	39	215	26890	3167
2011	33483	26	1349	528	32	240	28087	3221
2012	35678	23	1373	563	49	233	29906	3531
2013	35323	27	1404	474	57	205	29898	3258
2014	35651	30	1322	587	56	185	30171	3300

资料来源：根据俄联邦统计局数据整理得出。

由于远东发展煤炭的前景广阔，包括中国在内的许多国家都积极与远东开展煤炭开采与勘探的合作。例如，日本在萨哈共和国（雅库特）投入巨资开展煤炭合作。中国也借用"贷款换石油"的形式，以"贷款换煤炭"的模式开展煤炭合作。2010 年 8 月，中国与俄罗斯签署 60 万美元的进口远东煤炭的协议，计划进口煤炭最多可达 2000 万吨。由于 2014 年以来世界能源价格下降，中国进口俄罗斯煤炭没能实现这个目标。2015 年通过绥芬河口岸进口俄罗斯煤炭只有 80 万吨。

4. 远东的电力工业

相对于其他能源产业，电力行业还没有成为远东地区的支柱产业。远东地区发电以火电为主，其他形式如水电、太阳能发电等还发展滞后。1900—2014年发电总量为7276亿千瓦时，占全俄发电总量的5.3%。在整个联邦区中居最后一位。远东地区发电量2014年超过100亿千瓦时的分别是阿穆尔州和滨海边疆区。远东发电量与其他经济发达联邦区相比明显偏低，只占相邻的西伯利亚区的23.7%。

由于远东生产水平有限，远东生产的电力主要用于出口，而且主要出口到中国。近年来，俄罗斯对中国电力出口取得了飞速的发展，从2008年的45亿千瓦时提高到2012年的225亿千瓦时，4年时间提高了5倍。未来远东地区中俄电力合作的规模将进一步扩大，因为电力合作符合双方的利益，并且已经取得了互利共赢的明显效果。

5. 远东的农业发展

俄罗斯远东联邦区农业用地660万公顷，可耕地280万公顷。农业总产值中，种植业占34%，畜牧业占66%。种植业主要集中在南部自然条件较好的阿穆尔州、哈巴罗夫斯克边疆区和滨海边疆区，是全俄大豆和土豆的主产区。远东地区农业用地面积占总面积的0.7%，耕地面积占0.4%。农业用地和耕地的分布也存在不平衡性，主要分布在阿穆尔州的南部、犹太自治州、滨海边疆区和哈巴罗夫斯克边疆区。

1990—2014年，远东联邦区的农作物播种面积由289万公顷锐减到178.8万公顷，减少了近38.5%；2014年种植面积是苏联解体后种植面积最多的一年，比2005年增加了1.5倍。阿穆尔州、哈巴罗夫斯克边疆区、滨海边疆区、犹太自治州是远东的主要农业区。主要农作物有小麦、燕麦、大麦和水稻。经济作物主要包括大豆、甜菜。这里是俄罗斯最大的大豆种植区，产量占全俄的90%以上。[1]

自苏联解体以来，由于经济不景气等原因，俄罗斯人口一直处于负增长。劳动力缺乏成为东部地区农业发展的重要制约因素。按照远东地区目前的人口发展趋势，到2050年人口将减少到400万人。[2] 由于地广人稀的原因，造成耕地利用率不高，弃耕地、撂荒地多。俄罗斯东部地区农业基本以粗放式经营、广种薄收为主，农业集约化组织水平

---

[1] Сельское хозяйство. охота и лесоводство в России. Росстат. М. . 2010.

[2] В. И. Ишаев. Стратегия социально - экономического развития Дальнего Востока и Забайкалья. //Третий дальневосточный международный экономический форум//Издательство Тихоокеанского государственного университета. Хабаровск. 2008. С. 38.

较低。

6. 远东的交通运输业

远东地区有最重要的欧亚交通走廊——西伯利亚大铁路、滨海1号、滨海2号、北方海运,以及其他将俄罗斯与亚太地区其他国家连接起来的交通线路。与俄罗斯其他地区相比,远东地区的交通基础设施十分薄弱。地区的铁路密度为14千米/1000平方千米,占全俄50千米/1000平方千米的28%。在楚科奇自治区、马加丹州、堪察加边疆区甚至不通铁路。远东地区的主要交通干线——西伯利亚大铁路和贝加尔—阿穆尔干线需要提高运输能力,因为2010年之后90%的铁路运载能力已达到警戒水平,首当其冲的是进入港口、大型工业区和新矿区的路段。

汽车是远东地区主要的运输方式,远东经济区汽车运输业比较落后,2014年,远东公路密度为9.1千米/1000平方千米,仅相当于俄罗斯平均水平的1/7。每万人公交车只有27台,全俄为51台,在全俄联邦区中位居最后一位。2014年硬面公路9.1千米/1000平方千米,占全俄平均值的15%。大约1400个居民点不能确保常年与主干公路网连接,几乎50%里程的联邦级和区域级公路正常运输条件得不到保障,有20%里程的运输条件十分危险,交通事故率极高。

1990—2014年远东联邦区铁路货物运输量百万吨千米减少了2/3,2014年只相当于全俄运输总量的(246.8亿吨)的2.4%,在整个联邦区中处于最后一位。统计数据表明,在7个联邦区中,只有远东区没有超过10亿吨,其他各个联邦区中最低的南方区也都达到了13.8亿吨,其他各区都超过了20亿吨。

7. 远东的木材加工业

2012年统计,远东森林及林地面积5.05亿公顷,占全俄的42.7%,其中森林覆盖面积2.96亿公顷,占全俄森林覆盖面积的37.2%。木材蓄积量206.02亿立方米,占全俄的25.3%。2009—2014年远东原木加工量年均增长6%,2014年原木加工量为1192.2万立方米,占全俄的9.6%。在远东联邦区内,2014年哈巴罗夫斯克边疆区和滨海边疆区加工量最多,分别达到了583.1万立方米和418.7万立方米,分别在全俄中处于第8位和第9位,远东位居前两位。

二 远东地区的中小企业

俄远东联邦区小企业发展是其社会变革的产物。[①] 20 世纪 90 年代初，俄政府推行"小私有化"之后，中小企业成了最大的受益者，以零售批发、生活日常服务和餐饮为代表的小企业数量急剧增长，其中发展比较快的是涉外的商品交易和外汇买卖领域的中小企业。

远东地区的中小企业从某种程度上折射出远东各联邦区的经济发展状况。远东各地区中小企业的分布与发展并不平衡，近半数中小企业聚集在滨海边疆区。2014 年远东中小企业 9.36 万家，每万人中小企业数量 151 家，就业数 46.95 万人，周转资金 10996 亿卢布。其中滨海边疆区占 3.17 万家，占远东企业数的 33.9%，就业数 14.76 万人，占远东中小企业就业人数的 31.4%。此外，分布在哈巴罗夫斯克边疆区、阿穆尔州、萨哈林州和堪察加边疆区的中小企业合计约占 1/4。

除基础薄弱外，制约远东地区中小企业发展的瓶颈当属企业融资难，多数中小企业不具有便利的融资渠道来扩展业务。在这种情况下，俄远东中小企业想要从银行渠道融资十分困难。俄远东中小企业资金匮乏，银行贷款利率过高和限制性条款使中小企业难以融资，导致被迫中断商业活动，除了高达 12% 的贷款利率，贷款机构设定的苛刻担保和限制性规定，使许多中小企业无法满足贷款条件。俄中小企业获得的贷款利率通常是央行再融资利率的 2 倍，远东地区部分中小企业的年贷款利率曾经高达 20% 以上。

在远东地区的经济活动中，中小企业及个体经营者提供了大约 30% 的就业岗位。但中小企业在远东发展并不平衡，在楚科奇自治区占生产总值的 2.5%，而在滨海边疆区则达到 22.3%。总的来说，这一时期中小企业在远东联邦区总产值中没有超过 18%，中小型企业在远东地区主要从事贸易、房地产、建筑业和制造业。

[①] 2007 年 7 月 6 日俄国家杜马通过《俄罗斯联邦发展中小企业法》之前，中小企业即指小企业，小企业定义有一个逐渐变化的过程，因此，在俄罗斯统计局统计数据中，只有小企业的表达方式。也就是说，《俄罗斯联邦发展中小企业法》生效后，俄罗斯对企业的分类与国际标准趋于相同，俄罗斯有了真正的"中小企业"的标准。但由于历史和统计上的原因，我们在实际的分析中，有时不得不把小企业与中小企业的概念混用。

三 远东的对外经济关系

远东对外关系在地区经济发展过程中起到了非常重要的作用，特别是在苏联解体后的困难时期，远东依靠加强与周边国家经济联系保证了地区的经济社会稳定。远东地区外资的吸引也在逐步恢复，尤其是随着远东开发政策的进一步落实，外资进入远东的步伐也逐步加快。

远东地区远离俄罗斯经济中心，游离于俄罗斯经济体系之外，也正是由于这一原因，远东的发展受到了很大制约。但远东又是对外开放的一个重要窗口，是俄罗斯走向东方、融入亚太经济的重要的平台。1991年苏联解体之时，俄罗斯经济受到了严重的冲击，经济体系遭到了严重的破坏，远东利用优势的地缘环境，大力发展与周边国家的经贸合作，对缓解由于苏联解体对经济、特别是对百姓生活造成的影响起到了一定的作用。远东对外贸易的主要国家是中、日、韩等周边国家，其中，中国在一些时期占据远东对外贸易的首位。

自2015年以来，远东对外贸易出现了大幅度下滑，2015年比2014年下降了1/3还多（见表16—2），而且与周边国家的贸易额也相应地下降，基本上与2008年经济危机之后的水平相当。

表16—2　　　　2006—2015年远东地区与主要国家贸易额　　　单位：亿美元

年份	远东	中国	日本	韩国
2006	151.5	40.6	30.9	23.7
2007	202.4	42.7	59.5	53.5
2008	121.6	47.7	68.3	58.2
2009	155	44.5	40.6	41.4
2010	262.3	69.9	69.3	62.3
2011	339.5	84.6	77.6	93.6
2012	361.5	98.5	83.5	102.4
2013	402.2	112	107.8	96.5
2014	393.4	101.6	102.4	102.2
2015	265	63.8	60.4	46.3

资料来源：根据俄联邦统计局数据整理得出。

鱼类和能源产品占远东出口的主要部分，而工业品和高科技产品的出口比例很小。鱼是远东第一位大宗出口产品。渔业是远东支柱产业，2013年和2014年，远东出口鱼类及其产品分别为23.2亿美元和22亿美元，2015年鱼产品和相关海产品出口22.42亿美元，主要出口相邻国家及独联体国家，其中相邻国家出口22.4亿美元，占出口总额的99%。

木材是远东第二大出口商品。东北亚的中、日、韩三国是世界上三大木材进口国和木材消费大国，也是俄罗斯木材的重要集散地。每年经远东地区所有海关口岸出口的木材达1200万立方米。2015年木材及纸浆出口8.5亿美元，其中出口最多的是滨海边疆区和哈巴罗夫斯克边疆区，分别出口3.5亿美元和4.5亿美元，占整个远东区出口总额的94%。煤炭是远东第三宗出口商品，也是传统出口产品，主要出口中国、日本和韩国等周边国家。

石油和石油产品是远东传统出口产品，但在远东出口额中所占比例并不大。1998年之前所占比重在10%以下。1998年的出口额为1.6亿美元，所占比重为5.6%。1999年，开发萨哈林大陆架石油与天然气国际合作方案之中的萨哈林—2号方案开始工业产油，当年向韩国出口石油8.1万吨，同时向中国出口，使石油出口额猛增到3.358亿美元，在出口额中的比重上升到13.8%。

2016年上半年，远东出口能源产品43.9亿美元，占出口商品总额的49.1%，其中萨哈林州出口38.1亿美元，占能源出口总额的86.8%，除此之外就是滨海边疆区和萨哈共和国（雅库特），出口额分别为2.1亿美元和1.9亿美元。

苏联解体以后，原有的经济联系被破坏，同时物价飞涨、运费增加，使远东地区获得俄罗斯其他地区工业品和日用品的能力极其有限。从国外进口成为远东地区满足当地市场需求的最直接和最有效的选择。在进口方面，远东地区进口生活必需品有助于充实国内市场。2016年上半年，远东自独联体国家进口4118万美元，从周边国家进口24.8亿美元，进口总额达到了25.2亿美元，主要进口食品和食品原料、纺织品、纺织制品和鞋类、矿物产品、化工产品和机械设备等。

第三节 远东地区的创新经济

俄罗斯经济以能源及原材料出口为主,能源出口占 GDP 总额的 50% 以上,这样的经济结构不利于俄罗斯经济发展。普京执政以来,不止一次提出要发展创新经济,改变俄罗斯经济结构现状,发展创新经济成为俄罗斯摆脱能源经济最有效的手段之一。负责政府创新工作的俄罗斯副总理苏尔科夫在 2013 年指出:"最主要的是我们应该尽全力退出军事原料强国模式并走上后工业化社会道路,走上这条道路并在国际智力劳动分工系统占据自己的位置。我们应该生产某些其他方面没有的珍贵技术,让经济变成知识型经济。如果我们不这样做的话,我相信,俄罗斯作为国家将无法存在。"

一 远东的科技与创新

与俄罗斯其他地区相比,远东的科技发展水平较低,但在个别领域处于领先地位。远东科研体系与俄罗斯其他地区基本相同,主要由科研院所、国民经济各部门和高等院校三大系统组成。

1. 远东地区科研单位现状

据统计,远东地区从事科技研究的单位数量只占全俄的 4.8%。1992—2011 年,科研单位数量由 230 家下降到 178 家,下降了 22.7%。远东地区科研单位最多的是滨海边疆区和哈巴罗夫斯克边疆区,2011 年占全远东的 52.5%;最少的是犹太自治州(2 家)和楚科奇自治区(1 家)。1992—2011 年全俄从事科研的人数 1775.8 万人,远东地区仅为 28.8 万人,占全俄的 1.6%。

2011 年远东科研人员数量只有 1992 年的 55%。从行业划分来看,2000—2011 年远东地区研究人员为 3.26 万人,技术人员为 9897 人,科辅人员为 2.5 万人。这一时期科研人员最多的滨海边疆区,人数达到了 7.3 万人,占整个远东地区的 43.8%。除了马加丹州、犹太自治州和楚科奇自治区,其他各州区人数累计都超过 1 万人以上。从年度上来看,自 2008—2009 年世界经济危机爆发以来,远东地区科研人数大幅度地减少。2009 年之后,远东科研人员的数量从 1.4 万人减少到了 1.2 万人，而且呈连年下降的趋势。1993—2001年远东拥有职称的科研人员21866人，其中博士3881人，副博士17985人（见表16—3）。

表16—3　　2000—2011年远东地区拥有职称科研人员统计　　单位：人

	博士				副博士			
	2000年	2005年	2010年	2011年	2000年	2005年	2010年	2011年
俄联邦	21949	23410	26789	27675	83962	76018	78325	81818
远东区	556	648	756	794	2257	2272	2534	2655
萨哈共和国（雅库特）	117	133	148	176	458	433	475	529
堪察加州	29	41	45	47	137	150	155	156
滨海边疆区	253	299	357	350	1068	1117	1180	1174
哈巴罗夫斯克边疆区	76	88	98	107	273	254	274	303
阿穆尔州	39	39	43	39	134	130	171	186
马加丹州	28	26	31	41	91	85	89	121
萨哈林州	9	14	29	18	78	89	177	83
犹太自治州	5	7	5	16	13	10	11	101
楚科奇自治区	—	1	—	—	5	4	2	2

资料来源：根据Регионы России：социалиьно－экономическиепоказатели（2012）数据整理得出。

2000—2011年远东地区博士增加了近1.3倍。但2011年只占全俄的2.8%。在此期间，远东副博士增长了近15%，2011年占全俄总人数的3.2%。远东地区博士和副博士人数比较多的是滨海边疆区，2011年分别占总人数的44.1%和44.2%。

2000—2011年远东研究生招生人数为7401人，毕业人数为4472人，获得学位的有1015人，毕业生人数占入学人数的60.4%，获得学位的比例占毕业生人数的22.6%。2005年和2011年远东申请专利分别为629项和799项，分别占全俄的1.9%和2%；而获得专利的数量分别是501项和554项，分别占申请数量的79.6%和69.3%。

和全俄一样，为了改变以能源为主的出口贸易结构，远东大力发展创新经济，开发先进的生产技术，但成效甚微，与全俄相比差距越来越大，并且在短时间内难以改变。2000—2011年远东开发先进生产技术106项，占全俄的1.1%，而且各年的数额相差很大。2008年达到20项，2010年和2011年也分别达到10项和19项。在新技术应用方面，远东地区发展态势良好。2000—2011年共应用新技术49367项，占全俄的2.8%。而且2011年比2000年高出近8倍，由2000年的778项增加到2011年的6595项。这对于远东开发过程是难能可贵的，说明远东在创新经济方面确实投入了财力和人力，远东应用新技术要高于开发新技术。远东地区采用新技术最多的是哈巴罗夫斯克边疆区和滨海边疆区，2011年采用新技术2559项，占当年远东地区总数的六成。应该指出的是，哈巴罗夫斯克边疆区发展速度非常快，2011年与2000年相比，增加了近7倍。增长幅度最大的是犹太自治州，2000年仅1项，2011年新技术应用达到了156项。具有创新意识的企业占生产企业的比例不高，这一时期一般保持在6%—10%。与全俄相比，基本上相差2个百分点，只是2011年，远东地区高出全俄近1个百分点。远东生产企业在新技术应用方面比例连年上升，2011年比2000年增加了近1.8倍。但应用新技术的企业最多的地区不是经济发达地区，而是经济欠发达地区。2000—2011年远东企业应用新技术最多的地区是马加丹州和堪察加州，分别占生产企业的33.6%和21.8%，比全俄平均值高出20多个百分点。

近年来，远东地区技术创新投入大幅度增加，由2000年的31.9亿卢布增加到2011年的299.5亿卢布，增加了近10倍。远东地区创新技术投入最多的地区是萨哈林州，一方面，主要是因为开采萨哈林大陆架1、2、3号油井及引进炼化技术；另一方面，萨哈林州也是外资投入较大，外资与新技术有很大的关联性。2000—2011年萨哈林州创新技术投入925.6亿卢布，占整个远东地区的62.1%，2011年占远东当年投入的55.5%。其次是哈巴罗夫斯克边疆区，这一期间总投入201.6亿卢布，占远东的13.5%，在远东处于第二位。创新产品和服务在远东经济体系中比例逐年上升。2000年远东输出产品价值15.2亿卢布，其中创新产品只占0.9%，比全俄低5个百分点；2011年输出产品提高了

183 倍，达到 28809 亿卢布，其中创新产品和服务提高到 20.3%，比 2000 年提高了 20 多倍，比全俄高出近 4 个百分点。

2. 远东地区科研单位分布

远东地区除有科学院系统的研究机构外，还有国民经济各部门所属的研究机构。主要有设在符拉迪沃斯托克的远东工业企业建筑设计科学研究所、流行病和微生物学研究所、远东海洋科学设计研究所；设在哈巴罗夫斯克的远东林业科学研究所、矿业研究所、农业研究所和远东国家林业运输设计院；设在布拉戈维申斯克的全俄大豆研究所、远东兽医研究所；设在堪察加彼得罗巴甫洛夫斯克的狩猎业科学研究所；设在马加丹的黄金与稀有金属研究所、地区农业研究所等。此外，远东地区飞机、船舶制造及其他一些军工技术也比较先进。

（1）俄罗斯科学院远东分院。俄罗斯科学院远东分院是远东地区科研实力最强的机构。1957 年，苏联科学院西伯利亚分院成立。乌拉尔山以东的所有科研机构均属西伯利亚分院，远东支院也隶属于此。此后，远东地区成立了一系列新的科研分支机构。1970 年，苏联科学院主席团决定在滨海边疆区的符拉迪沃斯托克市成立苏联科学院远东科学中心。该中心可完成东部地区大型的理论或实践研究工作，同时培养人才，协调远东地区各种研究力量。随着远东科学中心科研力量的增强和作用的扩大，1987 年升级为苏联科学院远东分院，总部设在符拉迪沃斯托克市。按照 2007 年统计数据，俄科学院远东分院职工总数 7400 人，其中科研人员 2543 人，院士 12 人，通讯院士 22 人，博士 344 人，副博士 1172 人。[1] 远东分院科研工作涉及的区域从楚科奇半岛到符拉迪沃斯托克市，从黑龙江上游到太平洋，包括滨海边疆区、哈巴罗夫斯克边疆区、阿穆尔州、马加丹州、堪察加州和萨哈林州在内的广阔区域及太平洋海域。远东分院分自然科学、技术科学和社会科学 3 个学部，有 35 个研究所，涉及物理、数学、化学、生物科学、地球科学和社会科学领域。[2]

---

[1] 刘志忠：《2007 年俄罗斯远东地区科技发展综述》，《全球科技经济瞭望》2008 年第 11 期。

[2] 葛新蓉：《俄罗斯远东地区的科研机构及其同中国的科技合作》，《俄罗斯中亚东欧市场》2005 年第 2 期。

(2)滨海科学中心。该中心主要设有自动化和程序控制研究所、应用数学研究所、海洋技术研究所、化学研究所、太平洋生物有机化学研究所、生物土壤学研究所、远东地理学研究所、化学和应用生态学研究所、远东水利技术和土壤改良研究所、滨海边疆区农业经济研究所和太平洋渔业经济研究中心等机构,针对远东地区自然、地理、生物及自动化等相关领域进行广泛研究。对远东地区生物资源进行合理利用和保护并研究使其进一步繁衍的科学基础和方法。

(3)哈巴罗夫斯克边疆区科学中心。主要设有6个研究所:材料学研究所、地质构造和地质物理研究所、水问题和生态问题研究所、矿物研究所、远东造船技术股份研究所、机械学和冶金学研究所。主要针对哈巴罗夫斯克边疆区矿物资源、地质结构、水资源的合理利用、开发造船工艺等进行深入研究,对于确立该地区在远东科技优势地位具有重要意义。

(4)萨哈林科学中心。下设4个科研机构:海洋地理和海洋地理物理学研究所、萨哈林州科研和设计研究所、萨哈林农业经济研究院、萨哈林渔业经济和海洋研究中心。主要针对该地区地震和海啸进行预报,对远东海域矿物资源和生物资源的开发前景做出经济评估,对鄂霍茨克海、日本海及太平洋海域的生物资源进行研究等。

二 远东创新经济存在的主要问题

由于地缘政治条件、经济地理条件和工业化程度的影响以及加强国防的考虑,俄罗斯东部地区科学技术综合体从20世纪下半叶才开始得到发展,而从90年代中叶开始,远东地区的科学创新体系逐步形成。在国家政策作用下,远东地区形成了保证创新体系发展的制度条件,出现了国家科技中心体系。但是,科技体系中一些问题的出现制约了远东地区技术创新的发展。

1. 科研机构和研发人员质量和数量均出现下降

科技人力资源是现代社会生产的重要组成部分,是科学技术发展的重要基础。从人力资源角度看,最近十几年,远东地区大型科研部门拥有的科研人员数量要低于全俄平均水平。例如,2005年,俄罗斯每1000名有劳动能力的居民中科研人员数量为12.4人,而每1000名就业居民中科研人员数量为13.6人，远东地区的数字分别是11.5人和128人。此后，这些数字一直低于俄罗斯平均水平，如2006年的数字就缩小为5.9人和6.5人。2006年同2000年相比，全俄科研人员数量减少了8%，远东地区减幅最大的是楚科奇自治区，为25%。①

远东地区各联邦主体科研机构的创新水平也远低于全俄平均水平。2006年俄罗斯有创新积极性的科研机构占全部机构的8.6%，远东联邦区则为5%。在远东联邦区的所有联邦主体中，没有一家超过全俄平均水平，楚科奇自治区甚至都没有创新机构。更为严重的是，最近几年远东地区科学研究机构的数量没有上升的势头，完成科研工作的组织数量也没有出现增长。

2. 国家对科研机构的创新投入规模小

同全俄工业发达地区相比，远东地区用于科研和开发的经费支出要少得多。以全俄为例，2006年的科研投入是1995年的24.9倍，而远东地区仅是6.9倍，马加丹州和犹太自治州甚至没有这方面的投入。20世纪90年代，从科研投入规模看，远东地区在全俄处于落后水平。2006年的地区总产值中，科研投入仅为1.2%，为全俄平均水平的1/2。在俄罗斯工业发达地区，科研和研制工作的经费基本由企业自己承担，而远东地区企业承担的份额仅占8%。在出版工作上也存在投入不足的问题。通常，全俄学术著作的出版工作中，数学物理和社会科学领域著作所占比例达63.5%，而远东地区仅为18%。全俄出版界，技术和生物领域出版物与数学物理和社会科学出版物的比重为1∶3.5—1∶53，远东地区的比重大致为1∶3。对上述领域研究工作的投入水平不高是造成出版物数量不高的原因。远东地区的一些城市（如比罗比詹、马加丹、布拉戈维申斯克和雅库茨克）的财政投入居全俄最后。同时，远东地区某些联邦主体财政对发展生产的科研投入却高居全俄前列。②

---

① 葛新蓉：《俄罗斯远东地区创新发展的问题与路径分析》，《俄罗斯中亚东欧市场》2011年第6期。

② 葛新蓉：《俄罗斯远东地区创新发展的问题与路径分析》，《俄罗斯中亚东欧市场》2011年第6期。

3. 制定创新政策的基础尚不完善

任何一项新技术，从其诞生、发展和应用，直至最后转化为生产力，都离不开政策的大力扶持和制度的综合保障。[②]创新政策实施的主要条件是形成法律基础和创新基础设施。在法律条文的制定方面应首先确定法律法规制定的措施，特别是关于创新活动的法律，同时还必须明晰，到底哪些活动（方案、规划、服务、发展基础设施及其他活动）属于创新活动，并且要对其进行独立的界定。创新活动的经济转化条件和法律条件的形成，可以进一步规范创新活动订货人和执行人在方案投资上的关系，加强细则文件的制定和确定一个国家在科学技术研究商业化投资中的股份机制；可以进一步制定并采取措施，降低非国有投资者的投资风险，或对其提供保险；还可以确定对创新和创新活动的效益进行评估的方法。

目前，俄罗斯国内知名大学和科学中心尚没有充足的条件为人才培养和科研实践创造机会。同时，各类创新主体的创新能力尚待加强，观念有待更新。除企业外，区域创新体系中的其他创新主体在一定程度上还没有真正面向市场，而是把政府当作经营对象，面向政府争取资金和项目，尚未基于市场建立创新目标。中介服务机构不健全的问题也未能得到完全解决。有关科技中介服务的法律法规不健全，针对中介机构的综合性指导意见和扶持性、规范性政策不多。一些中介机构服务能力不强，对政府的依赖性较强。

总体来看，俄罗斯远东地区科技资源分布不合理，地区、产业和部门之间资源配置不够均衡。创新体系各主体之间尚未形成良性互动，科技资源部门分割、缺乏市场拉动和创新激励机制不足等因素并存，创新体系还没有处于激活状态。

三　远东创新经济发展的趋势

从长远角度来看，远东地区发展创新经济是必然趋势，是提高远东经济发展水平的有效手段，也是改变经济结构重要的途径。

1. 园区经济是发展创新经济重要依托

苏联解体以来，俄罗斯在原地相继建立了各种不同类型的园区，有经济特区、技术园区等。2015年以后，远东又建立了12个超前经济社会发展区。上述这些园区都是以采用高新技术为发展目标，技术园区作为商业孵化器，是一块安全的地区，保护位于这里的企业不受外部环境的干扰。远东地区通过园区平台建设，为企业提供了一批高级管理人才，以适应企业管理和技术日益复杂化的要求，为企业的进一步发展提供了人才保障。建立激励机制，进一步激起企业各方面创业热情，使企业实现自我超越。对企业进行现代化改造。从创新环境看，提高在财政金融支持政策、知识产权保护等方面支持力度。

2. 国际合作是创新发展的助力器

在一个容量巨大的市场里，技术转化会产生很大的效益，因为在这个市场中，创新技术可以在短时期内产生暂时的垄断效应。如果创新产品的研制者和生产者在地区分布上比较分散，那么市场容量和垄断效益这两个条件就很难得以实现。由于人口密度低以及市场容量相对较小，远东地区创新生产者面临的问题要更复杂。而这一地区拥有的最大优势就是邻近快速发展的亚太和东北亚市场。因此，对于俄罗斯来说，把最新的工艺技术和有竞争力的产品打入这两个市场，是发展创新工业的重要战略任务。

俄罗斯在远东地区实施创新政策的形式之一是，建立与亚太国家开展合作的地区科研合作中心。中心建立在符拉迪沃斯托克市，合作伙伴主要是亚太经合组织成员。中心的首要任务是把远东的技术转化中心发展成一个统一的网络体系，其一，这可以在一个统一框架内把各技术代理机构联合起来；其二，通过对市场的分析对技术转化进程进行管理；其三，建立制度机制对创新技术的转化进行管理，特别是要建立一个金融机制。

3. 深入挖掘科技发展潜力

为改变创新能力不足的状况，远东地区创新政策主要是在发展地区科技潜力、科研潜力和教育潜力的基础上，全方位地发展地区创新资源，为创新活动和地区经济社会体系稳定的经济增长提供有利条件。为此，远东地区正不断强化区域创新体系的支撑条件，不断提升提出新知识的能力，不断利用国内外一切可用知识的能力及知识在各创新单位之间的流动能力、企业的创新动力和能力，改善区域创新的环境。同时，政府在远东地区区域创新体系中的主要职能也在不断明晰，在构建区域创新体系的过程中，政府主要是通过制定相关的政策措施来发挥自己的作用，通过建立起保证区域创新体系以及正常顺利运行的市场秩序，提供区域创新体系所需要的公共产品，培育为区域创新体系服务的各种中介机构和非营利法人机构来体现行使自己的职能。

第十七章

远东的交通运输业及规划

苏联解体后，远东地区的交通运输业受经济衰退的困扰，发展缓慢，变化并不明显。但是，由于领土广阔、经济发展不平衡和人口分布特点所决定，远东地区的发展在很大程度上取决于有效的交通运输系统，因为交通线是将远东与国内其他地区联系起来，保证国家领土完整和统一经济空间的必要条件。

与俄罗斯其他地区相比，远东的交通基础设施发展薄弱。自新世纪以来，通往远东港口、大型工业区和资源产地的铁路90%为超负荷运行，西伯利亚大铁路和贝阿干线等远东地区的主要交通干线亟待加强。从远东开发新战略看，远东东北部的主要交通网络必须加快发展；而远东南部经济开发地带的铁路和公路网也将为滨海、沿海港口工业、黑龙江沿岸地区工业、农业和斯沃博德内区、贝阿铁路的自然资源区、贝加尔湖旅游休闲区、布里亚特和贝加尔工业区的建设，以及工业向符拉迪沃斯托克、哈巴罗夫斯克、共青城、瓦尼诺—苏维埃港聚集创造条件。

消除交通基础设施限制，为社会和经济可持续发展提供便利的运输条件，确保国家的领土安全是远东发展重要战略目标之一。为此，必须加快主要交通运输网络的全面发展，形成国际运输走廊，在超前发展区发展交通干线，提高居民的交通服务质量。

发展主要交通运输网首先要把现有的交通线路进行现代化改造，协调发展主要运输和物流节点，包括国家、地区、地方各级海港，这可以提高远东地区融入俄罗斯统一经济空间，与国家中部地区以及地区行政经济中心之间的交通联系；提高人民的生活质量和流动性；提高国家社会发展一体化水平。在地方交通运输网络发展的基础上，保障边远地区居民点的交通运输水平逐步提高，对企业家和投资者将增加地区吸引力，为吸引外来移民、增加就业机会创造条件。

远东地区发展国际运输走廊具有便利条件，欧亚国际运输走廊穿过远东地区，主要包括西伯利亚大铁路，滨海1号、2号运输走廊，北方航线，以及将俄罗斯与亚太地区国家连接起来的其他运输通道等。2015年，俄罗斯加入了中国提出的"一带一路"倡议后，在"丝绸之路"经济带框架下如果利用远东运距重新设计运输线路（通过中亚国家等），这条线路将成为中国—欧洲跨境运输最好的选择。中国—欧洲拥有稳定的、可观的货物流的情况下，利用远东交通基础设施（西伯利亚大铁路、贝阿铁路、公路和港口）进行跨境运输十分具有竞争力。①远东跨境运输，将为俄罗斯联邦运输系统纳入亚太地区国际运输系统创造条件。

在远东建设国际运输走廊基础设施可确保国家对外贸易的需求，远东的运输综合体保证了俄罗斯与中国的进出口货物运输，以及中国向亚太地区国家的跨境运输。②远东可以通过运用全球竞争优势，实现其过境潜力。这个任务的优先点是增加货运量，首先是东西方向（亚太地区—欧洲）的集装箱货运量，可利用西伯利亚大铁路和贝阿干线，横贯大陆的空中航线和北方航线实施。该地区运输系统与国际运输系统一体化将直接决定俄罗斯运输走廊提供的过境服务的竞争力。

到2025年，将在远东南部经济开发地区建成包括各种运输方式的主要交通网络，并将消除交通运输网络的差距和瓶颈。现代运输技术的发展和创新的运输—物流体系可大大缩短货物交付期限和降低运输成本，提高该地区生产的产品的竞争力。

---

① П. А. Минакир: Российский Дальний Восток на путь в будущее. Хабаровск ИЭИ ДВО РАН. 2017. С191.

② Демина О. В. Российские энергоресурсы на рынках стран АТР: развитие экспортной инфраструктуры//Регионалистика. 2015. № 4. Т. 2. С. 21 – 30; Демина О. В. , Огнев А. Ю. Развитие энергетического сотрудничества России и Китая: декларации и практика//Энергетика России в XXIвеке. Инновационное развитие и управление. Иркутск: ИСЭМ СО РАН, 2015. С. 141 – 147.

第一节　陆路运输

一　西伯利亚大铁路的运营状况

西伯利亚大铁路西起俄罗斯首都莫斯科，途经西伯利亚到远东的符拉迪沃斯托克，全长9288千米，跨越8个时区，14个省份，全程需七天七夜，是世界上最长的铁路。大铁路货物运输主要是煤炭、木材、矿石、建材、金属及粮食等，具有重要的经济和战略意义。

苏联解体后，此前陷于停顿的西伯利亚大铁路电气化改造工作开始恢复，但由于资金短缺，工程进度很慢，到1993年完成了哈巴罗夫斯克至克鲁格利科沃间42千米的架线工作，1994年投入运营。1996—2000年，电气化改造了332千米线路[1]，直到2002年末，西伯利亚大铁路全线完成电气化改造工程。20世纪90年代，由于俄罗斯经济滑坡与运费上涨，西伯利亚大铁路承运的货物大幅减少，如西段主要货运方向上的货运量减少约一半。

21世纪以来，随着欧亚国家贸易往来日益频繁，西伯利亚大铁路货物运输量增加，2013年货运能力为1.2亿吨。欧亚之间逾13%的集装箱运输依靠西伯利亚大铁路完成，但是，西伯利亚大铁路现有铁路设施已不能满足市场需求。

早在2010年俄交通部长就曾宣布，西伯利亚大铁路过货能力已到极限。2011年俄罗斯铁路公司曾提出改造西伯利亚大铁路，项目计划投资9180亿卢布。

2013年7月，俄罗斯政府制订了西伯利亚大铁路和贝阿铁路现代化改造方案的时间表。同年8月总统普京批准投资170亿美元，在2018年前将西伯利亚大铁路年运货量增加5500万吨，相当于提高运能46%。[2] 普京认为，西伯利亚大铁路和贝阿铁路的改造升级将促进俄罗斯东部经济发展，打牢当地工业基础，促进多种矿产开发，巩固俄罗斯跨欧亚大陆运输系统的重要地位。

---

[1] 赵海燕：《俄罗斯东部交通运输》，黑龙江教育出版社2003年版，第10页。
[2] 俄将大举扩建西伯利亚铁路，http://stock.sohu.com/20130808/n383636608.shtml。

2014年7月，俄罗斯启动西伯利亚大铁路和贝阿铁路现代化改建工程，工程在阿穆尔州动工，由于工程建设速度缓慢，该项目完成时间由2017年推迟到2019年。

原计划2016年开始动工的一些项目，财政资金已经到位，但完工时间没有保障。另有16个工程项目原定2015年开工，但由于工程准备程度不够没有按时开工。截至2017年1月，该项目框架下已有基本投资1497亿卢布，占项目登记证上规定的27%。[①]

二 贝阿铁路运营及问题

贝阿铁路全长4234千米，是俄罗斯东西伯利亚与太平洋沿岸的第二条铁路。该铁路西起西伯利亚大铁路上的泰舍特，东至苏维埃港，有三条支线同西伯利亚大铁路相连接。目前，贝阿铁路被分为远东铁路和东西伯利亚铁路，分界点是哈尼站。

远东地区矿产资源丰富，矿产资源的开发需要交通基础设施的配套，例如，乌多坎铜矿、埃利金斯基煤矿的开发都需要修建贝阿铁路支线，因此贝阿铁路的发展尤为迫切。

苏联解体后，贝阿铁路艰难地维持着运营，每天单向运行列车不足8列，成为全俄负荷最低、效益最差的铁路之一。由于21世纪初期的经济危机，贝阿铁路所有修建支线的计划都曾无限期停止过，经济好转后才开始重新修建。2001年末，贝阿铁路标志工程北穆亚隧道完工。

贝阿铁路在瓦尼诺港和苏维埃港方向货物运输过程中的阻碍是阿穆尔河畔共青城—苏维埃港段。俄罗斯铁路公司为了保障这个方向的货运量和消除障碍因素制定了阿穆尔河畔共青城—苏维埃港项目，改造奥伍乃—维索科戈尔纳亚段，建设新的库兹涅佐夫斯基隧道，该项目获得了国家支持。该项目包括建设新会让站，改造车站，以及建设新库兹涅佐夫斯基隧道。2008年，投资了15.56亿卢布，2个新会让站投入使用。2009年新库兹涅佐夫斯基隧道开工建设，项目总成本598亿卢布。该

---

① 俄联邦审计署：贝阿铁路和西伯利亚大铁路完成现代化改造时间推迟至2019年，http://sputniknews.cn/economics/201704131022348241.

项目改造完成后，将提高列车速度、通过能力和运输能力，以及列车的额定重量从 3600 吨增加到 5600 吨。

2009 年，改造了维索科戈尔纳亚、托基、图姆宁、切尔萨雷、伊姆巴车站，在伊姆巴—乌斯季奥洛奇区间建设了第二条线路。另外，一个新车站久安基投入运营，并建成了一批新会让站。2009 年贝阿铁路货运量和客运量虽然都出现增长，但年货运量还只有 1200 万吨，年客运量 1200 万人次。

2010 年继续建设会让站和库兹涅佐夫斯基隧道。这个项目为解决"苏维埃港"港口经济特区基础设施问题迈出一大步，项目的全面完成将消除通向港口的"瓶颈"。目前，在瓦尼诺—苏维埃港交叉点的运输量是通过远东港口运输总量的 20% 以上，到 2015 年，这一比例将达到 40%。

2011 年俄政府继续投资修建贝阿铁路支线，已经开始运行的线路为阿尔丹—托莫特。已经有一条通往下别斯佳赫和阿姆加站的铁路，线路长 105 千米。

目前，俄正在采取全面的措施建设贝阿铁路，为成功实现生产能力的多样化和开发该地区丰富的资源潜力创造必要的条件，已经规划了新的铁路项目。为了确保奥焦尔内多金属矿开采和希阿格达铀矿石的开采运输将铺设 350 千米的铁路：莫格宗—奥焦尔内—希阿格达—新乌奥扬。该线路连接了西伯利亚大铁路和贝阿铁路，还计划修建通往萨哈林的隧道或大桥。

2013 年 12 月，在哈尼—滕达区段启动了新的设计勘测工作。这个项目包括新建 11 个铁路会让站：伊万诺基特、梅德韦日、马斯托维、大学生、扎亚齐、索斯诺维、格卢哈里内、莫霍维和其他站。这个区段与其他区段相比装载量大，所以将修建新的第二条支线，其总长度 100 千米。滕达站 2015 年一昼夜经过 2000 列车厢，改造后该指标将增加 3 倍。

2014 年 7 月 9 日是贝阿铁路建设 40 周年，俄罗斯启动西伯利亚大铁路和贝阿铁路现代化改建工程，改建工程将使贝阿铁路到 2017 年时一昼夜的运输量比改建前的 16 趟列车增至 23 趟列车。①

贝阿铁路的货运量进一步增长的可能性取决于"2020 年前贝阿干线发展战略纲要"的实施。根据方案 I 货运量增长前景为：至 2015 年达 3550 万吨，2020 年达 5150 万吨。方案 II：2015 年达 5930 万吨，2020 年达 9280 万吨。据初步测算方案 I 需投资 3605 亿卢布；方案 II 需投资 7835 亿卢布。

根据"2030 年前铁路运输发展战略"，将对贝阿铁路投资约 4000 亿卢布。将修建 13 条新铁路线，约 7000 千米长。首先是货运线：列纳—涅帕—连斯克、哈尼—奥廖克明斯克、新恰拉—阿布萨茨卡亚、新恰拉—奇纳、舍曼诺夫斯卡亚—加里—费夫拉利斯克、乌拉克—埃利金斯基产地。最后一个铁路支线的建设已经由私人投资者展开。

三 远东铁路网建设方案

（一）远东铁路建设状况

远东联邦区的交通基础设施与俄罗斯其他联邦区相比十分落后。远东铁路营运里程全长 5990.6 千米，铁路运营长度仅为全国铁路运营总长度的 13.8%，铁路密度仅相当于俄罗斯平均水平的 28%（见表 17—1）。部分铁路路段需要进行大规模电气化改造。

表 17—1　　　　　　俄罗斯铁路密度　　单位：千米/10000 平方千米

	2000 年	2005 年	2010 年	2015 年	2012 年在俄联邦排名
俄联邦	50	50	50	50	
远东联邦区	13	13	13	14	8
其中： 萨哈共和国（雅库特）	0.5	0.5	2	2	75

---

① 俄启动西伯利亚大铁路现代化改造工程，http://www.cqn.com.cn/news/cjpd/924106.html. 2014 - 07 - 10.

续表

	2000 年	2005 年	2010 年	2015 年	2012 年在俄联邦排名
滨海边疆区	94	94	95	95	53
哈巴罗夫斯克边疆区	29	27	27	27	68
阿穆尔州	83	81	81	81	57
萨哈林州	110	92	92	96	52
犹太自治州	86	141	141	141	38

资料来源：根据 Регионы России: социально – экономическиепоказатели （2013 年、2016 年）数据整理得出。

远东铁路线分布不均，主要集中在南部的滨海边疆区、哈巴罗夫斯克边疆区、萨哈林州、犹太自治州和阿穆尔州，这几个主体虽然只占整个远东面积的 23%，但却拥有远东 98% 的铁路线，而北部的楚科奇自治区、马加丹州、堪察加边疆区等地甚至不通铁路。

远东铁路密度较高的是犹太自治州、萨哈林州和滨海边疆区，其中每 10000 平方千米分别有 141 千米、96 千米、95 千米铁路（见表 17—1）。然而，这个铁路网形成于区域经济发展的早期阶段，现有铁路网也几十年没有更新了。到 20 世纪 90 年代，由于技术落后和磨损增加，特别是大量车辆老化，铁路运力大幅度降低。

远东铁路网的技术装备落后成为铁路运输的制约因素。例如，在萨哈林州是单线铁路，大部分铁路是 1067 毫米轨距，只有 42 千米是俄罗斯标准轨距——1520 毫米。在萨哈林岛的北部有 420 千米铁路线按临时标准修建，大部分为 750 毫米的窄轨铁路。

远东铁路的货运量和客运量在全俄都处于落后地位（见表 17—2）。尽管铁路运输系统落后，但远东南部铁路在客货运输中一直发挥着重要作用，与俄罗斯其他地区进行的贸易主要由铁路承担。铁路运输占萨哈林所有货物运输的 30%，在滨海边疆区和阿穆尔州占 40%—50%，在哈巴罗夫斯克边疆区占 70% 以上。燃料（煤炭、石油）、黑色冶金制品及林产品是国内和出口主要运输货物。

表 17—2　　　　　　　　俄罗斯铁路货运量与客运量

	2000 年		2005 年		2010 年		2015 年	
	货运量（亿吨）	客运量（千万人）	货运量（亿吨）	客运量（千万人）	货运量（亿吨）	客运量（千万人）	货运量（亿吨）	客运量（千万人）
俄联邦	10.47	141.88	12.73	133.87	13.12	94.65	13.29	102.46
中央联邦区	1.88	68.96	2.12	71.91	1.96	55.70	2.03	69.68
西北联邦区	1.43	18.60	1.61	16.88	1.53	10.83	1.48	9.61
南部联邦区	0.66	5.30	0.81	4.27	1.02	3.64	0.85	3.88
北高加索联邦区	0.13	1.53	0.20	1.21	0.16	1.02	0.14	0.67
伏尔加沿岸联邦区	1.45	16.72	1.91	15.51	1.91	8.77	1.89	7.10
乌拉尔联邦区	1.24	9.01	1.44	6.01	1.31	4.16	1.80	3.00
西伯利亚联邦区	3.19	18.17	4.03	14.87	4.19	8.63	4.36	6.72
远东联邦区	0.43	3.43	0.58	3.06	0.68	1.87	0.61	1.13

资料来源：根据 Регионы России: социалильно - экономическиепоказатели（2013 年、2016 年）数据整理得出。

（二）远东铁路网发展规划

在远东地区，随着经济的发展和俄罗斯与亚太地区国家对外贸易的增加，货运量日益增长，有必要进一步发展铁路网。俄罗斯铁路公司非常重视远东铁路基础设施发展。

西伯利亚大铁路和贝阿铁路需要提高运输能力，因为 2010 年之后 90% 的铁路运载能力都达到警戒水平，首当其冲的是连接港口、大型工业区和新矿区的路段。根据 2013 年远东社会经济发展国家纲要，将增加西伯利亚大铁路和贝阿干线的运输能力，通过建设复线，将贝阿铁路的运力从每年 1200 万吨提高到 2030 年的 1 亿吨。2020 年前远东地区将新增 513.7 千米新铁路线和增补主线路，投资将达 1242 亿卢布。[①]

俄罗斯制定的《2025 年前远东和贝加尔地区交通、能源、信息通

[①] 俄远东 2020 年前将新增 500 千米铁路，http://sputniknews.cn/economics/201704121022332110.

讯和社会基础设施的现状和发展联邦规划》中对铁路的发展规划如下：

大力发展西伯利亚大铁路。这条铁路在诸多方面发挥着重要作用，它不仅从远东和贝加尔地区向俄罗斯市场和亚太国家市场输送产品，还要发展进出口货物运输和国际货物过境转运，并且是亚太国家和欧洲沟通的桥梁。为确保完成增加客货运量，将建设横跨黑龙江的铁路、公路两用桥。在哈巴罗夫斯克市改造穿过黑龙江的隧道，这将增强西伯利亚大铁路的运输能力，提高火车运行的速度和安全性。为了消除火车运行的制约因素，将重建"拉加尔—奥利斯克"隧道、基帕里索夫斯克隧道、符拉迪沃斯托克隧道、奥布卢奇耶隧道，以及通过结雅河和布列亚河的桥梁和"乌格洛瓦亚—纳霍德卡"段的桥梁。为了消除发展瓶颈，规划加强泰舍特站、伊尔库茨克站和斯科沃罗季诺站的通行能力。为此，将更新西伯利亚大铁路的供电设施（涉及区段为"彼得罗夫工厂—伊尔库茨克""切列姆霍沃—图伦""乌格洛瓦亚—符拉迪沃斯托克""乌格洛瓦亚—乌苏里斯克""锡比尔采沃—维亚泽姆斯卡亚""哈巴罗夫斯克—沃洛恰耶夫卡—比罗比詹""伊兹韦斯特科瓦亚—阿尔哈拉""别洛戈尔斯克—扎维塔亚""别洛戈尔斯克—布拉戈维申斯克"）。建设伊尔库茨克和赤塔交通枢纽的支线；同时，建设新的铁路线路［涉及路段有"莫格宗—新乌奥扬""新丘古耶夫卡—鲁德纳亚普里斯坦（矿石码头）—奥莉加湾""乌格列戈尔斯克—斯米尔内赫"］。新的铁路网络将加入一些货运线路（主要路段有"希马诺夫斯克—加里—费夫拉利斯克""纳伦—卢戈坎""普里阿尔贡斯克—别列佐夫斯基矿业—加工厂"）。

为了开发颇具潜力的外贸及外贸运输，俄罗斯将发展边境的格罗杰科沃站和哈桑站，在"下列宁斯阔耶—同江（中国）"口岸和"布拉戈维申斯克—黑河（中国）"口岸的边检站完成设备安装。

进一步发展贝阿干线铁路，可以确保承担新开发的大型矿床及其加工企业的运输任务，同时确保将煤炭运至俄罗斯中部或出口至亚太国家。在通往瓦尼诺港和苏维埃港的方向上，在2025年前干线的运输能力将达到8000万—1亿吨。私人投资将在这些港口建设新的海运中转站。其中，最重要的投资项目是"阿穆尔河畔共青城—苏维埃港"全长500千米铁路的现代化改造（包括重建"奥温内—维索科戈尔纳亚"

段)。同时，为扩大贝阿干线运输能力，俄罗斯将在布拉茨克站、乌斯季伊利姆斯克站、索尔季罗沃奇内共青城站、格鲁佐沃伊共青城站、新乌尔加尔站和滕达站实现技术设备的现代化，在使用热力机车的路段完成电气化改造。

按规划将完成萨哈林铁路 1520 毫米轨道的改造，俄罗斯建成新的"谢利欣—谢尔盖耶夫卡""苏克派—萨马尔加"战略铁路线，以及一系列货运铁路线。

为满足居民的出行要求以及货运的增长需求，俄罗斯将建设"特格达—结雅""谢利欣—内什"的铁路线，同时开通时速为 140—160 千米的"乌苏里斯克—符拉迪沃斯托克"和"符拉迪沃斯托克—哈巴罗夫斯克"的快速铁路。

按规划，俄罗斯将完成"别尔卡基特—托莫特—雅库茨克"铁路线（包括横跨勒拿河的公路铁路两用桥），给萨哈共和国（雅库特）中部发展注入新的动力。另外，建设"乌拉克—埃利加""哈尼—奥廖克明斯克"以及其他铁路线，会为萨哈共和国（雅库特）南部带来发展的契机。

为了保证同萨哈共和国（雅库特）东北部和马加丹州建立长远的交通联系，将这些地区纳入俄罗斯铁路网，俄罗斯规划建设"雅库特（下别斯佳赫）—莫马—马加丹"的铁路线。第一阶段将完成"下别斯佳赫—梅吉诺—阿尔丹"的铁路线，可以满足萨哈共和国（雅库特）东北部和科雷马矿区经济发展的需求。

四 远东公路网建设

(一) 远东公路状况

俄罗斯远东地区的公路建设远远落后于全国其他地区，远东是全俄罗斯面积最大，但公路里程最短的联邦区。远东地区公路总长度大约 7.83 万千米，包括部门公路。远东公路网密度显著低于全国，公路密度为 31 千米/1000 平方千米，仅相当于俄罗斯平均水平的 17.8%（见表 17—3）。只有滨海边疆区这个数字更接近全俄平均水平。远东大约 1400 个居民点不能确保常年与主干公路网连接，几乎 50% 的联邦级和地区级公路正常运输条件得不到保障，有 20% 的公路运输条件十分危险，交通事故率极高。

表 17—3　　　　　　　　俄罗斯硬质路面公路密度

单位：千米/1000 平方千米

	2000 年	2005 年	2010 年	2015 年	2012 年在俄联邦排名
俄联邦	31	31	39	61	
远东联邦区	5.5	5.4	6.1	9.5	8
其中： 萨哈共和国（雅库特）	2.4	2.5	2.7	3.8	81
堪察加边疆区	2.8	3.1	3.6	4.2	80
滨海边疆区	43	43	52	93	57
哈巴罗夫斯克边疆区	5.7	6.2	7.4	12	77
阿穆尔州	19	20	22	34	65
马加丹州	4.8	4.8	4.7	5.3	79
萨哈林州	21	9	14	23	70
犹太自治州	45	42	46	68	60
楚科奇自治区	1.7	0.8	0.8	0.9	83

资料来源：根据 Регионы России: социалиьно - экономическиепоказатели（2013 年、2016 年）数据整理得出。

远东地区的公路主要分布在南部，硬质路面公路仅为全国总长度的 9.5%。远东大约 80% 的硬质路面公路位于南部和萨哈林。联邦级公路主要有"勒拿"和"科雷马""阿穆尔""乌苏里"。远东地区公路总长度的 67% 是硬质路面（见表 17—4），国家联邦预算划拨资金对其进行维护和建设。主要公路铺设沥青混凝土路面，还有 1/3 为石子路，一半以上的桥梁为木质结构。

表 17—4　　　俄罗斯硬质路面公路占公路总长度的比重　　　单位：%

	2000 年	2005 年	2010 年	2015 年	2012 年在俄联邦排名
俄联邦	91.1	91.3	80.6	70.6	
远东联邦区	91.6	77.4	69.6	67.4	8

续表

	2000 年	2005 年	2010 年	2015 年	2012 年在俄联邦排名
其中： 萨哈共和国（雅库特）	80.2	52.0	41.5	40.6	82
堪察加边疆区	90.9	93.4	93.7	92.0	4
滨海边疆区	98.0	98.4	97.0	90.7	14
哈巴罗夫斯克边疆区	89.7	96.3	96.9	90.5	5
阿穆尔州	97.8	98.1	92.1	75.6	40
马加丹州	100	100	94.7	91.5	15
萨哈林州	84.0	47.3	37.5	44.6	81
犹太自治州	99.1	96.6	94.6	86.7	7
楚科奇自治区	100	31.4	29.6	31.4	83

资料来源：根据 Регионы России：социалиьно – экономическиепоказатели（2013 年、2016 年）数据整理得出。

"勒拿"（涅韦尔—雅库茨克）和"科雷马"（雅库茨克—马加丹）联邦级公路长度分别为1160千米和1878千米。"勒拿"公路通过阿穆尔州和萨哈共和国（雅库特）境内，是保障远东北部地区与俄罗斯的公路网运输的唯一公路干线。为中部、东部和雅库特扎列奇内地区经济承担主要物资运输，以及俄联邦向雅库特运送物资的任务。俄计划改造勒拿联邦公路以增加通行能力，确保行车安全，减少事故和在该地区优化运输成本。"科雷马"公路通过萨哈共和国（雅库特）和马加丹州境内。马加丹州公路改造后将获得更多与萨哈共和国（雅库特）发展相互经济关系和运送经济物资的机会，为雅库特东部地区提供可靠的供给，这将使萨哈共和国（雅库特）与马加丹州在采矿和能源工业领域的关系达到一个新的水平。

"阿穆尔"（赤塔—哈巴罗夫斯克）联邦级公路全长约2165千米，是与西伯利亚大铁路国际运输走廊配套的重要一段。这条公路对国家意义巨大，它使得远东与俄罗斯统一运输系统成为一体，并解决了国家融入全球交通运输系统的问题。该公路连接外贝加尔边疆区、阿穆尔州、哈巴罗夫斯克边疆区和犹太自治州。目前，"阿穆尔"公路主要维修20世纪七八十年代修建的路段，它们已经不符合现代运输要求。2016年已经修好57千米：三个工程通向布拉戈维申斯克，一个工程通向中国边境。

"乌苏里"（哈巴罗夫斯克—符拉迪沃斯托克）联邦级公路连接哈巴罗夫斯克边疆区和滨海边疆区。公路总长约为760千米，其中有453千米需要改造。政府曾从2012年亚太经合组织峰会的筹备资金中拿出了10%左右用于建设"乌苏里"公路。2011年起开始改造"乌苏里"公路。

1991年苏联解体以来，由于经济大幅衰退，远东公路运输业受到较大冲击，货运量降幅高于全俄水平，1990—2000年，远东公路货运量减少77.3%。[①] 但整个90年代，公路密度有所增加，从1990年的4.1千米/1000平方千米增长到1995年的5千米/1000平方千米，2000年是5.5千米/1000平方千米。

21世纪远东公路的货运量和客运量在全俄依然处于落后地位（见表17—5），但公路网将远东地区各联邦主体的经济社会中心连接起来，保证了该地区与海港及毗邻国家的运输联系。地方公路网的发展有利于整个地区骨干公路网的形成，从而确保了农村居民点和小城市运输的通畅和生活质量的提高。

表17—5　　　　　　　　俄罗斯公路货运量　　　　　　　单位：亿吨

	2000年	2005年	2010年	2015年
俄联邦	58.78	66.85	52.36	50.41
中央联邦区	6.95	4.72	4.19	4.46
西北联邦区	3.59	2.82	2.03	2.23
南部联邦区	2.66	2.63	2.00	1.75
北高加索联邦区	0.76	1.87	0.75	0.54
伏尔加沿岸联邦区	6.43	6.38	3.93	3.67
乌拉尔联邦区	5.86	4.37	3.62	4.34
西伯利亚联邦区	12.48	5.77	4.79	3.70
远东联邦区	2.32	1.79	1.36	1.42

资料来源：作者根据 Регионы России：социалиьно－экономическиепоказатели（2013年、2016年）数据整理得出。

[①] 赵海燕：《俄罗斯东部交通运输》，黑龙江教育出版社2003年版，第54页。

（二）远东公路网发展规划

远东公路网保障了地区的全面发展，将这一地区的大量货物运输到俄罗斯其他联邦主体。一方面，俄罗斯远东地区运输系统的重要特征是过境运输，亚太地区经济增长强劲，俄罗斯远东地区凭借其地理位置与亚太国家开展经济合作，在远东建设现代交通运输网将不仅提高该地区与国家统一经济空间的一体化，而且将促进与亚太地区国际运输系统一体化；另一方面，由于缺乏广泛的公路网络已经成为远东地区经济社会增长的一个主要制约因素，因此，在俄罗斯远东交通基础设施应该以更快的步伐发展。远东有修建公路的计划，但是如果没有政府的支持什么改善都不会有。2007—2009 年，远东联邦区对道路建设和改造，以及人工建筑物的总投资已超过 510 亿卢布。

根据《俄交通体系发展联邦专项规划》远东部分，2020 年前，俄远东地区将修建和改造公路 800 多千米，其中，国道约 420 千米，省道及其他地方公路约 390 千米。根据规划，2017—2019 年在俄远东联邦区落实相关措施的总融资额 5422 亿卢布，其中俄联邦财政将投资 2156 亿卢布。①

为使远东地区公路与全俄主干公路网实现对接，将完成"阿穆尔"公路（赤塔—哈巴罗夫斯克）的建设，以及开始修建哈巴罗夫斯克通往瓦尼诺港的跨阿穆尔河（黑龙江）公路、铁路两用桥公路部分的二期工程。对"乌苏里"公路（哈巴罗夫斯克—符拉迪沃斯托克）的改造将促进与中国毗邻地区、朝鲜、韩国、日本以及亚太地区其他国家经济贸易的发展。另外，还规划修建全长为 824 千米的"东方"公路（哈巴罗夫斯克—纳霍德卡），该公路穿越哈巴罗夫斯克边疆区和滨海边疆区，将解决纳霍德卡港和东方港与欧亚大陆桥（东—西运输走廊）的连接问题。

到 2022 年"勒拿"公路的建设和改造将投入约 1200 亿卢布。"勒拿"公路的大规模改造增强了萨哈共和国（雅库特）和马加丹州主要交通干线的通行能力，改造后的公路与相邻的"科累马"公路形成一

---

① 2020 年前俄远东地区将新建和改造公路 800 多千米，商务部网站，http：//finance.sina.com.cn/roll/2017 - 04 - 14/doc - ifyeifqx5780205. shtml。

个非常有效的交通走廊。为此将提高货物和旅客运输量，改善道路安全。这些措施将会给该地区的社会和经济发展带来集聚效应。

"勒拿"公路的设计、施工、改造方案分为两个阶段。第一阶段至2022年。2014年改造72.8千米。预计2015年通车97.1千米。第二阶段是2023—2030年发展远景。这段时间计划修建570千米道路，预计投入资金1430亿卢布。在这样复杂的气候条件下修建改造道路需要现代筑路技术和材料，以及专业人员。

此外，"2013年前远东和外贝加尔社会和经济发展联邦专项纲要"4200亿卢布的投资中的1/3将用在道路的建设和改造开发上。目前，有数千公路建设者正在努力完成"阿穆尔""科累马""勒拿""东方"联邦公路的改造。

俄"运输系统现代化联邦专项纲要"中"公路"子纲要提出远东的优先方向为：改造"乌苏里"联邦公路哈巴罗夫斯克至符拉迪沃斯托克段，哈巴罗夫斯克—利多加—瓦尼诺的道路投入运营，修复"科累马"公路从雅库茨克至马加丹段的地面破裂，以及"勒拿"公路涅维尔—雅库茨克的改造。"勒拿"公路的改造保证了萨哈共和国（雅库特）通向西伯利亚大铁路，发展托莫特—雅库茨克交通走廊很重要。

通往阿穆尔河畔共青城的利多加—瓦尼诺公路增加了与瓦尼诺—苏维埃港工业和交通枢纽的联系。铺设道路费用超过100亿卢布。此外，像谢利希诺—尼古拉耶夫斯克和别列左韦—阿姆贡—莫格德—切格多门这样的公路对于建设哈巴罗夫斯克边疆区道路网也很重要。它们使北方地区进入整个公路网，从而保证地区居民能够自由出行。

马加丹州没有公路，也没有铁路，但必须也应该保证该州穿过萨哈共和国（雅库特）境内通向港口，对此"科雷马"公路将发挥作用。

预计恢复"东方"公路从哈巴罗夫斯克至纳霍德卡的建设，修建到滨海边疆区卢切戈尔斯克的一个全长240千米的分支路段。计划修建从南萨哈林斯克到霍尔姆斯克（81千米）和科萨科夫（31千米）的道路。此外，必须修建通往堪察加彼得罗巴甫洛夫斯克、阿纳德尔、帕拉纳机场的道路。

然而，由于经济危机导致政府拨款急剧减少。结果拟于2013年完工的利多加—瓦尼诺公路，谢利希诺—尼古拉耶夫斯克和别列左韦—阿姆贡—莫格德—切格多门的公路均推迟完工。通往萨哈共和国（雅库特）的阿扬—涅尔坎—尤戈列诺克公路，虽然能给予北方地区很多益处，包括通往海港的公路，但还是从拨款计划中被排除。

符拉迪沃斯托克—纳霍德卡—东方港公路是"滨海1号"国际交通走廊的一部分。该公路将成为滨海边疆区南部重要的交通干线，它将俄罗斯三个大型港口符拉迪沃斯托克、纳霍德卡和东方港以及滨海边疆区南部地区联系在一起，并保证与联邦公路哈巴罗夫斯克—符拉迪沃斯托克相连接。"滨海1号"走廊需要的投资额约为1140亿卢布（约合18.19亿美元），"滨海2号"则为450亿卢布（约合7.18亿美元）。中国积极参与"滨海1号"和"滨海2号"项目，俄方在"滨海1号"项目中持股55%，中方持股45%。在"滨海2号"项目中俄方持股70%，中国持股30%。①

第二节　航空运输

一　远东地区的航空运输

远东地区空间广阔，陆上交通网络发展不足，与国家中心地区距离较远，所以航空运输对于远东的经济社会发展具有特殊意义，在客运方面尤其如此，因为航空在地区内部和跨地区航线上起主导作用。总的来说，远东地区的客运航空运输份额约为38%，在远东许多地区和定居点，飞机是与其他地区联系的唯一交通工具。航空运输还为边远贫困地区提供食物方面发挥着重要作用。远东地区航空运输管理局的飞机每年运送约200万乘客和约3万吨货物。

苏联解体后，由于经济动荡，俄国内各航空公司的飞机大多已经老旧，但仍继续使用，航空货运量下降，油价高涨，航空运输系统亏损，整个航空业处境困难。经过20世纪90年代后10年的停滞，到2001年远东航空运输业才走出低谷，实现了正增长。

远东有200多个民用机场和简易停机场，其中105个在该地区的南

---

① 俄远东"滨海-2"交通走廊从中国入俄货物年吞吐量或为8500万吨，中俄资讯网，http://www.chinaru.info/zhongejmyw/zhongemaoyi/37491.shtml. 2015-10-28.

部。然而远东北部铁路和公路交通网络薄弱，航空运输对北部地区起着特殊作用。例如，对于萨哈共和国（雅库特）来说（全俄几乎所有的钻石开采自这个地区），航空运输意义重大。通常州和边疆区的行政中心——哈巴罗夫斯克、符拉迪沃斯托克、南萨哈林斯克、布拉戈维申斯克、马加丹、堪察加彼得罗巴甫洛夫斯克、雅库茨克等是主要的航空港，这些航空港承担了主要的客流和物流。

（一）远东主要航空公司

截至 2017 年 1 月，远东从事商业航空运输旅客和货物的运营商有 8 家，即符拉迪沃斯托克航空股份公司、阿穆尔航空有限责任公司、大陆架航空股份公司、东方航空股份公司、阿芙罗拉航空股份公司、哈巴罗夫斯克航空公司、阿穆尔州航空基地、达利涅列琴斯克航空股份公司。2013 年 11 月，以符拉迪沃斯托克航空公司和萨哈林航空公司为基础成立了联合远东航空公司，它是俄罗斯航空公司集团的成员。新组建的航空公司主要目标是通过更加高效且实际的客运系统来推动俄罗斯远东的经济社会发展。联合远东航空公司的业务规划设计了运营活动的动态发展蓝图：2013 年至 2018 年，飞机班次数量由 172 架次增至 534 架次；飞行目的地数量由 30 个增至 128 个；年客运量将增至 240 万人次。[1] 2012 年符拉迪沃斯托克航空公司和萨哈林航空公司年客运量分别为 160 万人和 27 万人。[2]

联合远东航空公司的机队阵容将由现代化机型得到增强。除了现有的中途客机波音 737，该机队还将新增 3 架空客 A319 客机。到 2014 年底，该航空公司的机队这种机型的客机预计将达到 7 架。支线机队将包含 50—78 座的涡轮螺旋桨式客机。地方航空运输服务将提供 20 座的客机服务。该机队总规模到 2018 年将多达 40 架飞机。联合远东航空公司航空服务将有助于提升远东的经济潜力，增强当地人们的出行能力，并推动当地航空人员阵容的发展与巩固。

---

[1] 俄罗斯航空公司公布全新子公司：Aurora. http：//news. carnoc. com/list/265/265430. html. 2013 – 11 – 08.

[2] 大航企合并打造远东区航空龙头，中国行业研究网，http：//www. chinairn. com. 2013 – 08 – 22.

(二) 远东主要机场

俄联邦航空运输局所属远东地区航空运输管理局管辖的机场有 22 个：阿扬（姆努克）、布拉戈维申斯克（伊格纳季耶沃）、博戈罗茨科耶、符拉迪沃斯托克（克涅维奇）、结雅、佐纳利诺耶、阿穆尔河畔共青城（胡尔巴）、尼古拉耶夫斯克、诺格利基、奥哈（新斯特罗伊卡）、鄂霍茨克、滕达、哈巴罗夫斯克、赫尔普奇、丘米坎、沙赫乔尔斯克、埃基姆昌、南库里尔斯克（门捷列沃）、南萨哈林斯克（霍穆托沃）、乌尔咖兰、择捉岛和图克奇。其中哈巴罗夫斯克、符拉迪沃斯托克、布拉戈维申斯克、鄂霍次克、滕达、南萨哈林斯克机场在全俄航空运输中占据重要位置。

哈巴罗夫斯克机场是远东联邦区最大的航空枢纽，在交通基础设施中起着最关键的作用，连接远东各偏远地区、俄罗斯和亚太地区国家的中心地区。该机场曾为俄罗斯远东航空的枢纽机场，该公司于 2008 年因债务问题而被俄罗斯政府关停。随后来自符拉迪沃斯托克的承运商符拉迪沃斯托克航空取代了远东航空的作用，使哈巴罗夫斯克机场成为该公司的第二枢纽，并设有航班通往 13 个国内航点及 5 个国际航点。

由于哈巴罗夫斯克位于航线交会处，货流和客流主要集中在该地区，在远东地区潜力最大（其运力为每小时 1500 名乘客）。定期有从哈巴罗夫斯克到俄罗斯和独联体 40 多个城市的航班。

符拉迪沃斯托克机场（距离符拉迪沃斯托克 44 千米），其承载能力为每小时 700 名乘客，考虑到新建的国际航站楼，每小时高达 800 名乘客。符拉迪沃斯托克航线与俄罗斯 20 个城市有直接联系。

布拉戈维申斯克机场是位于俄罗斯阿穆尔州首府布拉戈维申斯克市西北方向 20 千米处的一个大型民用机场。布拉戈维申斯克机场的设施已经无法满足目前要求，超过 80% 的机场特种机械需要更新。2009 年阿穆尔州政府曾宣布，将从地方财政拨款 4070 万卢布翻新布拉戈维申斯克国际机场。

南萨哈林斯克的霍姆托瓦机场为萨哈林州最大的机场。在 1945 年建成，当时是一座空军基地。机场内有一座客运大楼、两个货运站和 16 个停机坪。自 2010 年以来，机场到港旅客流量增长了约 28%，南萨哈林斯克需建设新的高峰期每小时可接待旅客 2000 人的航站楼，以提高旅客服务质量和效率。"南萨哈林斯克机场"公司计划于2019年前在萨哈林州"山间空气"跨越式发展区建设拥有多层停车场和酒店设施的新机场航站楼，总投资42亿卢布。

此外，雅库茨克机场是俄罗斯远东地区最大的和最具发展潜力的一家机场，也是俄罗斯十大货运机场之一。雅库茨克机场是一家国际性机场，该机场提供的服务面向俄罗斯飞机和外国飞机。雅库茨克机场是一家多元化的企业，包括为俄罗斯航空公司、旅客、行李、邮件和货物提供服务的地区搜索和营救基地。

2009年，雅库茨克机场建造新航站楼。新航站楼将配备三个直接登机的伸缩梯子，以及舒适的候机室、值机柜台、咖啡馆、餐厅、行李存放柜、行李传送带和一个小教堂。

二 远东航空业发展计划

由于远东地区远离俄罗斯中心区域，且陆上交通网欠发达，航空交通在经济社会发展和日常活动中充当着不可替代的角色，穿越该地区的航线往往连接着北美、亚洲和欧洲。各联邦主体首府的大型机场，以及小型飞机场（着陆场）构成了地区的航空网络。而该地区航线运营情况不容乐观，亟待改进。

为了改变远东航空业的现状，2013年，俄罗斯政府宣布了远东社会经济发展国家纲要，计划投资10万亿卢布（约合3333亿美元）开发远东地区，优先发展基础设施，建设新的公路、桥梁，改建海港和发展航空运输，对超过60个机场进行现代化改造。

为了保证航空线路运营的连接性、一致性和安全性，航空交通基础设施的发展将立足于形成、发展俄罗斯的骨干航空网络。骨干网络将由国际、国内的航空枢纽和其他的重要机场组成。哈巴罗夫斯克机场和符拉迪沃斯托克机场的发展目标是成为国际航空枢纽。规划发展成为国内航空枢纽的机场有布拉戈维申斯克机场、雅库茨克机场、马加丹机场、米尔内机场、阿纳德尔机场、堪察加彼得罗巴甫洛夫斯克机场和南萨哈林斯克机场。为提高该地区居民点交通的便捷程度，一些地方机场也将得到改造。航空交通的基础设施会得到均衡全面的发展，其中包括飞行导航和气象服务系统、燃料供应、技术维修、空中救援系统、飞行医疗保障、航空配餐供应基地和机场地勤服务。

为了确保航空运输能力，将利用俄罗斯联邦预算补贴从事社会意义重大的区域和地方运输业务的航空公司。

2017年10月，俄罗斯联邦远东发展部颁布了"确保全面解决远东联邦区航空运输综合体发展的措施"，其中包括64个修建和维修机场基础设施的方案，投资额为843.6亿卢布（见表17—6）。

表17—6　远东联邦区各联邦主体修建和维修航空基础设施项目清单（2017年10月）

航空基础设施项目	拨款额度	拨款来源
远东联邦区	843.60亿卢布	联邦预算
萨哈共和国（雅库特）		
维修桑加尔机场、杰普塔茨基机场、汉德加机场、日甘斯克机场综合体、纽尔巴机场、涅留恩格里机场、济良卡机场、波利亚尔内机场综合体、乌斯季涅拉机场综合体、马甘机场综合体、设计连斯克机场、萨斯克拉赫机场、阿尔丹机场、奥列尼奥克机场、乌斯季奎加机场、巴塔盖机场、莫马机场、孙塔尔机场、乌斯季马亚机场		
萨哈共和国（雅库特）总计	280.38亿卢布	联邦预算
堪察加边疆区		
建设与维修季利奇基机场、季吉利机场、乌斯季堪察加茨克机场、乌斯季海留佐沃机场、奥泽尔纳亚机场、索博列沃机场、帕哈奇机场、米利科沃机场、尼科利斯科耶机场		
堪察加边疆区总计	152.25亿卢布	联邦预算
滨海边疆区		
在拉佐、谢拉菲莫夫卡、波格拉尼奇内、阿尔谢尼耶夫、拉斯托奇卡、卡缅、克拉斯基诺、奥霍德尼奇、斯帕斯克—达利尼、纳霍德卡建设着陆场（起落跑道和旅客服务大楼）；在捷尔涅伊维修起落跑道、建设旅客服务大楼、设计着陆场的灯光信号设备；在卡瓦列罗沃设计着陆场的灯光信号设备		
滨海边疆区总计	3.48亿卢布	联邦预算
哈巴罗夫斯克边疆区		
维修鄂霍次克机场、阿扬机场、赫尔普奇机场、苏维埃港（马伊—加特卡）机场		
哈巴罗夫斯克边疆区总计	87.00亿卢布	联邦预算
阿穆尔州		
建设和维修伊格纳季耶沃（布拉戈维申斯克市）航空综合体、维修布拉戈维申斯克机场现有国内航线终端		

续表

航空基础设施项目	拨款额度	拨款来源
阿穆尔州总计	44.21 亿卢布	联邦预算
马加丹州		
维修索科尔航空综合体（马加丹市）、北埃文斯克机场、谢伊姆昌机场、苏苏曼起落场地面基础设施、奥姆苏克昌机场		
马加丹州总计	65.77 亿卢布	联邦预算
楚科奇自治区		
维修佩韦克市航空综合体、拉夫连季航空综合体、克列斯特湾机场航空综合体、克佩尔韦耶姆机场航空综合体、白令戈夫斯基机场综合体、奥莫隆航空综合体		
楚科奇自治区总计	210.49 亿卢布	联邦预算

从表17—6可看出，俄联邦对位于北部的萨哈共和国（雅库特）和楚科奇自治区投资最多，对航空业较发达的滨海边疆区投资最少。远东航空业除了依靠联邦预算投资，各联邦主体自己也积极筹措资金发展航空业。

阿穆尔州为了加强与偏远地区的航空联系，计划进一步发展航空网络。将改造滕达机场，并完成下列机场和着陆场的现代化改造：结雅机场、斯沃博德内机场、费夫拉利斯克机场、希马诺夫斯克机场、戈尔内机场和埃基姆昌机场；阿尔哈拉着陆场、别列戈沃伊着陆场、博姆纳克着陆场、兹洛托乌斯托夫斯克着陆场、新基辅斯基乌瓦尔着陆场、奥克佳布里斯基着陆场、奥列克马着陆场、奥戈贾着陆场、斯科沃罗季诺着陆场、斯托伊巴着陆场和赫沃伊内着陆场。

哈巴罗夫斯克边疆区也积极吸引投资改建哈巴罗夫斯克机场。2016年3月初，俄罗斯远东发展集团与哈巴罗夫斯克国际机场股份公司签署协议，按照协议，哈巴罗夫斯克机场将成为跨越式发展区，并将完成总投资额超60亿卢布的新航站楼设计。该项目将建设旅客容纳能力达450万人的现代航站楼，此外还将建设宾馆、商贸和展览中心，资金由私人投资者承担。日本双日株式会社（Sojitz）与俄罗斯哈巴罗夫斯克签署联合实施哈巴罗夫斯克国际机场新客运大楼建设与运营项目协议。

2016年12月，在哈巴罗夫斯克机场建设新的国内航线航站楼的投资项目获批。该项目旨在提高机场运力、拓展航空运输网络、保障客运服务的国际水准。2016 年使用哈巴罗夫斯克机场服务的旅客为 186 万人次。改建后的哈巴罗夫斯克国际机场将成为远东联邦区的最大机场，哈巴罗夫斯克机场股份公司是该机场地面业务的主要运营商。

符拉迪沃斯托克国际机场也计划改造，新加坡樟宜机场集团计划对符拉迪沃斯托克国际机场投资，旨在短期内将客流增至 500 万人。

第三节　内河及海洋运输

一　河运及海运发展状况

（一）远东的内河运输业

在远东地区，尽管公路和铁路基础设施不尽完善，但河运航道的里程却是俄罗斯平均水平的 3 倍，河道每万平方千米为 31 千米。远东众多的河网在夏季的航行弥补了公路铁路网的不足，从而促进了滨海边疆区、哈巴罗夫斯克边疆区、马加丹州、雅库特河运的发展，以及渔业生产和水电的发展。远东通过河运完成出口的 2%，进口货物的 5%。内河运输在这一地区的主要作用是确保货物北运。

远东可通航的有黑龙江（在哈巴罗夫斯克边疆区、犹太自治州和阿穆尔州境内）、乌苏里江、阿姆贡河、马亚河、通古斯河（在哈巴罗夫斯克边疆区）、结雅、谢列姆贾河、布列亚河（阿穆尔州）、勒拿河、维柳伊河、基廉加河、维季姆河、奥廖克马河、阿尔丹河、亚纳河、因迪吉尔卡河（萨哈共和国（雅库特））、科雷马河（马加丹州、萨哈共和国（雅库特））、阿纳德尔河（马加丹州）。然而，大部分河流都经过北极圈附近，以及萨哈共和国（雅库特）和马加丹州等人烟稀少的地区，因此这些水道的利用程度较低。

远东的内河运输主要是在阿穆尔河（黑龙江）和勒拿河。利用"江海"航运保证与亚太地区的外贸货物运输，近年来的运输总额已突破 100 万吨。

在亚纳河、因迪吉尔卡河、科雷马河及其他一系列小型河流，只能进行有限规模的水运。各级别的内河航运通航里程 3 万多千米，水运航道维护的欠缺导致了通航条件的持续恶化，许多基础设施和水利工程的状况堪忧。在阿穆尔河流域集中了最大的港口——哈巴罗夫斯克港、阿穆尔河畔共青城港、布拉戈维申斯克港、斯沃博德内港、波亚尔科沃港。在勒拿河流域船舶通航时间受到限制，每年至多有 130 天。在这一流域大港口有奥谢特罗沃港、雅库茨克港、基廉斯克港、奥廖克明斯克港、汉德加港、切尔斯基港、别拉亚戈拉港和济良卡港。

未来远东内河运输方面将会进行河道改造并改善通航条件，主要举措是增加通航距离。从长远规划发展水道基础设施，可保证"子午线"国际走廊的运输，即"欧洲—北方海运—勒拿河—（换铁路）别尔卡基特—托莫特—雅库茨克—贝加尔—阿穆尔干线（西伯利亚大铁路）"。如今，当务之急是技术革新，在哈巴罗夫斯克港、布拉戈维申斯克港、波亚尔科沃港、波克罗夫卡港、结雅港、斯沃博德内港、雅库茨克港、奥谢特罗沃港、奥廖克明斯克港、连斯克港、济良卡港、切尔斯基港、别拉亚戈拉港和汉德加港建立终端物流系统，在北极的季克西港和泽列内梅斯港发展基础设施。此外，还规划在勒拿河、亚纳河、因迪吉尔卡河和科雷马河建造河口货物转运中心。

（二）远东的海洋运输业

俄罗斯远东地区三面环海，有俄罗斯最长的海岸线，北海航线相当长的一段在此通过。海洋运输是该地区历史悠久的传统运输方式，在全俄的海洋运输市场发挥着重要作用。苏联解体后，远东航运公司和港口经历了大滑坡时期，目前经营状况好转，进入了增长期。2001 年远东港口货运量占全俄的 25% 左右。[①] 2018 年，远东港口吞吐量达 2.0 亿吨，同比增长 4.5%，占全俄的 25% 左右。其中，固体货物 1.3 亿吨（增长 6.8%），液体货物 7.5 万吨（增长 1%）。吞吐量增长的港口为瓦尼诺港 2.95 万吨（增长 0.9%），纳霍德卡港 2.43 万吨（增长 0.1%），符拉迪沃斯托克港 2.12 万吨（增长 24.7%）和德卡斯特里港 1.26 万吨（增长 16.7%）；吞吐量下降的港口为普里戈罗德诺耶港 1.7 万吨（下降 2.1%）和波谢特港 710 万吨（下降 7.7%）；东方港吞吐量 6.37 万吨，与上年持平。[②]

[①] 赵海燕：《俄罗斯东部交通运输》，黑龙江教育出版社 2003 年版，第 149 页。
[②] 2018 年全俄港口吞吐量同比增长 3.8%，远东港口同比增长 4.5%，中国驻哈巴罗夫斯克总领事馆经济商务室，http://khabarovsk.mofcom.gov.cn/article/jmxw/201902/20190202832936.shtml。

海运在远东北方货物运输和与萨哈林地区（占远东货运量的17%）的关系中发挥着关键作用，对于一些地区（马加丹州、堪察加边疆区和萨哈林州、哈巴罗夫斯克边疆区北部地区）海运几乎是运送货物的唯一途径，对于远东外贸进出口意义非常重要。目前，远东通过海运完成出口货物的85%、进口货物的45%。

1991年后，俄实行私有化，远东海运公司都变为股份公司。由于经济衰退，以及船舶退役，新船增加数量少，远东船队运输量大幅减少，1992年是2494万吨，到1999年仅为1294万吨。

目前在远东地区，共有约270家具有港口功能的商业企业，登记注册的船运公司约有200家，共拥有1000多艘深海、近海和港内航行船只。船运公司绝大多数规模都很小，只有一两艘船只或租用船只。在符拉迪沃斯托克、纳霍德卡、霍尔姆斯克、堪察加彼得罗巴甫洛夫斯克和季克西等港口有最大的海运公司：远东轮船公司、滨海轮船公司、东方运输船队、萨哈林轮船公司、堪察加轮船公司和北极轮船公司。

远东地区拥有众多重要港口。在太平洋沿岸有32个海港，包括22个贸易港和10个渔港，以及约300个只有码头和锚地的港口。从南到北，可全年通航的港口是：扎鲁比诺、波谢特、符拉迪沃斯托克、纳霍德卡、东方港、瓦尼诺、马加丹、堪察加彼得罗巴甫洛夫斯克、萨哈林的科萨科夫和霍尔姆斯克。它们占远东地区所有货运量的90%多，占俄罗斯海港货运周转量的20%。主要港口集中于滨海边疆区、哈巴罗夫斯克边疆区和萨哈林州。滨海边疆区的符拉迪沃斯托克、纳霍德卡、东方、瓦尼诺等港口是远东联邦区最为重要的港口。

1. 港口发展

2014年远东海域货运量为1.625亿吨，增长12.3%。其中干货9700万吨，增长16.3%；灌装货6550万吨，增长6.7%。

（1）滨海边疆区港口

符拉迪沃斯托克港：俄太平洋沿岸最大的港口之一，包括东博斯普鲁斯海峡及其沿岸港湾（金角、迪奥米德、乌利斯和诺维科湾）以及阿穆尔湾水域。与其他远东港口相比，符拉迪沃斯托克港是唯一有封闭深水码头的港口，可停泊大排量船只，常年通航。除金角湾外，大部分水域冬季结冰。港口有良好的设备和大型仓库。西伯利亚大铁路延伸至符拉迪沃斯托克港，所有码头都有铁路线与之相连。

符拉迪沃斯托克港分商港和渔港两部分。商港由符拉迪沃斯托克海洋商港股份公司及其所属 6 个子公司运营。可停靠排水量 11 米、长 260 米、宽 40 米的船只。港口共有 16 个深水码头，其中 9 个码头用于装卸货物（金属、木材、冷冻货物等），另有粮食码头、集装箱码头、易腐烂货物码头和石油码头，集装箱码头年吞吐能力超过 60 万标准箱。

渔港由符拉迪沃斯托克海洋渔港股份公司运营，共有 10 个码头，有专门储存渔产品的仓储设施。渔港也可装卸木材、金属、纸浆、货物、集装箱、汽车等。符拉迪沃斯托克港 2013 年货运量为 1450 万吨，2014 年为 1530 万吨，增长 5.3%。

东方港：距纳霍德卡市 20 千米，是俄远东地区最大、最深的港口，也是西伯利亚大铁路终点站。东方港按货运量居全俄第 3 位，仅次于新罗西斯克和圣彼得堡，装备了大功率装卸设备，有深水码头，主要用于俄出口货物及西欧至亚太地区过境货物运输。全年可通航，1—2 月冰冻期须由拖船牵引。港内有 15 个货运码头，东方港也是全俄最大的专业化集装箱港口之一，过货能力每年 30 万标准箱。2014 年，东方港吞吐量为 5780 万吨，增长 19.7%（2013 年为 4830 万吨）。

主要码头包括：全俄最大的煤炭专业码头，年货运能力 1200 万吨，可停泊 15 万吨巨轮，由东方港股份公司负责运营；化肥码头，可容 2.5 万吨轮船停泊，年货运量可达 250 万吨，运营公司是东方—乌拉尔港有限责任公司；木材及散装货物码头，由东方港股份公司运营，可装卸原木、加工板材及拖曳货物，如水泥、砖、煤等；甲醇装卸码头，由东方石化港股份公司运营。

纳霍德卡港：位于日本海纳霍德卡湾，紧临纳霍德卡市和东方港，水深 10—13 米，共有 22 个多功能码头，可装运各类货物，由纳霍德卡海运商港股份公司经营。为提高货运能力，港口正在进行现代化改造，扩建码头，拓深航道。2014 年，纳霍德卡港吞吐量为 2070 万吨，增长 13%（2013 年为 1840 万吨）。

波谢特港：位于日本海岸符拉迪沃斯托克以南的波谢特湾，有铁路与西伯利亚大铁路、中国东北、朝鲜相连。常年可通航，冰冻期须由破冰船或破冰拖船导航。船只最大排水深度 9 米。港口有 3 个码头，年吞吐能力 150 万吨。由波谢特商港股份公司负责运营。该港用于运输铁合金、有色金属、煤炭、水泥、集装箱。主要面向亚太国家，如日本、韩国和中国等。2014 年，波谢特港吞吐量 670 万吨，增长 18.8%。

扎鲁比诺港：位于特洛伊沙湾，边疆区南部哈桑区。有 4 个泊位，年吞吐能力 120 万吨。主要用于运输废旧金属、木材、进口汽车等。

2017 年初俄总理签署了关于将谷物码头、集装箱码头和燃料装载码头纳入扎鲁比诺海港建设土地规划的政府命令，项目由苏玛集团实施。除码头建设外，项目还规定发展铁路和公路，以及扎鲁比诺—珲春（中国）段的能源基础设施，投资额据估计超过 2000 万卢布。扎鲁比诺港谷物码头建设将于 2018 年开工，并将持续两年。[①]

（2）哈巴罗夫斯克边疆区港口

瓦尼诺港：边疆区最大的运输枢纽，也是远东地区最大的交通枢纽之一，是贝阿铁路的终点站，连接铁路、海运和公路运输线，可通往俄东北地区、日本、韩国、中国、澳大利亚、美国及其他亚太国家，港口可常年通航，1—3 月冰冻期须由破冰船领航。港口共有 22 个码头，由瓦尼诺海洋商港公司运营，年吞吐能力 1200 万吨。运输货物主要有有色及黑色金属、化肥、木材、煤炭、石油、冷冻货物、矿石、集装箱、车辆等。有集装箱专用码头和远东最深的石油灌装码头（15 米），可停靠 10 万吨油轮，装卸能力每年可达 300 万吨，由油轮运输股份公司运营。临近的姆奇卡湾还有一个特殊货物码头，用于装卸易燃货物，由万斯金梦公司运营。瓦尼诺港与萨哈林岛的霍尔姆斯克港直航往来频繁。2014 年，瓦尼诺港吞吐量为 2620 万吨，增长 10.4%（2013 年为 2380 万吨）。

2017 年俄联邦政府决定扩展瓦尼诺港地域范围，以实施煤炭转运码头建设项目。项目计划于 2018—2021 年由"俄海港公司"同"萨哈（雅库特）交通公司"采用公私合营方式实施，总投资 255 亿卢布，其中非预算投资 244 亿卢布，联邦财政投资占 11 亿卢布。项目投资人科尔马尔公司将提供 30% 资金，还拟吸引国家交通租赁公司和远东发展

---

① 俄罗斯扎鲁比诺港谷物码头或将于 2021 年前建成，http://news.foodmate.net/2017/02/415757.html。

基金资金。码头煤炭转运能力将于2019年前达到1200万吨/年,二期完成后将达2400万吨/年。[①]

(3) 堪察加边疆区港口

彼得罗巴甫洛夫斯克港:是俄太平洋沿岸大型港口之一,位于堪察加半岛东岸阿万清水道。港口常年运营,冰封季节须由破冰船导航,分为商港和渔港两部分。

商港码头最深可达13米,可装卸并拖曳集装箱、木材及其他货物。目前,商港主要经营近洋货运,由彼得罗巴甫洛夫斯克海洋商港股份公司负责运营。出口货物主要是废旧金属、木材和矿物建材。进口货物有粮食、水泥、冷冻食品。

渔港有13个码头,用于装卸渔产品、盐、消费物资及石油灌装货物,由彼得罗巴甫洛夫斯克渔港股份公司负责运营。

(4) 萨哈林州港口

科尔萨科夫港:位于萨哈林岛南岸,是萨哈林岛最大的港口之一,常年可通航,冰冻期须由破冰船导航。港口分为外海港湾(深15米)和内海港湾(深7.5米)两部分,共有12个码头,用于运送木材、建材、粮食、集装箱、金属、设备、散装化工产品、纸浆、食品等。港口与符拉迪沃斯托克港、萨哈林岛其他港口及千岛群岛港口有航班往来。港口由科尔萨科夫海洋商港股份公司负责运营。

霍尔姆斯克港:萨哈林岛西岸最大港口,港口与萨哈林岛铁路相连,常年可通航,分商港和渔港两部分。

商港可供排水量6米的船只驶入,有8个码头,用于运输罐装货物、煤炭、木材、设备及其他商品,主要经营近洋运输,与瓦尼诺港联系密切,由霍尔姆斯海洋商港股份公司运营。

渔港位于商港以北鞑靼海峡,可接纳排水量4.5—6.0米的船只。有8个码头用于运输渔产品、盐、食品及消费品。港口由霍尔姆斯海洋渔港股份公司、弗烈加特股份公司、萨哈林拖克股份公司分别负责运营。

---

① 俄扩大瓦尼诺港地域范围以建设煤炭转运码头,http://www.chinaccm.com/40/20170323/402102_ 4034887. shtml.

（5）马加丹州港口

马加丹港：马加丹州的最大海港，有航线直通符拉迪沃斯托克（通过萨哈林南端海峡）。马加丹至季克西（北冰洋岸边港口）航线长1680千米，至阿纳德尔（州内）航线长1520千米。

2. 港口存在的问题

远东港口都存在基础设施陈旧老化现象，严重影响港口的吞吐能力。在所有港口中，只有23%的港口深度超过11米，最先进的东方港集装箱码头深度也只达到13米，不能容纳跨太平洋集装箱运输线上的第3代集装箱运输船。另外，港口上的吊车、船舶等其他设备也亟待更新改造。远东在过去的若干年，由于优先发展了出口货物转运能力，导致如今进口货物（集装箱和滚轮货物）的转运能力不足。所以，为了满足俄罗斯外贸增长和国际转运业务，亟须实现港口设施的现代化。

近年来，以出口为主的远东海港基础设施飞速发展，但如果陆地物流发展不畅，港口发展就会陷入瓶颈。海运终端潜力的增长和主要运输干线（贝阿干线和西伯利亚大铁路）的运载能力下降之间的不平衡正在变得越来越大。而远东大型港口中90%以上的货物是在铁路—海运联运体系下流转的。

通过比较港口吞吐能力的增加和铁路运力增加的可能性，可以得出结论，2015年远东区域有4000万吨不足。例如，东方港吞吐量在不久的将来计划增加2620万吨，2020年前再增加2400万吨。而此时东部港口的铁路运力将不会超过1600万吨。

一般来说，远东和西伯利亚实施矿产开发计划将导致贝阿干线和西伯利亚大铁路货物量大幅增长。例如，贝阿干线通往共青城铁路枢纽，到2020年货运量预计将比现有水平增加近4.5倍。因此，通向瓦尼诺港的铁路网的总装载量可能需要达到近6000万吨。对于滨海边疆区，那么到2020年各类货物将会超过1亿吨。为了货流的不断增长，需要对贝阿干线和西伯利亚大铁路东部段的铁路基础设施进行彻底的改造和发展。

二 远东航运的国际合作

远东地区上述港口对于远东运输来说具有至关重要的意义。随着俄东部地区开发战略的实施，这些港口陆海联运枢纽的作用和地位就更加突出。俄总统普京曾说过，远东港口、北方海路和铁路干线应成为亚太地区和欧洲之间的基础设施枢纽。远东希望充分发挥这些港口的枢纽优势，加快推进港口基础设施建设，积极拓展并完善现代港口的物流和产业服务功能，进一步加强与亚太地区国家的深度对接、融合，使航运业成本更低、效率更高。为加快港口发展，大力吸引外资，2013 年俄罗斯对符拉迪沃斯托克港施行专门的自由港法案，未来俄罗斯计划将这一政策推广到远东地区其他主要港口。

（一）远东港口建设方面的国际合作

相比其他运输方式，俄罗斯海上运输业，包括港口投资增长率较高，该行业对外国投资者吸引力很大。俄罗斯也希望外国投资者关注俄港口建设，利用外资共建港口。在 2016 年召开的东方经济论坛上，普京表示，远东萨哈林开采的液化气的 70% 供应于日本市场，俄方愿意与日本进行合作，包括发展港口基础设施。

中国东北地区与俄远东毗邻，一直希望参与远东港口的建设，目前主要的合作项目是扎鲁比诺港建设。中国曾于 2003 年计划租用整个扎鲁比诺港口，但俄罗斯政府以安全为由表示反对。在俄罗斯遭到欧美制裁的背景下，2014 年吉林省与俄罗斯苏玛集团签署合作框架协议，双方将合作建设俄罗斯扎鲁比诺大海港。扎鲁比诺港距离吉林珲春市仅 60 千米，但由于该港基础设施老化，无法满足中方借港出海的要求，因此中俄双方决定合作对该港口进行改造。扎鲁比诺大海港项目预计 2018 年完工，建成后，港口总面积将达 255 公顷，码头长度 3110 米，码头数量 19 个，年吞吐能力达 1 亿吨。这里计划建设专用粮食码头、集装箱码头、专用氧化铝码头，以及通用海运码头。

扎鲁比诺港是吉林省实施"借港出海"战略的重要一环。吉林省规划了多条由珲春出发，经由扎鲁比诺港，直达日本、韩国，乃至欧洲、北美地区的跨国陆海联运航线。中俄合建扎鲁比诺万能海港项目不仅有助于吉林省的开发开放，也有利于促进中国东北老工业基地振兴与俄罗斯远东大开发的对接。

此外，大连港集团与俄罗斯远东发展集团股份公司、俄罗斯纳霍德卡渔港股份公司于 2016 年 9 月签署了三方合作备忘录。早在 2015 年底，大连港集团与俄罗斯远东运输集团就签署了协议，大连港集团将就位于远东自由贸易区内的远东运输集团纳霍德卡港的码头堆场、港口设备、冷库等基础设施改造，以及集装箱中转站的设立、大连到纳霍德卡港运输航线的开辟、推进满洲里口岸跨境运输合作等开展前期研究，并就相关基础设施的经营与远东运输集团进行股权合作洽谈。

2017 年 6 月，天津港（集团）有限公司和符拉迪沃斯托克商贸港有限公司签署合作谅解备忘录，双方将在建立战略合作伙伴关系的基础上，进一步加强在港口装卸、海铁联运及基础设施建设等方面的深入合作，共同推进中俄海上双边贸易加快发展。

俄远东港口与中国的合作有利于推动两国地区间港口物流服务一体化，推进两国地区间在货物和服务贸易、现代航运服务业、投融资等方面的更紧密合作，共同参与"一带一路"建设。

（二）远东港口过境运输方面的国际合作

俄罗斯港口发展战略的目标是，推进港口基础设施的现代化发展，不仅实现吞吐量的增长，而且要将贸易重心转向太平洋国家。

中国东北地区由于具有地缘优势，在中国"丝绸之路经济带"与以俄为主的"欧亚经济联盟"对接的背景下，黑龙江省和吉林省积极利用俄远东港口枢纽优势，都开辟了多条经远东港口的陆海联运通道。

（1）黑龙江省

黑龙江省借助地缘优势，建设通往欧洲的"绥芬河—俄远东港口"陆海联运为主的战略通道。目前，黑龙江省内铁路与俄罗斯西伯利亚大铁路、贝阿铁路相连，跨境江海联运、陆海联运通道基本建成。中国东部地区运往欧洲的货物，通过黑龙江省的东部通道与通过新疆的西部通道相比，运期可缩短 25%—30%，运费可节省 30%—50%[①]，而且这条通道更符合现代国际物流的要求，只需经过俄罗斯一国就可到达欧洲

---

① 《以东部陆海丝绸之路引领外向型经济发展：省委书记王宪魁接受〈学习时报〉记者采访》，《黑龙江日报》2014 年 11 月 24 日第一版。

多国。

2015年8月，黑龙江省开通了哈（绥）俄亚陆海联运航线。"哈（绥）俄亚"货运列车从哈尔滨铁路集装箱中心站启程，经绥芬河到俄滨海边疆区符拉迪沃斯托克港、东方港，列车上的集装箱会再通过海运方式最终抵达日本、韩国和中国南方省份。

目前已开通了哈尔滨—绥芬河—符拉迪沃斯托克—釜山港通道、哈尔滨—绥芬河—符拉迪沃斯托克—新潟港通道、绥芬河—东方港—中国南方港口的陆海联运通道。现在，几乎每周都有从绥芬河到符拉迪沃斯托克的班列，货物主要以粮食、木制品、塑料化工品为主，运抵港口后，一般装船两天，随即发往日本或韩国。

"滨海1号"（哈尔滨—绥芬河—格罗杰科沃—符拉迪沃斯托克/沃斯托奇内/纳霍德卡—亚太地区港口）和"滨海2号"（珲春—克拉斯基诺—波谢特/扎鲁比诺—亚太地区港口）国际交通走廊经过符拉迪沃斯托克自由港，将中国的黑龙江和吉林两省与滨海边疆区的海港连接起来。自由港各检查站实行24小时工作制，实行物资过境一站式服务，引入电子申报，并对外贸企业开通"绿色通道"。作为"滨海1号"国际交通走廊的一部分，"符拉迪沃斯托克—纳霍德卡—东方港"公路已正式开通。

黑龙江省加大与俄罗斯符拉迪沃斯托克港、东方港和纳霍德卡港的合作，引导运输企业充分利用陆海联运通道走向国际市场。陆海联运大通道的打开，有望使这条新线路形成新的物流带、新的产业带、新的贸易带。

俄罗斯滨海边疆区也认为其未来经济发展的重要工作是发展过境运输和港口陆海联运。在滨海边疆区境内，"滨海1号"线连接着南滨海边疆区的港口，东方港和纳霍德卡港，是俄罗斯最大的物流集散中心，它与中国的东北部黑龙江省相连，绥芬河口岸恰好在这条运输走廊上。当前，东方港正在进行大型改造，东方港的吞吐量已经超过苏联时期所有指标，这说明滨海边疆区具有巨大过境运输潜力。边疆区现在正在建设一条新的连接绥芬河和东方港的公路，公路总长120千米，目前已经全部设计完成，开始施工建设。这条公路将为中国东北部、绥芬河、滨海边疆区提供更大的货运量。这是中俄两国共同助力重建丝绸之路开始的一部分。

俄方认为，以后中俄双方还将扩大大宗商品、农副产品、海产品等进出口规模，提高果蔬、农副、机电等产品进出口份额，继续探索贸易新品种，充分利用陆海联运大通道，将中国和俄罗斯与日韩、北美、欧洲等世界各地更为快捷地相连、融合。

（2）吉林省

目前，吉林省开通的中俄韩、中俄韩日等陆海联运航线，都是经过扎鲁比诺港进行中转，这些航线现在已经成为连接日本海沿岸各国的"黄金航线"。扎鲁比诺港从属"滨海2号"国际运输走廊。该走廊可实现与中国东北和东南省份，以及亚太地区国家间的快速货物往返运输。因为"滨海1号"和"滨海2号"运输走廊，滨海边疆区的货物周转量增长了50%。

2015年5月，珲春—扎鲁比诺—釜山铁海联运集装箱定期航线正式开通，其中，珲春—扎鲁比诺港定期铁路班列运输；扎鲁比诺港—釜山定期集装箱班轮运输。截至2017年2月，该航线共运行了79个航次，进出口集装箱货物1261标准箱，其中，进口729标准箱，出口532标准箱。航线运营至今，保持每周一个航班的定期运营，[①] 该航线的开通将进一步促进吉林省与韩国、俄罗斯及东北亚地区的合作。

（三）中俄共建冰上丝绸之路

俄罗斯在北极地区有一条重要航道——北方海路，它是沿着俄罗斯北部海岸线、经过北冰洋海域的一条航线，是把欧洲与俄远东、亚太地区、北美西部连接起来的最短海上路线，即北极航道的东北航道。俄罗斯北极物流中心数据显示，2016年度，经由俄罗斯北方海路（"东北航道"）航行的船舶共297艘，总通航次数为1705次，共运输货物726.6万吨，同比增长35%。俄罗斯运输部甚至预测，到2020年，东北航道运输量将超3000万吨；到2030年，亚洲至欧洲货运的25%都将取道于此。[②]

[①] "珲春—扎鲁比诺—釜山"航线稳步运行，http：//www.jl.xinhuanet.com/2017-02-20/c_1120495834.htm.

[②] 俄罗斯邀请中国共同开发的"冰上丝绸之路"是什么？http：//www.mm111.net/2017/0618/329037.shtml.

随着北冰洋海冰持续消融和航运技术进步,北极航道通航季节不断延长,通航条件不断优化,目前已初步实现了商业化、规模化航运,未来必将极大改变世界经济贸易格局。俄罗斯对北极航道开发建设寄予厚望,积极邀请中国参与。还在2015年时,中俄总理第二十次会晤联合公报中就提到"加强北方海航道开发利用合作,开展北极航运研究";到第21次联合会晤公报中变为"对联合开发北方海航道运输潜力的前景进行研究";到2017年5月举行的"一带一路"国际合作高峰论坛,俄方的合作意愿就更明晰了,普京明确地说:"希望中国能利用北极航道,把北极航道同'一带一路'连接起来。"2017年7月习近平总书记访问俄罗斯时回应了这一提议,会见俄罗斯总理梅德韦杰夫时强调,"要开展北极航道合作,共同打造'冰上丝绸之路',落实好有关互联互通项目"。

北极航道包括东北航道、西北航道和中央航道。目前商业航运上利用最多的,是经过俄罗斯北边北冰洋水域的北极东北航道。这条航道,西起西北欧北部海域,东到符拉迪沃斯托克(海参崴),途经巴伦支海、喀拉海、拉普捷夫海、新西伯利亚海和白令海峡,通航条件较好的东北航道,大部分靠近俄罗斯北部区域。

北极航道相比传统的航线可以缩短1/3的航程。航程缩短,就意味着航运的耗油等成本降低。中国是全球贸易体系中最重要的国家之一,外贸货品中90%以上经由海运实现。因此,北极航道的开发利用对中国来说意义重大。北极东北航道扩展了中国对外贸易海上服务航线,为客户提供了新的快捷航线选择,今后,亚欧客户在贸易通道方面将有更多的选择。

中俄合作开发"冰上丝绸之路"的重点在于共同开发和利用北极航道,使其成为具有全球竞争力的运输动脉。然而"冰上丝绸之路"的建设发展同时遇到不少问题,比如,北极航道所需的破冰船数量不够。为此,俄方已经成立专门公司,积极与中国远洋海运集团开展谈判,双方计划建设6艘ARC7冰级破冰能力的大型商船。

2017年11月,中国商务部表示,中俄北极开发合作取得了积极的进展。一是中远海运集团已经完成多个航次的北极航道的试航。二是两国交通部门正在商谈《中俄极地水域海事合作谅解备忘录》,不断完善北极开发合作的政策和法律基础。三是两国企业积极开展北极地区的油气勘探开发合作，正在商谈北极航道沿线的交通基础设施建设的项目。此外，中国商务部和俄罗斯经济发展部正在牵头探讨建立专项的工作机制，统筹推进北极航道开发利用、北极地区资源的开发、基础设施建设、旅游、科考等全方位的合作。

目前俄罗斯正处于经济转型期，开发北极需大量资金和先进技术，而能提供资金和技术的中国是俄罗斯方面最佳的合作伙伴。两国良好的政治互信和合作基础，能保障中俄北极航道合作不断向前发展。

三　远东航运发展的战略意义

近年来，哈巴罗夫斯克边疆区和滨海边疆区的港口得到长足的发展。优先建设集装箱货运和一般货运的现代化设施，其中包括处理大宗散货和液体货物的机械化、自动化的综合系统。此外，还为保证港口专业化，建设一批梯次配置的港口（包括与港口分离的铁路枢纽）和运输—物流综合体（可以更有效地处理、分配一般货物）。港口的年吞吐量将增加2亿多吨，尤其是煤炭、金属和石油的吞吐量增长最为显著。港口型特别经济区发展项目将被纳入规划中。近海航运的增长，将使一些与日常活动密切相关的海港进行基础设施的改造，首先是堪察加彼得罗巴甫洛夫斯克港、马加丹港、阿纳德尔港、佩韦克港、白令科夫斯基港、霍尔姆斯克港和涅韦利斯克港。在远东海域沿岸地区，还将对海上常规客运设施进行维修。

2017年4月，俄罗斯远东发展部表示，根据《2010—2020年俄交通体系发展国家规划》对远东提出，2020年前，俄远东地区海港年吞吐能力将增加1200万吨，为此计划融资570亿卢布用于海运基础设施建设，其中联邦财政出资88亿卢布。此外，2020年计划建造一艘客货两用船，以确保科曼多尔群岛和北库里尔斯克市与堪察加彼得罗巴甫洛夫斯克市的交通运输。① 俄远东发展部副部长尼亚兹梅托夫表示，计划对瓦尼诺港、科兹米诺港、霍尔姆斯克港、涅韦尔斯克港、彼得罗巴甫

---

① 俄政府计划提高远东港口通过能力，http://sputniknews.cn/economics/201704171022377900/.

洛夫斯克港和纳比利湾新港口进行开发建设。随着各港口的开发建设，其对远东发展的意义和作用越来越重要。

（一）远东港口发展加速俄融入亚太经济圈

远东地区海岸线漫长，港口众多，远东水域的东方港、纳霍德卡港、符拉迪沃斯托克港、瓦尼诺港位列俄罗斯的十大港口，它们是重要的铁路和海运枢纽。这些港口可以满足货物不同的运输类型，如出口、进口、近海运输和国际过境转运。远东港口货物运输量的增减与国家经济发展的速度相关，随着俄罗斯转向亚太地区市场，远东港口的战略意义更加重要，远东港口甚至可以成为俄罗斯在亚太地区的主要出口大门。亚太地区经济快速发展为俄罗斯吸引外资提供了可能性，因此，这一地区的发展对俄罗斯的整体振兴具有重要战略意义。俄政府很清楚，远离俄欧洲经济中心的远东地区不可能"孤立发展"，该地区的振兴离不开与亚太地区经济一体化，必须让远东迅速融入亚太经济圈。

（二）远东港口发展加速俄国际运输通道建设

早在20世纪90年代，远东就提出发展国际运输走廊的建议，即经过纳霍德卡、符拉迪沃斯托克等港口来运输中国的货物。中国东北借远东港口转运货物在路线上是比较近的，但目前这条线路没有体现出自身的价值，原因在于远东各港口基础设施陈旧不完善，制度管理不符合现代国际要求。然而，远东港口的潜力非常大，只要做出一些改变，加速港口建设，提高工作效率，这条国际运输走廊的前景美好。2016年，俄远东发展部已委托麦肯锡咨询公司完成了对这条运输走廊经济金融模型的拟定及论证。

2015年12月，俄罗斯远东发展部与中国国家发改委在北京签署了加强俄中在远东的地区间生产投资合作的备忘录，其中便包括共同协调推动"滨海1号"和"滨海2号"国际运输走廊的发展，成立政府间工作小组。

（三）远东港口发展与中俄"冰上丝绸之路"建设

2017年7月，习近平主席访问俄罗斯期间，与俄方领导人就北极航道的开发利用，打造"冰上丝绸之路"达成重要的共识。商定将其作为"一带一路"建设和欧亚经济联盟对接合作的重要方向予以推动。

北极航道就经过远东地区，北极航道沿线补给点很少、港口基础设施明显滞后，不利于"冰上丝绸之路"建设。为此俄在远东北部将积极开展下列工作，在远东北极地区建设现代化运输系统，利用"北方海路"开展交通运输，这需要在"北方海路"港口进行基础设施现代化建设。同时，需要完成出入境港口设备安装，以此确保开展国际运输业务。哈坦加港、季克西港、佩韦克港、阿纳德尔港和堪察加彼得罗巴甫洛夫斯克港，这些港口将是"北方海运"东北部分的主要港口。"北方海路"发展的主要目标：为开采北极（包括大陆架）油气资源以及海上出口提供交通运输保障；保证北方地区重要的社会物资运输；发展潜在的大规模区域内运输和过境转运业务。

"北方海路"基础设施建设要符合北极的开发和利用。远东港口开发有利于改善北极航道的运输条件，加快"冰上丝绸之路"建设。2017 年底，中石油参与投资的亚马尔液化天然气项目已投产，这一项目位于俄北极圈内的亚马尔—涅涅茨自治区，每年将有 400 万吨液化气销往中国市场，输送这些液化气的一条渠道便是北极航道的东北航道。

第四节　管道运输

一　管道基础设施的建设

俄罗斯在西西伯利亚和欧洲地区拥有广泛的石油和天然气管道网络，在远东地区，在萨哈林州、哈巴罗夫斯克边疆区和萨哈共和国（雅库特）三个地区开展了管道运输。最早修建的管道是奥哈（萨哈林）—阿穆尔河畔共青城石油管道（1942 年），随后又修建了奥哈—阿穆尔河畔共青城天然气管道（1987 年）。

从长远来看，随着萨哈林地区新油气田的开发，要把天然气管道从哈巴罗夫斯克边疆区延伸到滨海边疆区。"萨哈林—哈巴罗夫斯克—符拉迪沃斯托克"天然气管道运输系统是俄罗斯国家东方天然气项目的前期工程，2009 年开工建设，天然气运输管线总长度定为 1350 千米，天然气输送能力每年为 60 亿立方米。

俄罗斯天然气工业股份公司计划通过修建从阿穆尔河畔共青城到哈

巴罗夫斯克的第二条天然气管线来增加萨哈林—哈巴罗夫斯克—符拉迪沃斯托克天然气管道的运能。为了增加"萨哈林—哈巴罗夫斯克—符拉迪沃斯托克"天然气管道系统向潜在消费者输送天然气的能力,俄天然气工业股份公司准备修建从阿穆尔河畔共青城到哈巴罗夫斯克的大约345千米长的天然气管道,计划在2019年投入运行。该项目将为东方石化公司、纳霍德卡化肥厂以及滨海边疆区和哈巴罗夫斯克地区的其他消费者提供必要的天然气运输量。

萨哈天然气公司(雅库特)提出了一个长达6600千米的油气管道干线的宏伟计划。如果实施,雅库特的石油和天然气将到达哈巴罗夫斯克边疆区、滨海边疆区,以及朝鲜和韩国(到首尔)。

目前,远东有一条中俄原油管道(东西伯利亚—太平洋石油管道)用于向中国出口原油。这条管道起自俄远东原油管道斯科沃罗季诺分输站,穿越中俄边境,途经黑龙江省和内蒙古自治区,到达中国黑龙江大庆,管道在俄罗斯境内段长约72千米,中国境内长927.04千米。

2011年,全长近千千米的中俄原油管道正式投产输油,通过管道俄罗斯每年向中国输送1500万吨原油,为期20年。2016年通过"斯科沃罗季诺—漠河"输油管道输送石油的总量从2015年的1600万吨增加至1650万吨。截至2017年9月30日,中俄原油管道累计检验监管俄罗斯进口原油1.06亿吨。①

"东西伯利亚—太平洋"石油管道是由俄罗斯石油管道运输公司从2004年开始投资260亿美元建设的。该管道西起东西伯利亚伊尔库茨克州的泰舍特,东至俄罗斯太平洋沿岸的纳霍德卡科济米诺湾,全长将近4200千米,被称为当代俄罗斯最大的石油工程项目之一。这条管道的建设被分成一期和二期两个工程。管道一期工程包括铺设从泰舍特至斯科沃罗季诺的管线,以及在科济米诺湾建设一些石油出口设施。一期工程于2009年12月竣工并投入使用,设计输油能力3000万吨。二期工程建设从斯科沃罗季诺至科济米诺湾的石油管道,二期工程2010年

---

① 中俄原油管道累计进口俄罗斯原油10613万吨,http://www.chinanews.com/ny/2017/10-15/8353120.shtml。

初开工建设，2012年12月正式启用，二期工程的年输油能力将达3000万吨，还可以根据需要增加到5000万吨。由于二期工程投入使用，所以西线管道，也就是一期工程管道的年输油能力将得到提高，预计最高可以达到8000万吨。东西伯利亚—太平洋石油管道由俄罗斯石油管道运输公司历时8年建造。通过这一管道，俄罗斯可以实现向亚太地区国家以及俄罗斯远东的石油供应，巩固俄罗斯在国际原油市场的重要地位。

管道运营商俄罗斯石油管道运输公司曾表示，二期工程运输的大部分原油的目的地是美国。2015年运出石油的主要目的地：中国大陆地区1470万吨（48.3%）、日本870万吨（28.7%）、韩国320万吨（10.5%）。向美国、新加坡和新西兰方向分别运出70万吨（分别占2.3%）、菲律宾60万吨（1.9%）、泰国50万吨（1.6%）、中国台湾地区30万吨（1%）、马来西亚20万吨（0.8%）。向越南运出10万吨（0.3%）①，这是东西伯利亚—太平洋石油管道经科兹米诺港首次向越南运出原油。

俄罗斯总统普京认为，管道的建成一方面能够让俄罗斯在快速发展的世界市场和亚太市场上发挥积极作用；另一方面管道的运营还能够提供大量的工作岗位，促进东西伯利亚和远东地区的投资合作，拉动当地经济发展，将为东西伯利亚和远东经济社会发展注入新的动力。

远东境内担任出口任务的管道不止这一条，2014年9月1日，中俄东线天然气管道——"西伯利亚力量"俄境内段开工仪式在俄罗斯萨哈共和国（雅库特）举行。

中俄两国政府2014年5月21日在上海签署《中俄东线天然气合作项目备忘录》，中国石油天然气集团公司和俄罗斯天然气工业股份公司签署了《中俄东线供气购销合同》。根据合同，从2018年起，俄罗斯开始通过中俄天然气管道东线向中国供气，输气量逐年增长，最终达到每年380亿立方米，累计合同期30年。作为向中国供气的主干道，"西

---

① 郭少英：《俄罗斯从未如此遇困：国际油价越低，越要拼命多出口石油挣钱》，东亚财经，http://www.ne-asia.com/archives/view-1766-1.html. 2016-01-15.

伯利亚力量"天然气管道西起伊尔库茨克州，东至俄远东港口城市符拉迪沃斯托克，全长近 4000 千米。管道连接俄罗斯东西伯利亚的科维克金气田和恰扬金气田，设计年输气量为 610 亿立方米。

二 管道基础设施的未来发展方向

远东主干管道运输网络的发展目标是确保形成一批新的石油开采和输出中心，保证俄罗斯向亚太地区能源市场供应石油，并在这一地区逐步发展俄罗斯统一的天然气供应系统。

俄东部天然气纲要的主要目标是，在东西伯利亚和远东地区建设现代化的天然气工业和在此基础上为社会经济发展创造条件，提高居民生活水平。应当指出，东西伯利亚和萨哈共和国（雅库特）的天然气不仅能够满足未来 30 年俄东部地区的需求，而且可以把天然气出口到亚太地区国家。东西伯利亚和雅库特地区的天然气探明储量（C1）为 4.08 万亿立方米。现有原材料基地足以形成新的——如雅库茨克和伊尔库茨克这样的天然气开采中心，他们生产的大部分天然气可以出口。建立统一的天然气出口通道是东部天然气纲要的当务之急。

在国家的东部地区，发展统一的天然气供应体系将会提高远东和贝加尔地区能源供应的稳定性和可靠性，同时实现俄罗斯天然气出口方向的多元化。鉴于欧洲国家天然气市场发展趋势以及向西欧供气的过境风险，这一任务将显得特别紧迫。

此外，为实施现代基础设施建设项目，确保能源资源从矿区运至客户，将鼓励石油公司开采现有油田，并办理许可勘探新的大型矿床，同时由于输油管通过本地区将促进基础设施建设，增加投资的吸引力。

鉴于俄罗斯将向中国和其他亚太国家市场出口天然气，所以有必要制定规划，在东西伯利亚和远东地区建立统一的天然气开采、运输和供应系统。可以预见，将优先建设、发展"萨哈林—哈巴罗夫斯克—符拉迪沃斯托克"的天然气运输系统，与萨哈（雅库特）共和国的输气管相连。按规划，还将建设第三条输气管道：中维柳伊斯克凝析气矿—马斯塔赫—别尔格—雅库茨克。以小型油气矿为基础，在远东和伊尔库茨克州将建设局部的天然气化系统。在远东和贝加尔的西南部天然气运输系统和供应将立足于恰扬金气田和科维克金气田。

为了在远东和贝加尔地区建立俄罗斯统一供气系统，必须在萨哈林岛、萨哈共和国（雅库特）和伊尔库茨克州分别形成采气中心，从长远看将与克拉斯诺亚尔斯基的采气中心连接，甚至与国家现有的统一供气系统相连接。

第十八章

21世纪初的远东社会

20世纪90年代，历经苏联解体带来的阵痛和迷惘，20世纪末的俄罗斯社会动荡、经济衰退、亟须寻找新的定位和方向。2000年，普京出任总统后积极进行政体机制改革，强化中央权力，整顿经济秩序、协调发展各地社会经济，基本结束了俄罗斯社会经济动荡的局面，初步赢得政局的稳定和经济的增长。正是在这种背景下，世纪之交的俄罗斯远东在人口结构、人口健康、外来移民、社会贫富分化以及防止经济犯罪等社会诸多方面都有了明显变化，虽然有些变化并不足以从根本上解决俄远东社会经济全面发展的需要，但这些改变对远东未来的发展至关重要。

第一节 远东地区人口结构状况

一 远东地区人口自然结构变化

俄罗斯社会经济转轨时期，远东地区处于严重的社会经济危机之中。工农业生产持续下降，企业长期拖欠职工工资，失业人数居高不下。受其影响，俄罗斯远东地区居民社会生活方式、生育与健康、人口流动等方面也相应发生变化。在很长一段时间内，人口流失严重、居住分布不均衡以及劳动力缺乏成为该地区人口结构的常态。21世纪初，滨海边疆区作为远东联邦区人口密度最高的地区，每平方千米人口密度仅为12人左右，而自然环境恶劣、社会经济发展缓慢的萨哈共和国（雅库特）、马加丹州和堪察加边疆区的人口密度仅为0.1—0.7人/平方千米，人口问题已成为影响俄罗斯远东社会经济良性发展根本问题。① 需要指出的是，俄罗斯远东联邦区的人口问题不仅反映在数量减少上，而且年龄结构、区域分布和民族结构都发生了显著的变化。

俄远东人口持续减少的根源在于其转轨时期严重的经济危机，在转型之前远东地区是国家财政重点支持地区，有地区津贴和优惠的住房、医疗、休假等多方面的政策，远东虽然自然环境相对恶劣，但工资高，补贴基本和其他地区持平。在这种情况下，远东的居民生活水平甚至要高于国家西部某些地区，因此对劳动人口产生了很大的吸引力，每年都有大量人口从其他地区迁来远东。社会转型后，计划经济体制下对远东的种种优惠绝大部分被取消，被卷入市场经济的远东在失去国家财政支持后，成为物价最高和居民生活水平下降幅度最大的地区，远东地区居民收入只有全俄人均收入水平的40%。② 与此同时，生产力持续下降，大批大型企业开工不足甚至倒闭造成大量人员失业，社会经济环境迫使许多人迁移到经济状况较好的西部地区。

1991—2016年的26年，俄罗斯远东联邦区总人口损失（186.9万人）中，这相当于堪察加边疆区、马加丹州、楚科奇自治区、萨哈林州、阿穆尔州5个联邦主体2017年的人口总数。在远东联邦区的总人口损失中，自然减少17.21万人，占总数的9.2%，移民外流169.69万人（占90.8%），从数据中可以看出，远东地区对人口的吸引力正在消失，原有的人口红利不复存在。远东地区的自然人口增长系数从1991年的5.1‰下降到2016年的0.88‰。人口自然增长或下降取决于三个因素，即人口生育力、死亡率和年龄结构（见表18—1）。

根据表18—1可知，1991年，俄罗斯远东联邦区的出生率为13.7‰，到1999年已降至9.0‰。从2000年开始，出生率有上升的趋势，2012年远东联邦区出生率首次超过1991年峰值，这是苏联解体后远东联邦区第一次生育率超过死亡率，人口出现自然增长。出生率的上升要归功于在20世纪80年代出生的妇女群体在该年龄段群体庞大，

---

① 2007年，堪察加州与科里亚克自治区合并为堪察加边疆区，本节表格中为便于统计，该联邦主体统一使用堪察加边疆区的名称，2007年前的数据不包括科里亚克自治区的数据。
② 马友君：《俄罗斯远东地区开发研究》，黑龙江人民出版社2011年版，第139页。

2010年前后进入育龄阶段。① 出生率方面，苏联解体后，俄罗斯远东联邦区1991年的新生儿出生数量为109996名，为目前最高值，在出生率最低的1993年，远东联邦区新生儿出生数为82150名，仅为1991年的74.7%。21世纪初，新生儿的出生人数会曾缓慢增加（2012年为87370人，2014年为87653人），但2015年已经有所下降（86549人）。2016年，出生数量为82829名，仅比1993年高0.8%。②

表18—1　　　俄罗斯远东联邦区人口自然增长　　　单位:‰

年份	自然增长率	出生率	死亡率
1991	5.1	13.7	8.6
1999	-3.1	9.0	12.1
2000	-3.4	9.3	12.7
2011	-0.3	13.2	13.5
2012	0.9	14.0	13.1
2014	1.50	14.11	12.61
2016	0.88	13.40	12.52

资料来源：根据俄罗斯联邦统计局数据整理得出。

2017年，俄远东联邦区人口普查总数为616.5万人，在远东联邦区的九个联邦主体中，滨海边疆区、哈巴罗夫斯克边疆区、萨哈共和国（雅库特）、阿穆尔州这4个联邦主体的人口总数超过500万，占远东联邦地区人口总数的81.15%（2017年），而堪察加边疆区、马加丹州、萨哈林州、犹太自治州以及楚科奇自治区这5个联邦主体人口占远东人口总数比例不足20%（见表18—2）。居民人口分布比例从某种程度上与远东各联邦主体的社会经济发展成正比，通过俄罗斯联邦统计局公布的

---

① П. А. Минакир, Российский Дальний восток на пути в будущее. Хабаровск. 2017. с. 101.
② Демографический ежегодник Российской Федерации. 1993. М.: Госкомстат России. 1994；Демографический ежегодник России. 2002 – 2015/ФСГС. 2017；Естественный прирост населения субъектов Российской Федерации. 2017.

统计数据可以看到，1989—2017年，在俄罗斯总体人口增长的背景下，远东联邦区人口呈下降趋势。2017年，远东联邦区人口降至616.5万人，27年人口总数减少22.45%，可以预见的是，在俄罗斯整体经济发生根本性好转之前，这种趋势在相当长的时间内还会持续下去。

表18—2　　俄罗斯远东联邦人口统计（1989—2017）　　单位：千人

年份	1989	2000	2005	2010	2012	2017
俄罗斯联邦	147022	146304	143236	142865	143347	146880
远东联邦区	7950	6832	6460	6285	6252	6165
萨哈共和国（雅库特）	1094	958	954	958	956	964
堪察加边疆区	472	367	337	322	320	316
滨海边疆区	2256	2120	2007	1953	1947	1913
哈巴罗夫斯克边疆区	1598	1460	1376	1343	1342	1328
阿穆尔州	1050	923	861	829	817	798
马加丹州	392	194	170	156	152	144
萨哈林州	710	560	521	497	494	490
犹太自治州	214	193	182	176	173	162
楚科奇自治区	164	57	52	51	51	50

资料来源：根据 Основные демографические показатели по субъектам Российской Федерации（1990–2017）数据整理得出。

人口自然结构是族群增长的基础和起点，对社会人口规模和增速有着重要的制约作用，主要包括有年龄结构和性别结构。苏联时期，远东地区作为重要原材料基地和军工基地，苏联政府对其实施经济开发扶持、鼓励人口迁移的政策促进了当地人口的增长，居民平均年龄低于全苏指数是远东人口结构特点之一。1990年远东地区儿童、劳动力人口（男性16—59岁，女性16—54岁）、老龄人口的比重分别为27.8%、61.6%、10.6%，在全苏各地区中，远东地区的劳动力人口占其人口比重最高，老龄人口比重最低。[①] 这种人口结构特征在世纪之交的远东地

[①] 田畑朋子：《俄罗斯远东地区人口减少问题》，《俄罗斯学刊》2014年第1期。

区依然十分明显。2010年，俄远东人口平均年龄为36.7岁，比全俄平均年龄（38.9岁）低2.2岁，是各联邦区人口平均年龄最低的，这为俄远东地区应对老龄化社会、保持劳动力比例创造了比较有利的环境。

20世纪末，在俄远东地区人口性别结构中，男性所占比重高于全俄平均水平，远东地区是唯一男性比重高于女性的地区（50.1∶49.9，1989年）。到了21世纪初，这种情况早已不复存在。2012年，远东地区男女比例为48.1∶51.9，女性比男性多出24.19万人，男女比例失衡最为明显的是滨海边疆区，最为均衡的是堪察加边疆区，青少年人数占远东人口总数的20%（见表18—3）。

表18—3　　俄远东联邦区人口性别及年龄构成（2012年）　　单位：千人

	总数	男女数量		青少年数量	
		男性	女性	15岁以下	15—17岁
远东联邦区	6251.5	3004.8	3246.7	1065.1	189.6
萨哈共和国（雅库特）	955.6	464.1	491.5	214.2	40.1
堪察加边疆区	320.6	160.2	160.4	52.9	9.2
滨海边疆区	1947.2	934.5	1012.7	293.8	53.1
哈巴罗夫斯克边疆区	1342.1	640.1	702.0	209.0	35.9
阿穆尔州	816.9	386.6	430.3	146.5	25.4
马加丹州	152.3	73.9	78.4	25.4	4.4
萨哈林州	493.3	237.4	255.9	81.0	14.1
犹太自治州	172.7	82.2	90.5	31.7	5.4
楚科奇自治区	50.8	25.8	25.0	10.6	2.0

资料来源：根据俄联邦统计局数据整理得出。

21世纪初，俄罗斯人口平均死亡率为13.9‰，远东联邦区为13.3‰（2009年），远东地区死亡率看似低于平均值，但与其他联邦区相比，其人口平均寿命明显较低。2009年，俄罗斯男性平均寿命为62.8岁，女性为74.7岁，远东地区的男性平均寿命则为60.1岁，女性为72.2岁，是俄罗斯7个联邦区中居民平均寿命最短的地区，这与当地婴儿死亡率较高有关；2009年全俄平均婴儿死亡率为8.1‰，远东为10.5‰，在各联邦区中最高。① 另一个情况是随着俄罗斯向市场经济转型，改革措施不可避免地给社会经济带来震荡，使得致死疾病诱因增加，对远东人口结构的稳定发展极为不利。

除上述影响人口增长因素外，家庭关系的稳定在远东联邦区人口生育动态中起着一定作用。全俄正式登记的婚姻数量2016年较2015年下降了15.1%，远东地区下降了11.6%。家庭稳定性提高还远远不是事实，远东地区家庭特点反映在多子女方面，这种传统可以追溯到20世纪50年代，截至2013年在远东有47139个大家庭。②

(一) 1990—2000年远东地区人口变化

20世纪90年代初，随着激进的经济改革，远东社会经济状况急剧恶化。居民向俄罗斯经济发达的欧洲部门迁移造成的流失人口浪潮首先波及萨哈共和国（雅库特）和堪察加州，随后这种状况出现在远东联邦区各地，甚至远东地区各行政中心也出现人口外流，虽然这些城市是吸引移民的主要地区，其人口增长速度因此也高于当地人口自然增长率。1993年，俄远东地区人口外流数量比自然增长数量高出24000人，迁移对远东联邦区的人口安全产生了威胁，进而阻碍了远东社会经济复苏的进程。

俄远东地区出现人口数量减少和迁移并非偶然，自20世纪80年代初起，俄远东就已失去了吸引移民的必要条件，移民在人口总增长中的比重开始减少。随着远东经济情况恶化，当地居民去俄罗斯欧洲部分寻找工作机会成为潮流，大量年轻劳动力的流失成为远东人口危机的主要原因。与此同时，社会与经济危机削弱了其他地区居民迁往经济欠发达地区的意愿，这些地区包括远东地区，远东人口再生产结构改变的主要原因也在于此。俄罗斯经济转型初期，多子女家庭承受冲击相对多些，生活水平下降幅度也相对明显，这也使得一些家庭有意识地限制孩子数量，尤其是二胎和三胎生产率下降，使出生率明显下滑；婴幼儿死亡率的增多、婚姻关系的不稳定也是人口下降的一个重要因素。在这种情况

---

① 田畑朋子：《俄罗斯远东地区人口减少问题》，《俄罗斯学刊》2014年第1期。

② Е. Л. Мотрич Дальневосточный регион в демографическом пространстве россии: пореформенный тренд. Пространственная Экономика, 2009. №5. С. 142.

下，20世纪90年代的俄远东地区经济开发的人口基础被极度削弱。

根据俄联邦人口统计数据，1990年至2000年，远东地区人口减少84.9万人（降幅达10%），从降幅上来看，远东地区远大于俄平均水平。远东地区人口降幅数较大的联邦主体有马加丹州（15万人）、萨哈共和国（雅库特）（12.3万人）、萨哈林州（11.4万人）、滨海边疆区（10.7万人）。从降幅比率来看，楚科奇自治区（51%）和马加丹州（38%）排在前两位，该阶段远东各联邦主体人口具体变化如下：

犹太自治州人口出生率急剧下降，从1991年的15.9‰降至1998年的10‰，首府比罗比詹的人口出生率从1991年的13.9‰降至1998年的9.5‰，人口死亡率从9.8‰上升至10.3‰。2000年，犹太自治州有人口19.7万人，10年人口减少2万人，这种情况与自治州居民向国外迁移有直接的关系，该州相当一部分犹太人在苏联解体后移居以色列等国。

楚科奇自治区是远东联邦主体中人口最少的地区，也是人口降幅最大的地区。1990年该自治区人口总计16.2万人，其城镇人口与农村比例约为3∶1。经济转型期间，2000年，楚科奇自治区人口总数降至8.6万人，10年人口锐减46.9%。在人口总数出现下降趋势的同时，楚科奇自治区人口趋势呈现出生率上升、死亡率下降的特征，这种情况在俄远东各联邦主体中并不普遍。

滨海边疆区作为远东联邦区人口最多的联邦主体，在很长一段时间内人口增长远高于其他地区。1993年该地区的人口出现下降趋势，原因是经济形势动荡，居民生活水平下降，造成出生率下降、死亡率上升。2000年，滨海边疆区人口降至212万人，同1989年（225.6万人）相比减少了13.6万人，人口减少的主要原因是自然出生率降低和人口外流。在滨海边疆区，超过30%的人口聚居在首府符拉迪沃斯托克，该市的人口变化趋势也是整个边疆区的写照。自转轨以来，该市人口从1991年的67.21万人减少到1998年的63.89万人。

哈巴罗夫斯克边疆区人口主要分布在南部地区，城市人口超过80%。在经济与社会转轨时期，该联邦区人口出生率急剧下降，从1991年的13.3‰降至1998年的9.7‰，同时死亡率由9.3‰上升至12.2‰。2000年，哈巴罗夫斯克边疆区人口总数为146万人，同1989

年相比减少13.8万人。

阿穆尔州人口总数为99.8万人（2000年），其中60%以上为城市人口。阿穆尔州的人口自然增长率从1993年出现负增长，最低时为负2.5‰（1996年）。布拉戈维申斯克是阿穆尔州的首府，在20世纪90年代，该市的人口自然增长率始终处于负增长状态，从5.3‰（1991年）降至负0.4‰（1998年）；人口出生率从13.9‰降至9.3‰，同时死亡率由8.6‰上升至9.7‰，总体低于同期阿穆尔州平均水平。

马加丹州人口为39.2万人（2000年），其中城市人口36.8万人，农村人口2.4万人，人口密度为每平方千米0.5人。马加丹州的首府为马加丹市，由于人口死亡率高于出生率，该市人口长期呈现负增长状态，直到1997年才出现了0.37%的增长率，1999年人口增至12.17万人。

萨哈林州人口流动量大，不仅是向俄西部地区迁移，而且内部流动现象也很普遍，许多农村人涌进城市，使得城乡人口的比例也发生了变化，城市人口不断地增长。2000年，萨哈林州的人口总数为56万人，其中城市人口为50.59万人，占该州人口总数的86%；农村人口6.2万人，占该州人口总数的14%。近几年来，萨哈林州人口中男女比例一直处于平稳状态，1998年，男女人口比例为49.5∶50.5。

堪察加边疆区在20世纪90年代初人口曾有所增加，随后逐年减少。2000年人口总数为38.9万人，同1990年相比人口减少18%，城市人口约为29万人，占该州人口的80%左右。萨哈共和国（雅库特）1990年人口数量为111.2万人，此后逐年下滑。1998年人口数量为101.6万人，2000年降至98.9万人（降幅11%）。该联邦区是俄罗斯联邦主体人口密度最低的地区之一，城市人口占该地区总人口比例60%以上。

（二）2001—2010年远东地区人口变化

2010年，俄远东联邦区人口总数为628.5万人，同2000年相比人口下降12.2%，除萨哈共和国（雅库特）外，其余8个联邦主体人口都呈不同程度下降态势。从远东各联邦主体来看，10年人口减少较多的地区是滨海边疆区（17万人）、哈巴罗夫斯克边疆区（12万人）、阿穆尔州（10万人）。从下降幅度来看，马加丹州（19.5%）、萨哈林州（11.1%）下降幅度比较突出，但同20世纪末相比，整体下降幅度都在缩小。另外，萨哈共和国（雅库特）是远东联邦主体里人口最为稳定的地区，10年人口数量基本没有变化。

远东联邦区9个行政主体的首府城市中仅有3个城市人口呈增长趋势，分别是雅库茨克、南萨哈林斯克和布拉戈维申斯克。人口增长最多的是萨哈共和国（雅库特）首府雅库茨克市。23年人口增长率超过40%，其人口增长的速度在俄罗斯东部的西伯利亚联邦区和远东联邦区21个首府城市中位居榜首（1989年人口达186626人，2010年时达到269486人）；其次是萨哈林州首府南萨哈林斯克市，1989—2010年人口增长率为14%；居第3位是阿穆尔州的布拉戈维申斯克市，1989年至2010年人口增长率为4.3%。①

2000—2010年，俄远东地区人口减少了58万人，相对于全俄平均1.6%的人口降幅，远东地区降幅则高达8.4%，但与20世纪90年代相比，2000年以来俄远东人口下降速度大幅放缓，这与远东人口外流现象减弱有极大的关系。2002—2010年与1990—2002年相比，远东的人口外流速度大幅下降；人口的自然减少数与1990—2002年相比，虽呈上升趋势，但当地72.7%的人口减少依然是由人口外流造成的，人口外流人数较多地区是滨海边疆区、阿穆尔州、哈巴罗夫斯克边疆区等地，这些地区的自然减少人数也较多，尤其是阿穆尔州的自然减少人数是1990—2002年自然减少人数的1倍多。②

进入21世纪以来，俄远东人口自然增长率降低主要是由于死亡率上升造成的，远东人口自然减少率从1998年的1.7‰增至2005年的3.8‰，犹太自治州、萨哈林州、阿穆尔州、哈巴罗夫斯克边疆区、滨海边疆区的死亡率急剧上升，而这些地区恰恰又是酗酒、中毒等事故导致的死亡率较高的地区。虽然远东地区在出生率方面有显著改善，但出生率并没有如俄罗斯整体水平所显现的那样上升，特别是马加丹州、萨哈林州、堪察加边疆区、滨海边疆区等地的出生率并没有明显改善。之所以出现这种现象，是因为在俄罗斯经济转型过程中，社会群体中的多数人的价值观念和生存策略产生了实质性的改变，同时在保障家庭生存

---

① 《2010年俄罗斯远东联邦区人口统计数据》，《西伯利亚研究》2012年第5期。
② 田畑朋子：《俄罗斯远东人口减少问题》，《俄罗斯学刊》2014年第1期。

方面也遇到了极大的困难。

综上所述,进入21世纪,俄罗斯远东地区的人口状况并没有明显好转。20世纪90年代,远东联邦区人口死亡率远低于全俄平均值,但进入21世纪以后则明显上升。据俄统计局发布2030年以前人口预测分析,远东人口外流虽然也有所减少,但这一趋势将会持续到2030年。研究人员得出的结论是,到2030年,远东地区的人口可能减少到590万人(与1970年的人口水平相当),到2050年将达到520万至540万人(降至1959年水平)。①

二 远东地区人口地理结构

俄罗斯的人口地理分布特点是地广人稀、西多东少,由西向东形成楔形的分布。同样,作为俄罗斯最东部的远东联邦区更是人烟稀少,整个联邦区面积617.99万平方千米,占全俄总面积的36.4%,人口为669.29万人(2002年),占全俄的4.61%。2011年,远东联邦区人口为628.37万人,平均人口密度指数仅为每平方千米1人。按照俄罗斯联邦面积计算,远东联邦区为全俄之冠,按人口密度,在俄罗斯七个联邦区中,远东联邦区只能排在末位。

(一)远东联邦区人口地理分布

从具体人口地理分布来看,俄罗斯远东联邦区的人口分布是西北少、东南多,人口分布极为不均,在俄远东联邦区的西部,气候严苛,深入北极冻土带,生存条件极其恶劣,冬季漫长寒冷,气温在最北部可以到达-70℃,被称为极寒地带。这里的人口平均密度仅为每平方千米0.1人,局部地区的人口密度甚至达到每平方千米0.01人[楚科奇自治区和萨哈共和国(雅库特)两个联邦主体区人口平均密度为0.1—0.3人]。

远东联邦区的人口主要集中在平原地区,这部分区域约占全联邦区的1/4,主要分布在南部阿穆尔河(黑龙江)流域和兴凯湖沿岸地区,这部分地区的人口平均密度从每平方千米1.7—11.9人,其中东南部沿

---

① Мотрич Е. Л. Социально-демографические проблемы Дальневосточного федерального округа//Уровень жизни населения регионов России. 2011. № 9. С. 47.

海人口密度（滨海边疆区为11.9人/平方千米，人口密度在联邦主体中排名第54位）超过俄罗斯平均人口密度指数（全俄为8.4人/平方千米），南部的阿穆尔州和犹太自治州人口密度约为3.2人/平方千米，可以说是远东联邦总人口的85%集中在不到1/3的地区上，而其余的15%左右的人口则零星散布在剩下2/3的土地上。整体上看，远东联邦区人口分布由西北向东南伸直达远东的符拉迪沃斯托克，这样人口分布从"疏散"地区向"密集"地区形成了一条西北至东南走向的扇形人口自然地理分布带。远东各联邦主体的人口密度与挪威（13人/平方千米）、加拿大（3.4人/平方千米）、阿拉斯加（0.42人/平方千米）等国家和地区的人口密度相当。[①]

（二）远东联邦区人口行政区域分布

人口的分布受自然条件和自然资源的制约，气候适宜、交通便利的地区往往成为人口密集地区，同时社会经济条件也影响着人口的行政区域分布。20世纪以来，俄罗斯远东联邦区工业化和城市化进程加速，社会、经济和政治等因素对远东地区行政性人口分布的影响越来越大，随着人口行政性分布转向工业依存型，工业分布与交通运输业成为杠杆。工业在城镇周边的集聚，相应地聚拢起基本人口和服务人口，使乡村人口转入城镇，城镇体系逐渐形成，人口分布格局从散布型走向点、轴集中型；国际贸易的发展，更刺激了远东联邦区沿海港口城市，诸如符拉迪沃斯托克等港口城市的成长，促进了沿海地区经济带的人口密集聚居。

受苏联时期行政规划格局的影响，俄罗斯远东人口行政区分布计划经济色彩强烈，即出现人口密度、行政分布不均衡的格局，大部分人口都集中在少数几个东南部联邦主体中。萨哈共和国（雅库特）、楚科奇自治区、马加丹州、堪察加边疆区4个远东联邦主体面积占远东联邦区的76.7%，人口却仅占远东联邦区人口的23.6%。其中，萨哈共和国（雅库特）占远东面积的49.98%，人口数量只有95.8万人，占远东联

---

① Вишневский Д. С., Демьяненко А. Н. Макроэкономическое зонирование как метод регионального стратегического анализа: Дальний Восток России//Пространственная экономика. 2010. № 4. С. 6.

邦区人口的15.4%。上述四个联邦主体人口数量与同时期的哈巴罗夫斯克边疆区人口相当（134.3万人），低于滨海边疆区的195.3万人，而滨海边疆区面积只占远东联邦区的2.67%。从统计数据可以看出，远东联邦区的人口行政区域分布越是东南行政地区人口越密集，这也和远东联邦区的经济区域分布相对应。

（三）远东联邦区人口城乡分布

在俄远东联邦区，人口的城市化程度很高。1996年远东联邦区共有68座城市，总计人口440万人，人口数量低于5万人的城市有49座，5万人至10万人的城市为9座，8个10万人至50万人的城市，2个人口在50万人以上的特大城市。其中，主要城市有符拉迪沃斯托克、哈巴罗夫斯克、雅库茨克、共青城和马加丹等。其中符拉迪沃斯托克、哈巴罗夫斯克两座特大城市人口数量为123.72万人。经过不断的人口迁移，2002年远东联邦区的城市数量及人口分布略有变化，城市数量变为66座，50万人以上人口的超大城市依然是符拉迪沃斯托克和哈巴罗夫斯克，8座10万人至20万人左右人口的城市，其中3座为20万人人口，分别是阿穆尔州的布拉戈维申斯克、萨哈共和国（雅库特）的雅库茨克以及堪察加边疆区的彼得巴甫洛夫斯克，5万人至10万人的城市降为8座，其余为人口数量低于5万人的城市，最少的上扬斯科人口不足2000人。在排名前20的城市中，除了楚科奇自治区，其他远东各联邦主体均有城市在列，其中滨海边疆区8个、哈巴罗夫斯克边疆区3个、阿穆尔州3个、萨哈共和国（雅库特）2个，堪察加边疆区、萨哈林州、犹太自治州以及马加丹州各一个。除城镇外，远东联邦区还有近3000个村庄，居住人口大约为180万人（1997年），平均每村600人左右。需要指出的是，远东联邦区农村人口中，有近30%的人口并不是严格意义上的农业人口，他们是附近矿山企业、沿线车站、养路段、邮电系统的工作人口，由于工作要求将家庭安置在农村地区。①

2011年，远东联邦区城乡人口比率为3.4∶1，其中萨哈共和国（雅库特）、阿穆尔州、犹太自治州、楚科奇自治区4个联邦主体的农

---

① 赵立枝主编：《俄罗斯东部经济发展概要》，黑龙江教育出版社2001年版，第282页。

村人口接近或超过城市人口的50%，哈巴罗夫斯克边疆区和滨海边疆区农村人口为城市人口的30%左右。接近于远东联邦区的平均数值；在远东联邦主体中，马加丹州的农村人口最低，只有城市人口的4%。这与马加丹州的经济结构有着直接的关系。马加丹州位于俄远东联邦区北部，濒临太平洋和北冰洋，南临哈巴罗夫斯克边疆区，西接萨哈共和国（雅库特），北面与东面分别与楚科奇自治区、堪察加州为邻，经济以造船和捕鱼为主，工业以采矿为主，是俄罗斯重要的产金区，由于土地荒芜，农业十分落后。

人口城镇化程度决定着城乡人口的分布状况，城市和农村居民点是国家和地区不同规模的区域分布和综合发展的环节。在苏联时期，随着区域开发、工业化等有计划流动，人口城市化成为主要特征；苏联解体后，人口主要是从远东地区大量外流，有的地区还出现逆城市化；当然一些城市和城市类型居民点被取消城市建制，城市人口转为农村人口也导致了城市人口数量的减少。远东已有30余座城镇由于人口外流成为空城，诸如马加丹州的小城谢姆昌等城市，但俄罗斯人口仍有进一步城市化的可能。[1]

三 远东地区主要民族人口构成

俄罗斯作为一个多民族国家，各民族在语言、风俗习惯等方面都存在很大差异。2002年第一次人口普查时收集到800多种民族称谓，俄罗斯联邦国家统计委员会编制的人口民族统计表中确定了182个民族。在诸多少数民族中，人口超过百万的有6个，其中第一位是鞑靼人口达到5554601人，占俄罗斯总人口3.83%；第二位是乌克兰族裔，人口为2942961人，占俄罗斯人口的2.03%；第三位是巴什基尔人，人口为1673389人，占俄人口的1.15%；第四位是楚瓦什族，数量为1637094人，占俄罗斯总人数的1.13%，上述各民族在俄远东地区都有着大量的分布。

除以上民族外，俄罗斯远东还有诸多的北方少数民族，65%的北方少数民族居住在远东乡镇地区。这些原居民族大体属于四个语系，属通

---

[1] 颜俊、毛广雄：《俄罗斯人口结构研究》，《世界地理研究》2009年第9期。

古斯—满语族的民族包括那乃人、涅吉达尔人、奥罗奇人、乌德盖人、乌利奇人、埃文克人和埃文人；属楚科奇—堪察加语族的民族有伊杰里门人、科里亚克人、楚汪人和楚科奇人；属爱斯基摩—阿留申语族的民族有爱斯基摩人和阿留申人；属古亚细亚语族的有尼夫赫人和尤卡吉尔人。此外，远东还有两个较特殊的民族，即犹太人和朝鲜人，其中犹太族裔主要居住在犹太自治州。俄远东地区的雅库特人、楚科奇人和犹太人分别建立了地方民族自治机构。

根据2010年人口普查数据，俄远东联邦区的基本民族有29个（每个民族人数超过2700人），人数过万的民族有14个，其中包括俄罗斯族4964107人（78.88%）；雅库特族469897人（7.47%）；乌克兰族154954人（2.46%）；朝鲜族56973人（0.91%）；鞑靼族40003人（0.64%）；埃温斯克族27030人（0.43%）；白俄罗斯族24502人（0.39%）；埃文基族22172人（0.35%）；乌孜别克族19561人（0.31%）；亚美尼亚族19157人（0.30%）；阿塞拜疆族16150人（0.26%）；楚科奇族15396人（0.24%）；那乃族11784人（0.19%）；布里亚特族10942人（0.17%）。[①]

远东联邦区9个联邦主体的主要民族构成比例各不相同（见表18—4），其中俄罗斯族裔居民在7个远东联邦主体中占绝对多数，比例最大的是阿穆尔州（93.43%），相对最少的是堪察加边疆区（78.43%）；俄罗斯族裔居民在萨哈共和国（雅库特）和楚科奇自治区属于少数族裔，分别占居民总数的36.9%和49.61%。

表18—4　　俄罗斯远东联邦区各主体俄罗斯裔居民比例　　单位：%

萨哈共和国（雅库特）	堪察加边疆区	滨海边疆区	哈巴罗夫斯克边疆区	阿穆尔州	马加丹州	萨哈林州	犹太自治州	楚科奇自治区
36.9	78.43	88.56	88.05	93.43	81.49	82.29	90.73	49.61

资料来源：Всероссийская перепись населения 2010 г. http://demoscope.ru/weekly/ssp/rus_etn_10.php.

---

① Дальневосточный федеральный округ，http//ru.wikipedia.org.

根据2010年俄罗斯联邦人口普查数据，滨海边疆区人口构成中的民族超过100个，多数居民为俄罗斯族裔，主要居民中俄罗斯人占88.56%，乌克兰人占6.5%，朝鲜人占1%，鞑靼裔占0.7%，白俄罗斯裔占0.5%，农村人口中乌克兰人和白俄罗斯人所占比例较高；远东土著民族（那乃人、乌德盖族、鄂温克族、鄂罗奇族等）数量依旧很少，尽管俄政府采取了一系列扶助措施，但仍未能转变少数民族人口减少的趋势。

哈巴罗夫斯克边疆区早期居民主要为古通斯民族和蒙古族居民。2010年，哈巴罗夫斯克边疆区总人数为1343869人，其中俄罗斯族裔为1183292人（88.05%）；乌克兰族裔为26803人（1.99%）；原住民是赫哲族（那乃族）为11009人（0.8%），此外还有犹太、埃文克人、雅库特人、乌里奇人、莫尔多瓦人等少数民族。

阿穆尔州居民总数为830103人（2010年），多年来人口一直呈下降趋势，其民族人口构成也在不断地变化中。在阿穆尔州的民族构成中，俄罗斯族裔为775590人（93.43%），乌克兰裔居民为16636人（6.7%），其余少数民族中白俄罗斯族裔、鞑靼族裔、阿塞拜疆族裔、朝鲜裔和鄂温克居民人数超过千人。

萨哈林州过去一度是东北亚民族的聚居地，以日本人、朝鲜族、阿伊努族为主，同时有少数满族人。20世纪50年代后，苏联政府在当地进行了大规模殖民，并把区内多数的原居民族迁移到其他地区，造成现今该地区外来民族人口比例占多数的现象。2010年，萨哈林州人口数为497973人，其民族构成中俄罗斯族裔居民409786人（82.29%），朝鲜族裔26400（5.3%），乌克兰族裔13000人（2.6%），其余为鞑靼族裔、埃温克和那乃等族裔，少数民族主要居住在该州的南部地区。

堪察加边疆区人口稀少，居民总数为322079人（2010年），其主要有俄罗斯族裔居民252609人（78.43%）、乌克兰族裔居民11488人（3.56%），科里亚克族裔、伊捷尔缅族裔、埃温克族裔和楚科奇族裔等少数民族居民主要聚集在东南沿海地带。

马加丹州面积在俄罗斯89个联邦主体中排在第13位，同时也是人口密度最小的联邦主体之一。马加丹州人口总数仅为156996人（2010

年），其中俄罗斯族裔居民 127936 人（81.49%），乌克兰族裔居民为 9857 人（14.9%），其他民族主要为原住民，包括楚科奇人、爱斯基摩人、埃温克人、尤卡吉尔人、雅库特人，等等。

犹太自治州居民人口总数为 176558 人（2010 年），平均每平方千米人口密度 4.53 人。在自治州中俄罗斯族裔居民数为 160185 人，占人口总数的 90.73%；其次是乌克兰族裔，居民人数为 4871 人，占总人口的 2.8%；犹太族裔居民仅有 1628 人，占居民总数的 0.92%。

楚科奇自治区人口在远东联邦区中最为稀少，人口仅为 50526 人（2010 年），楚科奇自治区的民族包括楚科奇族裔、科里亚克族裔、楚瓦什族裔、埃文族裔（拉穆特人）、尤卡吉尔族裔等原住民。根据俄罗斯联邦 2010 年人口统计，楚科奇自治区人口民族构成中，俄罗斯族 25068 人（占 49.06%），楚科奇族裔 11772 人（占 25.28%），乌克兰族裔 2869 人（占 5.68%），爱斯基摩族裔 1529 人（占 3.03%），埃文族裔 1392 人（占 1.76%），楚瓦什族裔 897 人（占 1.78%），白俄罗斯族裔 364 人（占 0.72%）。

萨哈共和国（雅库特）有 60 多个民族，主要包括雅库特族裔、俄罗斯族裔、乌克兰族裔、白俄罗斯族裔、鞑靼族裔、鄂温克族裔、楚科奇族裔和尤卡吉尔族裔等。随着俄罗斯远东经济的发展与人口的不断迁移，萨哈共和国（雅库特）共和国的民族结构也发生了明显的变化，雅库特人在民族比重中明显增加，俄罗斯与乌克兰人大幅降低。2010 年，萨哈共和国（雅库特）居民人数为 958528 人，其中雅库特族裔居民数为 466492 人，占比重的 48.6%，俄罗斯族裔与乌克兰族裔人口分别为 36.8% 和 21.2%，其中俄罗斯族裔居民 353649 人，乌克兰族裔居民 20341。在民族地理分布上，雅库特族裔分布在共和国各地，俄罗斯族裔大都居住在城市和工人村，埃文族裔居住在勒拿河以东地区，鄂温克族裔主要居住在南部和西部地区，楚科奇族裔主要生活在下科累马地区。

远东联邦区的各个民族当中，俄罗斯族不仅在数量上占据绝对优势，而且文化教育水平相对较高，但由于低出生率使俄罗斯族所占份额正在逐年减少。整体来看，俄罗斯远东联邦区斯拉夫民族和乌拉尔民族人口普遍下降，突厥民族人口持续增加，与民族人口增加有关的是基督教信仰人口减少，信仰伊斯兰教和喇嘛教的人口在增加。俄罗斯远东民族人口结构变化直接影响不少地区的地缘政治形势，使原本突出的民族问题更加错综复杂。[①]

第二节 远东地区的主要社会问题

一 高发疾病与高死亡疾病

20 世纪末，俄罗斯的社会政治与经济结构发生了巨大变化，休克疗法未能给俄罗斯经济复苏带来转机，反而导致俄深陷政治、经济危机，并为后来的数次金融危机埋下祸根，致使原已存在的社会问题更加积重难返。在俄罗斯远东地区，当地政府希望建立具有竞争力的、社会公正性的、能保证政治稳定的经济体系，但人口老龄化、住房等价格水平过高、灰色经济、贫富分化等问题都影响着社会状况的改善。

远东地区人口稳定与居民健康不仅对全俄具有重要的经济和社会意义，而且具有重要的地缘政治意义。整体来看，俄罗斯远东地区不仅人口自然增长率长期呈现负数，社会人口老龄化问题也十分严重，持续的低出生率使俄罗斯社会的劳动力储备面临日益枯竭的境地，与人口减少直接相关的人口老龄化问题关系到这一地区的长远发展。与此同时，社会变革也使远东人口健康问题每况愈下。究其原因，疾病多发、医疗机构配置、财政投入等因素在人口健康问题上起到重要作用。近年来，俄罗斯政府从实施远东战略规划出发，以人口健康指标及改善健康为目标，逐步消除高发疾病以提高人口健康。

患病率是反映居民患病频度的指标，是影响俄远东地区居民健康指数的一项重要因素。自 20 世纪 90 年代起，俄远东居民患病率呈上升趋势。2000 年，远东地区居民患病率为 740.9 人次（每千人），2012 年增至 828.5 人次（每千人），患病率增加 12%。俄远东各联邦主体居民患病率差异较大。2012 年，马加丹州和哈巴罗夫斯克边疆区人口患病

[①] 颜俊、毛广雄：《俄罗斯人口结构研究》，《世界地理研究》2009 年第 9 期。

率有所下降，楚科奇自治区则比犹太自治州高出72.9%。[1]

在影响远东居民健康的主要疾病中，肿瘤、血液循环疾病、呼吸疾病、消化疾病、事故及中毒、寄生虫病、肺结核这7种疾病属于高发疾病。自20世纪90年代初起，远东地区进入上述疾病造成的死亡高发期。在这期间，血液循环系统疾病致死率居首位，由事故及中毒等外因造成的死亡排在第2位，排在第3位的是肿瘤类疾病（见表18—5）。患病死亡者以40—59岁年龄段居民居多，而这些人正是劳动力市场的中坚群体。2012年，俄远东地区因上述三类疾病造成死亡人数为1072人（每10万人），与2000年相比有所上升，致死疾病构成也发生了变化，肿瘤、血液循环、消化系统疾病的比例明显上升，寄生虫病、结核病、事故及中毒的比例有所下降，其中事故及中毒致死指数下降明显。从某种意义上讲，致死疾病分类从侧面反映了远东联邦区居民对转型等经济事件的焦虑程度。

表18—5　　　　远东各联邦主体主要疾病死亡率

（2000年、2012年）　　　　　单位：10万人

	传染病和寄生虫病	结核病	肿瘤	血液循环系统疾病	呼吸系统疾病	消化系统疾病	事故、中毒和受伤
远东联邦区	32.6 30.0	26.3 22.5	166.7 195.1	632.1 693.1	55.5 54.6	46.4 73.8	251.2 184.4
萨哈共和国（雅库特）	15.0 12.9	10.1 8.1	130.6 129.7	375.8 443.1	42.7 29.1	45.1 45.2	240.1 171.3
滨海边疆区	43.7 39.3	37.1 28.2	188.3 219.1	707.6 743.8	59.7 64.0	47.1 77.6	235.8 158.2
哈巴罗夫斯克边疆区	35.9 30.3	26.5 21.8	180.1 201.7	719.6 778.4	62.1 53.8	52.8 77.3	275.5 184.5
阿穆尔州	34.9 37.1	29.9 33.8	147.4 183.3	678.5 768.4	55.0 65.3	39.8 76.0	265.6 237.2

---

[1] Статистический сборник, Регионы россии социально‐экономические показатели, Москва, 2000‐2016 г.

续表

	传染病和寄生虫病	结核病	肿瘤	血液循环系统疾病	呼吸系统疾病	消化系统疾病	事故、中毒和受伤
堪察加边疆区	17.6 15.9	12.3 12.8	131.3 172.0	481.6 617.2	52.0 35.9	48.3 62.1	206.9 144.8
马加丹州	18.7 12.4	14.3 7.8	142.6 189.7	435.2 596.4	59.1 82.8	44.3 80.2	245.7 168.8
萨哈林州	17.0 25.3	12.8 19.8	187.3 236.5	652.0 682.1	48.0 58.3	44.8 100.3	259.6 225.6
犹太自治州	62.0 40.3	58.5 32.3	164.0 231.6	752.9 813.1	53.5 48.4	36.3 90.5	281.4 250.1
楚科奇自治区	9.9 19.7	2.8 9.8	93.5 147.4	272.0 455.9	41.1 35.4	42.5 76.6	249.3 253.5

资料来源：根据俄联邦统计局数据整理得出。其中，各地区上行数据为2000年数据，下行数据为2012年数据。

酗酒一直是影响居民健康的社会问题，俄罗斯人酗酒的历史由来已久，酗酒与远东各联邦主体死亡率居高不下有很大关系。2005年，远东各主体酗酒与酒精性精神障碍患者总数达到峰值（134433人），即每10万居民中就有2080人；2012年降为每10万居民中1754.9人。2005—2012年，萨哈共和国（雅库特）、滨海边疆区、哈巴罗夫斯克边疆区、阿穆尔州、马加丹州、萨哈林州6个联邦主体的酗酒和酒精性精神障碍患者数量均明显下降，其中马加丹州由5.2%降至3.3%，减少3775人；堪察加边疆区、楚科奇自治区的酗酒者总数基本持平，但由于人口外流，每10万人口中的酗酒者比率反而有所上升；犹太自治州的酗酒者总数及比率均为上升趋势。酗酒不仅造成酒精中毒、精神疾病、他杀和自杀、外伤，还极易导致心血管系统、肝脏等疾病。俄罗斯居民中心血管疾病、恶性肿瘤、酒精中毒和外伤导致的死亡人数占总死亡人数的80%左右，每5名死亡人口中有1人与酗酒直接或间接相关。如果能把心血管疾病死亡率降到欧盟国家的水平，俄罗斯人口预期寿命将增加6—7岁。① 值得注意的是，在数次经济危机期间，相关疾病及死亡率呈明显上升。

俄远东地区酗酒和酒精性精神障碍患者减少与俄罗斯的努力分不开，除经济好转居民心理压力减轻外，2010年俄罗斯联邦专门为各联邦区下拨总计4.7亿卢布的专项补贴用于帮助居民减少酗酒，并且为不酗酒的居民办理登记，增加对其生活以及工作方面的帮助，同时对酒类实施最低限价制度，以减少酗酒的价格因素。2009年，时任俄罗斯总统的梅德韦杰夫在有关会议上强调，酗酒已成为俄罗斯整个民族的灾难，必须进行全国范围内的治理，特别要预防青少年的酗酒行为。为此，远东地区开设了预防和打击酗酒的专门机构，在居民区安排心理专家向居民宣传健康生活方式，包括制作公益广告。

值得注意的是，在远东地区吸毒的人数居高不下，2010年每10万居民中就有280.6人，远远超过全俄平均水平（231.5人），在俄远东的9个联邦主体中，有4个地区（滨海边疆区、哈巴罗夫斯克边疆区、阿穆尔州、萨哈林州）指标超过俄平均水平，其中滨海边疆区几乎高出1倍，达到421.7人（每10万人）。在远东联邦区吸毒群体中，青年占多数，妇女吸毒者也逐渐增多。2004年5月滨海边疆区吸毒者年龄在30岁以下的占61%，妇女占30%。

俄远东地区居民心理健康状况也不容乐观。随着俄罗斯经济转轨进程加快，原有的伦理道德、价值观念以及行为方式发生重大变化，加上社会准则的缺失，给一些人造成了心理压力和障碍，当他们的期望得不到满足时挫折感与自杀的隐患增大。在阿穆尔州，心理疾病造成的后果日益严重，自杀和企图自杀的人数大幅增加。21世纪初，阿穆尔州和哈巴罗夫斯克市每年仅自杀身亡的就有500—800人，其中80%为25岁以下的青年人，因意外事故死亡的人数也有所增长。②

对于俄罗斯来说，提高远东地区人口健康素质的最根本方法，是推行积极有效的医疗机制，增加居民的自我保健意识，提高婴儿出生率，

---

① Свои демографические проблемы Россия должна решать сама. http://www.regions.ru/news/1959410/.

② 牛燕平：《俄罗斯远东地区人口与劳动力资源问题》，《西伯利亚研究》2004年第6期。

同时减少劳动力的死亡率。在《远东和贝加尔地区 2025 年前经济社会发展战略》中，俄罗斯联邦政府对远东各个联邦主体的人口医疗健康做了概括并提出规划。

二 远东人口老龄化问题

老龄化是人口转变过程中居民年龄结构发生变化的一种表现。联合国划分社会老龄化程度的标准是 65 岁及以上老年人不足总人口 4% 的社会称为年轻型社会；65 岁及以上老年人口占总人口 4%—7% 的社会称为成年型社会，如果这个比重超过 7% 则属于老年型社会。俄罗斯对老龄的定义与联合国略有不同：16—59 岁的男性和 16—54 岁的女性属于劳动年龄人口，超过劳动年龄的则属于老年人口。近几十年来，俄罗斯远东地区的人口不断减少，社会老龄化进一步加剧，与俄罗斯其他地区相比，人口的平均预期寿命以及出生率的下降，对远东联邦区社会生活以及经济发展产生了极大的负面影响。

在苏联时期，远东作为重要的战略开发地区、军工科研基地，政府倾斜开发扶持政策、人口迁移政策促进了当地人口增长，平均年龄低于全苏是远东人口构成的特点之一。依照俄联邦国家统计局统计，1990 年远东老龄人口的比重为 10.9%，远东在全国各联邦区中生产年龄人口比重最高，老龄人口比重最低（全国平均值为 19%）。从人口年龄构成数据来看，远东地区人口年龄构成总体要好于全俄平均水平，适龄劳动人口占远东人口总数的比重保持稳定且高于全俄平均水平；低于适龄劳动的人口占远东人口总数的比重也高于全俄平均水平；老龄人口总数占远东人口总数的比重同样长期低于全俄平均水平。1995 年后，远东人口结构中老龄人口的比重开始逐渐增长，从占远东人口比重的 13.4% 增至 17.7%（2008 年），在此期间，远东低于劳动适龄的人口比重从 27.6% 下降至 17.3%，上述两项指标均高于全俄平均指标（见表 18—6）。从俄远东年龄构成变化看，总的趋势是青少年所占的比重不断下降，而老年人口不断上升。多年持续的低出生率以及大量劳动力外流使俄远东人口结构形成了突出的"倒金字塔"结构，青少年数量的减少，也使得老龄人口的比重大幅上升。

表 18—6　　　　　俄罗斯及其远东人口的年龄构成

年份		1990	1995	2000	2005	2007	2008
劳动人口占总数	俄罗斯	56.7%	57.0%	60.2%	63.3%	63.2%	62.9%
	远东	61.5%	61.8%	64.2%	66.0%	65.5%	65.0%
老龄人口占总数	俄罗斯	19.0%	20.3%	20.4%	20.4%	21.0%	21.2%
	远东	10.9%	13.4%	14.8%	16.1%	17.2%	17.7%
低龄人口占总数	俄罗斯	24.3%	22.7%	19.4%	16.3%	15.8%	15.9%
	远东	27.6%	24.8%	21.0%	17.9%	17.3%	17.3%

资料来源：Росстат. Регионы России. Социально - экономические показатели 2009. М., 2009. С. 70 - 75.

分析俄远东地区人口老龄化指标有助于阐释其人口发展的特点，出生、死亡和迁移数据决定了远东人口老龄化存在明显的地区差异。2002年，在俄罗斯联邦区中，远东联邦区的人口老龄化指标最低，这与之前的苏联远东工业布局及移民政策有关，其中楚科奇自治区 60 岁及以上人口比重为 4.8%，每 100 名儿童对应的 60 岁以上人口数为 22.7 人，每 100 名劳动人口负担的退休人员为 6.5 人。[①] 需要指出的是，俄远东地区城市和农村人口老龄化指标有所差别，农村人口中 60 岁以上人口比重、负担系数均高于城市人口。

虽然远东人口年龄构成优于全俄平均水平，但也存在不利因素：一是儿童总数在人口比重中持续下降，2008 年与 1990 年相比，下降超过 10 个百分点；二是老龄人口比重持续上升，同期上涨近 8 个百分点。在适龄劳动人口比重基本稳定的背景下，远东劳动力的后备人口状况不容乐观，而老龄人口比重的持续上升表明远东地区人口老龄化趋势日益严重。2010 年后，在青年劳动力不断外流的背景下，远东人口结构中众多 20 世纪 50 年代的劳动力跨过 60 岁警戒线，远东人口高速老龄化已经不可避免。无论从居民社会保障来看，还是从经济活动的抚养比（无劳动能力人口对应适龄劳动力人口的比重）来看，这无疑会加重劳动适龄人口的社会赡养负担，加重社会财政对退休人员的养老支出。

---

① Г. Л. 萨法洛娃、张广翔、钟建平：《俄罗斯人口老龄化》，《人口学刊》2011 年第 5 期。

2000—2015年远东联邦区人口的老年化系数从12.8%上升到17.8%（见表18—7）。也就是说，老年居民比例从12.8%上升到17.8%，增长5%，而同时期全俄老龄化比例仅上升了1.9%，远东联邦区居民老龄化的速度是全俄的2.6倍，超过平均俄罗斯人老化速度。远东联邦区居民老龄化的背后是老龄人口基数的居高不下，老龄化潜力系数从2000年到2015年始终维持在27%左右，2005年一度达到29.9%，老龄化比率和老龄化潜力的同步增长表明远东人口正在老化并将继续增长。[1]

表18—7　　远东联邦区人口老龄化数据（2010—2015年）　　单位：%

		2000年	2005年	2010年	2015年	2015年与2000年相比
老龄化系数	俄罗斯联邦	18.5	17.1	18.3	20.4	118.3
	远东联邦区	12.8	12.8	15.2	17.8	139.1
老龄潜在系数	俄罗斯联邦	26.3	29.6	29.0	27.9	106.1
	远东联邦区	27.6	29.9	28.6	27.5	99.6

资料来源：Демографические аспекты старения населения дальневосточного федерального округа. Дальневосточный медицинский журнал. 2017. № 2 С. 77.

人口老龄化伴随着女性老龄人口增多，俄罗斯和远东联邦区男性居民寿命明显比女性低。2015年，全俄男女寿命差异为5.1年，远东联邦区为4.6年，与男性相比，女性预期寿命更长。在远东联邦区男女老龄化过程中，2015年老年人口结构，男性占35.7%，女性占64.3%（俄罗斯联邦男女比例分别为35.2%和64.8%），也就是说，人口年龄结构中存在性别失衡。[2]

对于俄罗斯远东来说，要想缓和并最终解决人口老龄化背景下出现的人口总量日益减少的人口危机，其关键就在于提高人口出生率、降低

---

[1] С. Н. Киселев. Демографические аспекты старения населения дальневосточного федерального округа. Дальневосточный медицинский журнал. 2017. № 2 С. 77.

[2] С. Н. Киселев. Демографические аспекты старения населения дальневосточного федерального округа. Дальневосточный медицинский журнал. 2017. № 2 С. 77.

人口死亡率与实施良好的移民政策。不过，在俄罗斯提高人口出生率、降低死亡率是一项长期复杂的工作，短期内是无法产生积极效果的。因此，俄罗斯政府认为要解决人口老龄化日益严重背景下的人口危机，最有效的措施就是吸收移民和引进外国劳动力。普京总统也要求政府尽快制定新的政策法规以吸引高质量的外国移民，使外国移民和劳动力尽快地为俄罗斯的经济发展起到促进作用。

三 远东地区的贫富分化

在俄罗斯发表的《俄罗斯联邦国家经济安全战略》中，将威胁国家经济安全的因素归结为四个方面，其中贫富差距的扩大成为威胁经济安全的首要因素，由此引发了转型期间俄罗斯社会结构的紧张和各种社会危机。俄远东地区贫富差距的负面影响已波及经济基础和上层建筑层面，在社会分层中收入、财富等因素的作用明显增强。远东地区社会底层人数增加同极少富裕阶层形成强烈反差，远东地区居民整体收入水平同俄其他联邦区也形成了反差。

远东地区居民的贫富分化始于经济转型期，20世纪90年代初社会资源分配失衡后便出现急剧的贫富分化，1994年，俄罗斯人口中10%最高收入与最低收者的比率为14∶1。进入21世纪后，俄罗斯居民的人均收入增加，但是未能实质性地缩小社会贫富差距，不同收入阶层所占收入比例存在巨大差异。2006年，联邦主体间居民人均货币收入最高相差近10.1倍，俄罗斯贫富差距大大超出经济安全警戒线。

贫富差距在所有的新兴市场经济国家普遍存在着，只不过俄罗斯更具有典型性和代表性。转型时期的俄远东新富在致富过程中，通常都不同程度地有着权力背景。研究俄罗斯精英问题的专家奥克雷施塔诺夫斯卡娅指出，1993年时俄罗斯的经济精英近61%出身原苏联官员，其能量之大足以影响整个国民经济的运行。[①] 在这种情况下，远东地区的新富阶层的资本效益呈现几何级数增长，而工薪居民收入增长缓慢甚至负增长。

---

① 初智勇、赵秀英：《俄罗斯资本权力问题浅析》，《西伯利亚研究》2010年第2期。

体制性差别也是导致贫富分化的重要因素。一方面，新体制下的远东国有企业由于缺乏技术更新和投资，导致产品落后。除那些以战略能源为主的部门（与石油生产相关部门），多数企业处境艰难，国家无法保障拨给足够的资金，因此就时常造成工资延后发放甚至停发的情况。另一方面，在文化、教育、科学诸领域工作的人很大程度上只能依靠国家的拨款来保障自己的生活，工资十分有限，再加上由于通货膨胀，绝大多数居民的收入相比以前大幅度缩水。与此相反，在私有经济部门工作的人，其报酬通常比国有经济部门高5—10倍，而且能准时发放。

俄远东贫富分化的一个特点是，多数就业人口陷入贫困主要是其薪水上涨跟不上通货膨胀的速度。从俄罗斯地区社会经济指标来看，工资收入仍然是俄远东地区居民收入的主要来源，尤其是在楚科奇自治区，占其劳动人口收入的80%。1995年，远东地区居民人均收入超过了全俄平均水平的24.1%，1998年后，这种差别急剧减少到9.5%（1999—2006年），2009年则降至8.3%。在很大程度上，这是由于俄远东联邦区居民实际工资的增长速度落后于全俄平均水平。1995—2009年，全俄居民实际平均工资增加了3.4倍，而在远东只有2.7倍。

在远东地区，国民经济各部门的工资严重分化，金融部门仍保持最高的工资水平，不仅是工资，还有其他现金收入如借款、补贴等均最高，这与金融部门集中了资金和其业务活跃相符合。但是由于俄罗斯的市场经济尚不完善，远东的金融部门很容易受到社会整体经济发展的影响，这在很大程度上与拖欠支付和短期贷款需求下降有关，依靠财政拨款的非生产单位包括文化、科学、教育以及农业劳动力工资水平最低。文化、科学、教育部门的工资收入仅仅相当于信贷等金融部门收入的30%左右；在远东联邦区，农产品消费规模最大，也最稳定，即使在这种情况下，农业劳动力处境也相当艰难，收入再分配只有利于食品加工工业和商业。在经济转型的初期，传统经济基础的惯性发展使得工业、交通、通信等行业成为较高收入的部门，管理部门也属于中上收入阶层。总的来说，俄罗斯转型初期，远东地区居民的收入差异分化很快，其结果不是形成中等收入阶层，而是形成贫困阶层。企业拖欠职工工资，使大部分居民的实际收入下降，而拖欠总额增加的速度高于全俄平均水平,退休职工的处境最糟糕。1998年,全俄退休金相当于国民经济部门的平均工资的23%,远东只有17%,虽然每年也在增长,但在通货膨胀的条件下仍入不敷出。

贫困增长的主要因素与通货膨胀联系密切,尤其是与居民消费价格跳跃上升有密切关联。1995年,俄罗斯生活必需品中,黄油、牛奶和面包制品的价格上涨76%—78%;水果、蔬菜上涨89%;鱼和鱼制品上涨59%—64%;鸡蛋、奶脂在不同地区的涨幅为34%到54%;服务业,特别是交通和公用事业的价格上涨速度更快,其中公共住房费增加149%。[1] 这种情况在近些年来并未得到明显缓解,2010年,俄远东居民消费价格指数为106.8%,而俄罗斯平均为108.8%。由于远东地区的消费篮子要贵得多,居民实际购买力降低了20%,这严重影响生活质量;住房价格也不容乐观,2000年远东联邦区住房平均价格为每平方米5858卢布,2011年则上涨至57958卢布,上涨近9倍,滨海边疆区住房价格高居远东联邦区之首(见表18—8)。

表18—8　　　　俄远东联邦区住房平均价格　　　单位:卢布/平方米

年份	2000	2005	2008	2009	2010	2011
远东联邦区	5858	20351	46279	45251	47908	57958
萨哈共和国(雅库特)	5826	21974	47673	46868	46813	49968
堪察加边疆区	3387	15200	36675	36186	42428	40841
滨海边疆区	7889	21421	51934	50430	54613	68086
哈巴罗夫斯克边疆区	5350	24194	44174	41521	42867	52118
阿穆尔州	4088	16433	34677	36736	40135	36692
马加丹州	1543	8556	28259	29503	30772	31866
萨哈林州	5948	20679	64376	63652	64189	67584
犹太自治州	—	12376	28449	26998	27878	33651
楚科奇自治区	—	—	—	—	—	—

资料来源:http://www.gks.ru/.

俄罗斯进入转型期后,远东地区以放开商品价格为代表的自由经济

---

[1] 瓦·伊·朱可夫:《俄罗斯的社会结构与人民贫富分化》,《国际观察》1996年第6期。

政策的实施，成为地区间贫富差距拉大的重要因素。由于区域条件差异以及产业结构的不同，远东各地区的贫富程度呈明显的梯度差距。比如，各联邦主体的首府城市，凭借着财政及地理位置等多方面的优势，无论是在经济繁荣度还是在居民生活和精神面貌等方面都领先于其他地区，这里集中了俄远东半数以上的金融资本、社会精英阶层。与此形成鲜明对比的是广阔的远东北部地区，这里生活的人口不及总人口的20%，经济主要以采掘业和森林业为主，虽然自然资源丰富，但气候条件恶劣。过去，来远东北部地区的居民主要寄希望于高工资和其他优惠的待遇上，而如今这里工资水平同远东平均工资相差无几，物价却高出许多，一些冻土地区情况更为严重，农村中极度缺少青壮年劳力，农业人口资源近于枯竭。

俄远东地区的贫困人口主要居住在中小城市或农村，多数无法支付医疗、高等教育、娱乐和休闲等生活费用，这里工资低于全国平均水平，且拖欠工资现象严重。2010年，俄远东地区工资拖欠超过2.2亿卢布（2009年为1.2亿卢布），债务主要集中在哈巴罗夫斯克边疆区、滨海边疆区和马加丹州三个联邦主体。俄罗斯远东联邦各主体缺乏明确的居民养老保障发展战略，无法帮助劳动者抵御当地不利的工作和居住条件带来的职业风险，也无法遏制劳动年龄人口数量的减少。[①] 俄罗斯远东社会贫富分化的区域性特点，反映出俄远东经济改革过程中的不平衡性，地区发展的梯度差异制约着远东经济发展，社会发展的区域不平衡影响着远东地区政治和社会稳定。

根据2016年俄罗斯远东联邦区居民人口收入和支出、可支配资源和家庭最终消费支出资料，可以确定的是，俄罗斯政府对提高远东居民实际收入水平和生活质量的高估期望尚未得到实现。远东联邦区居民购买力正在下降，穷人的数量在增加，社会分化也在增加。截至2016年，远东联邦区居民消费指数上涨明显。2016年远东联邦区整体居民的人均名义金额为每月36441卢布，与2015年相比几乎没有变化（仅增长0.3%），再加上消费物价指数的增长（与2015年相比，增长5.4%），

[①] С. М. Дударенок, А. Ф. Волков. Реформирование пенсионной системы в субъектах российского Дальнего Востока (1990–2003 гг.) // Россия и АТР, № 4. 2022.

导致同比居民实际收入不可避免地下降6.5%（见表18—9）。

表18—9　俄罗斯远东联邦区居民收入、工资和养老金增长率　　单位：%

年份		2012	2013	2014	2015	2016
居民人均货币收入	名义值	9.7	15.3	10.2	13.6	0.3
	实际值	4.9	6.2	2.8	-1.0	-6.5
月平均工资	名义值	14.6	11.8	8.8	5.6	6.8
	实际值	8.8	5.0	1.5	-7.8	-0.3
月平均分配养老金	名义值	10.9	9.8	8.8	11.1	2.7
	实际值	4.5	3.2	-1.7	1.5	-2.6
消费物价指数		5.9	6.6	10.7	12.0	5.4

资料来源：Мониторинг доходов и расходов населения дальнего востока: Итоги 2016 года, Регионалистика, 2017（Том 4, № 4）, C.6.

根据远东联邦区各主体居民收入数据（见表18—10），远东平均每月名义工资（2016年，46113卢布）与2015年相比增长幅度达到6.8%。即使在消费物价指数增速放缓的背景下（2016年为5.4%，2015年为12.0%），远东联邦区居民的实际工资水平没有发生积极变化（2016年下降0.3%），但与2018年相比出现明显改善（2015年与2014年相比实际工资水平下降7.8%），与2015年相比，随着消费者通货膨胀率的飞速增长，远东居民的实际养老金减少了2.6%。在经济危机现象的影响下，现金收入形成的三个主要来源的比例稳步下降，工资份额从56.1%下降到48.1%，商业活动收入的份额从11%下降到9.5%，社会支付份额从18.9%下降到18.1%。2013—2014年名义收入显著增加特别是在2015年，这与民众试图通过储蓄、出售外币收入和其他来源来补偿收入并为通常的生活水平提供支持有关，居民和雇主出于各种原因使用"隐性"工资形式的更新发挥了重要作用。[1]

---

[1] Эксперты увидели риск ухода россиян в тень из-за недоверия к государству. https://www.rbc.ru/economics/06/10/2016/57f653bb9a7947eed7276c25.

表 18—10　　　远东联邦区各主体居民收入数据（2016 年）　　　单位:%

	现金收入		工资收入		退休金	
	名义收入	实际收入	名义收入	实际收入	名义收入	实际收入
萨哈共和国（雅库特）	104.3	97.0	107.1	99.4	102.4	96.6
滨海边疆区	98.5	92.4	106.8	100.3	102.9	98.1
哈巴罗夫斯克边疆区	102.8	95.3	106.1	98.5	102.6	96.7
阿穆尔州	97.4	90.7	104.8	97.8	103.2	98.3
堪察加州	96.8	89.6	105.4	97.7	102.6	97.1
马加丹州	93.3	86.8	105.2	98.4	102.0	98.3
萨哈林州	102.6	96.8	107.3	101.4	102.7	98.0
犹太自治州	96.9	89.6	105.9	98.5	103.1	96.6
楚科奇自治区	92.5	84.6	108.1	99.2	101.4	95.8

资料来源：根据 Регионы России: социально‐экономическиепоказатели（2017）数据整理得出。

应当指出，所有居民家庭收入都呈现出消极的动态。2016 年，远东地区居民实际现金收入下降至四五年前的水平，即实际工资的 93.9%—96.4%，实际发放养老金为 2013 年水平的 95.0%。远东联邦区各主体中下降幅度较为明显的有楚科奇自治区（-15.4%），马加丹州（-13.2%），堪察加边疆区（-10.4%）以及犹太自治州（-10.4%）。与此同时，萨哈林州和楚科奇自治区的最低生活保障费用也是俄远东联邦区最高的地区，从上述数据中可以看出，滨海边疆区等沿海经济发达地区的贫富差距远远高于远东其他联邦主体。

从贫困群体来看，俄罗斯远东地区贫困人口平均年龄为 45—55 岁，多为多子女家庭、单亲家庭、依靠退休金生活的老人或残疾者。需要指出的是，远东地区近一半的单亲家庭属贫困之列，这已成为阻碍社会发展的严重问题。贫富差距扩大的直接后果是导致远东人口的加速流失。俄远东地区经济转型以来，受经济等因素的影响，人口下降明显，截至 2015 年，堪察加边疆区、马加丹州等联邦主体人口降幅超过 50%。远东劳动力人口考虑离开远东地区的因素通常因为低工资、缺乏职业前景和不能购买住房（28%）。

如果单以工资来衡量的话，考虑到偏远高寒等因素应该得到的补贴，俄远东地区的工资平均水平应该是俄罗斯平均水平的 1.5 倍；但实际情况并非如此，俄远东地区平均工资只比全俄平均工资高出15%—18%。如果不只是算上薪水，而是包括所有收入——退休金、津贴、商业收入等，情况会更糟糕，在这种情况下，远东现在平均收入比俄平均水平仅高出5%—7%。贫富分化差距包含很多因素，诸如教育水平、医疗、文化、住房、城市宜居的程度等，从这些参数的角度衡量，远东地区的生活质量远逊色于那些俄罗斯富庶地区。

贫困问题除受经济发展、收入差异影响外，地区资源禀赋差异同样影响远东地区贫困分布，尤其是俄罗斯能源依赖型的经济发展模式不会在短期内改变，加大了能源对远东居民生活的影响。远东能源开发区居民的收入水平普遍要比资源贫瘠地区的人收入水平高，例如，属于远东联邦区的楚科奇自治区，虽然地处偏远地区，但由于自然资源丰富，2006年的人均国民生产总值为19000美元，当地居民可以获得很高的生活保障。[①]

第三节　远东地区劳动力与就业问题

劳动力就业的含义就是在法定年龄内的有劳动能力和劳动愿望的人们所从事的为获取报酬或经营收入而进行的活动。劳动力资源合理运用，即是将其从社会资源变成社会资本的过程，可以从就业水平、就业年龄、就业职业、就业时间等指标界定，劳动力人口、劳动力人口中的就业人数、不同产业部门就业人数基本以一年一次举行的劳动力调查为基础，分为就业者和失业者。此外，俄罗斯还有根据各个企业、组织的报告进行的就业者统计数据，不同产业部门的就业结构情况只能从后者的统计中得出。通过对俄罗斯远东联邦区的就业人数和结构的数据分析表明，转型期间，远东各联邦主体经历了与全俄同样的就业转型过程。

一　远东劳动力就业结构及分布

在俄罗斯经济与社会制度转型前，其社会实行充分就业政策。随

[①] 崔亚平：《俄罗斯：贫困人口分布极不均衡》，《中国社会报》2006年2月21日第4版。

着经济与政治转型深入与市场化就业的确立，国家对劳动力就业配置功能已逐步退出历史舞台，基本改变了过去充分就业的模式，不再统一分配工作，劳动力的流动不再受到限制，它为市场条件下的劳动力就业提供了生存和发展的基本要求与条件，因而国家和居民均需要充分就业。

远东人口发展的特点是年轻化，远东年轻劳动力在人口中的高比率，虽然在20世纪90年代初就被西伯利亚经济区所取代，但它仍是俄罗斯年轻劳动力比重最高的经济区。

区域经济构成必然会影响甚至决定了该区域的劳动力就业结构与分布，并且随着其区域经济的调整而进行调整，特殊的地理位置和丰富的自然资源，使远东地区逐步形成片面的经济结构，开采能源与原材料的经济效益，决定了劳动力大量聚集在采掘工业。远东各海港业已成为俄罗斯通往亚太地区的门户，远洋航运与港口行业同样是远东劳动力密集的主要行业。此外，可以从远东地区工农业产值中，分析出其劳动力就业的大致情况。20世纪90年代初，俄罗斯远东地区的采掘工业占远东生产总值的28.5%。采掘工业保证了本地区外汇收入的90%，但深加工工业不发达，有色金属矿石冶炼加工几乎没有产出。加工工业约占生产总值的12%，最发达的是建材工业、轻工业、食品工业、金属加工工业和电机工业。在俄罗斯转型初期，各个行政区的经济发展也不平衡，因此劳动力就业结构与分布也各有不同，工农业比较发达的行政区都分布在南部。

2005年，为了向国际标准靠拢，以方便统计研究，俄罗斯对统计中劳动力就业部门分类进行了调整，重新将就业类型划分为15项，因此从2005年的相关数据无法同以往的数据进行比较分析。我们可以从新部门分类得到的2005—2010年的数据进行分析，远东的就业人数增加了4.7万人（见表18—11）。

表18—11　　　　俄远东联邦区就业类型结构与数量　　　　单位：千人

年份	2005	2006	2007	2008	2009	2009	2010
分类	3265.6	3290.7	3315.3	3315.4	3304.4	3304.4	3313.3

续表

年份	2005	2006	2007	2008	2009	2009	2010
农业、狩猎和林业	253.6	253.0	249.1	243.3	250.3	253.8	248.8
捕鱼、养鱼	64.3	62.8	61.5	59.8	61.4	62.2	61.3
采矿及采石业	110.0	110.1	112.6	111.9	107.3	113.5	109.9
制造业	313.7	305.4	307.4	294.3	291.6	284.8	282.6
能源：电力、天然气、水	146.8	145.6	146.3	140.6	144.0	153.9	153.3
建筑	222.8	231.1	236.0	252.5	253.4	250.3	258.7
批发和零售贸易	554.9	573.4	579.5	591.6	571.3	571.1	564.2
宾馆与餐厅	69.3	63.1	64.5	62.4	61.2	57.2	60.6
交通与通信	355.7	361.0	354.7	346.2	342.2	338.2	337.3
金融活动	37.5	42.2	45.7	47.6	45.7	45.7	46.5
房地产	207.3	212.2	216.7	217.8	226.8	228.6	243.6
公务、国防与社会保险	232.7	240.6	255.8	268.6	271.0	276.0	279.2
教育	332.0	325.0	321.0	315.2	311.0	310.8	307.5
卫生健康	237.3	236.9	237.4	234.1	235.7	233.6	233.1
其他社区及个人服务	126.0	126.0	124.7	127.1	127.8	120.8	122.9

资料来源：http://www.gks.ru/.

2005年至2010年，批发零售业、建筑、公务、国防、社会保险、房地产、金融部门的就业人数呈增长趋势，农林业、宾馆餐饮、教育、制造业、交通与通信等部门的就业人数则出现下降，远东地区的劳动力就业结构发生了明显的变化，其中就业人数增长较多的行业是房地产，增加3.53万人，建筑业增加3.58万人，公务行业增加4.65万人。从整体上看，2005—2010年远东就业结构变动走向与俄罗斯整体发展趋势相同。即农业和制造业等第一、第二产业的就业比重变小，商业等第三产业就业比重加大。2010年远东地区的就业结构与整个俄罗斯情况相同，商业所占比重最大，就业人数超过55万人，2008年一度接近60万人。其次超过30万人的就业职业包括教育、交通与通信、制造业，卫生健康、建筑、房地产、农业等行业的就业人数均超过20万人，其中教育、卫生领域就业人数略有下降。在商业部门，哈巴罗夫斯克边疆区、阿穆尔州、滨海边疆区占有较大比重。在运输部门，远东所有地区占有的比重都大于俄罗斯平均值（8.0%）。

在商业方面，哈巴罗夫斯克边疆区增加 4.8 万人、滨海边疆区增加 2.2 万人、阿穆尔州增加 2.1 万人；在建筑方面，哈巴罗夫斯克边疆区（1.9 万人）和萨哈林州（1.8 万人）就业人数增加较多；滨海边疆区在运输方面的就业人数也增加了 1.5 万人。另外，整个远东地区的农林业就业人数减少了 7 万人，其中阿穆尔州和滨海边疆区分别减少 1.6 万人；哈巴罗夫斯克边疆区减少 1.4 万人。另外，制造业也在整个远东地区减少了 5.3 万人，特别是哈巴罗夫斯克边疆区减少 1.6 万人，堪察加边疆区 1.3 万人，滨海边疆区 1.1 万人。[①]

2010 年与 2000 年相比，远东各联邦主体普遍劳动力就业数量增加，其中，哈巴罗夫斯克边疆区就业人数增加 5.4 万人、滨海边疆区 0.6 万人、萨哈林州 2.2 万人、萨哈共和国（雅库特）2.1 万人。这一时期，在整个俄远东联邦区中，只有马加丹州的就业人数减少了 1.43 万人。在增长率方面，犹太自治州（13.6%）、楚科奇自治区（10%）、萨哈林州（8.4%）的就业率增幅超过 8%（见表 18—12）。

表 18—12　　　　俄罗斯远东联邦区经贸领域就业人数　　　　单位：千人

年份	2000	2005	2006	2007	2008	2009	2010
俄罗斯联邦	64516.6	66791.6	67174	68019.2	68473.6	67462.9	67576.7
远东联邦区	3162.2	3265.6	3290.7	3315.3	3315.4	3304.4	3313.3
萨哈共和国（雅库特）	459.7	469.1	475.3	481.6	483.8	483.0	481.1
堪察加边疆区	183.2	180.9	183.6	185.3	185.1	185.2	189.1
滨海边疆区	945.1	980.2	979.1	980.2	977.7	977.8	980.1
哈巴罗夫斯克边疆区	674.8	721.3	726.7	734.5	733.0	719.8	729.4
阿穆尔州	425.8	424.4	425.7	427.7	428.3	441.1	437.9
马加丹州	104.2	93.8	94.1	93.7	93.0	90.2	89.9
萨哈林州	266.3	277.8	287.4	292.3	294.0	289.0	288.7

---

① 田畑朋子：《俄罗斯远东地区人口减少问题》，《俄罗斯学刊》2014 年第 1 期。

续表

年份	2000	2005	2006	2007	2008	2009	2010
犹太自治州	70.2	79.8	81.6	82.3	82.6	81.4	81.3
楚科奇自治区	32.7	38.5	37.3	37.7	37.9	36.9	35.9

资料来源：http://www.gks.ru/.

就业状况的好坏最终取决于劳动力供给和劳动力需求的平衡情况，劳动力供给又取决于一个国家或地区劳动年龄人口总量、劳动力参与率等。但从需求看，劳动力结构高级化的过程，尤其是一线劳动力对先进技术的适应能力日益成为产业发展潜力的标志指数。2010年，远东联邦区劳动力教育结构中，中高级专业人员比率为54.2%，低于全俄56%的比率，俄罗斯远东联邦区劳动力科技创新能力低于全俄的平均水平，这也成为制约远东经济发展的重要瓶颈，在远东联邦区，只有堪察加州、滨海边疆区、哈巴罗夫斯克边疆区的中高级专业就业指数高于全俄指数，此外，远东联邦区的文盲就业劳动力比率也远远超过全俄平均比率，犹太自治州、阿穆尔州的文盲就业劳动力比率为全俄平均指数的2倍（见表18—13）。

表18—13　　2010年俄远东联邦区就业结构中教育程度　　单位：百分比

	博士	高等专业	中等专业	初级专业	中学	小学	文盲
俄罗斯联邦区	0.2	28.7	27.1	19.7	20.0	4.0	0.3
远东联邦地区	0.1	27.7	26.4	21.6	18.8	5.1	0.4
萨哈共和国（雅库特）	0.1	26.8	26.5	19.1	23.7	3.6	0.3
堪察加边疆区	0.2	32.1	25.8	21.5	16.7	3.5	0.2
滨海边疆区	0.1	28.9	25.8	24.9	14.8	5.2	0.3
哈巴罗夫斯克边疆区	0.1	31.7	25.2	19.6	18.3	4.7	0.4
阿穆尔州	0.2	22.8	30.1	18.8	20.0	7.4	0.6
马加丹州	0.0	30.3	20.7	12.5	34.0	2.5	0.1
萨哈林州	0.3	21.0	28.5	27.1	18.3	4.4	0.4
犹太自治州	0.1	15.7	24.8	21.0	26.1	11.6	0.7
楚科奇自治区	0.1	25.4	25.5	22.0	21.5	5.1	0.4

资料来源：http://www.gks.ru/.

在俄远东联邦区，就业结构中的管理人员与创业者比率基本与全俄平均指数持平。2010 年，俄罗斯远东联邦区人口就业总数为 3211000 人，其中管理者 179000 人，个人创业人数 265000 人，其中滨海边疆区的个人创业人数 120000 人，占就业数的 12.2%，阿穆尔州占就业人数的 8%，楚科奇自治区最低，占就业数量的 3.3%，个人创业指数从一个侧面显示了该地区就业渠道的多样性。此外，在俄罗斯远东联邦区中行政机构扩充速度较快，政府人员臃肿，其情况与全俄类似。2010 年，远东联邦区公务人员就业总数比上年多出 48804 人，高出 86%。在远东联邦主体，阿穆尔州的公务员数量比 2009 年高出 1 倍，其他各主体也均高出 80%—90%。

二 远东地区失业问题

苏联时期，得益于国家体制，几乎所有具有劳动力的远东居民都不用自己找工作。国有企业居主导地位，私有部门几乎不存在，居民基本上都是由政府统一分配在国有企事业单位工作。20 世纪 90 年代初，这种情况发生了根本性的转变，社会与经济体制决定了人们需要根据劳动力市场需求来竞争工作岗位，在适龄劳动力群体中，由于俄罗斯经济危机的影响，就业率越来越低，失业人数逐年增加。因为远东地区的经济相对落后，第二、第三产业发展缓慢，劳动就业渠道相对较少，就业状况也相对较低。

在 1993 年前，远东的结构性失业率已相当高，人们普遍追求有威望的工作，而繁重的、对身体有害的工作因吸引力小而没有人去干，需要人数众多的电工、电焊和气焊工、车工、装配工、司机、瓦工、木工和装卸工等领域有大量空额等待劳动力。一方面，不受尊重的、繁杂和有损健康的工作岗位出现空缺；另一方面，由于缺少专业熟练的技术人员，以及有劳动能力人口中的某些群体还不能够适应集约化劳动，因此还存在着空闲的就业岗位。

在俄罗斯经济转型后的十多年间，由于出现了经济所有制形式的多样性，各类非国有制经济迅速发展，就业人口比率开始回暖。截至 2004 年，原国有企业就职人口比例由 1980 年的 90.4% 下降到 35.5%，在私有企业工作的就业比例由1980年的9.6%上升到51.8%，其他所有制如集体经济、混合所有制、外资、合资企业等，在劳动力就业市场中所占比例并不大，2004年外资合资企业占3.5%，在远东联邦区劳动力就业领域中，工、农、商三大行业就业率最高。

21世纪初，俄罗斯迎来了一段经济高速增长时期，国内生产总值以6%的速度持续增长，但这一切主要得益于国际能源市场价格上涨，对石油天然气等能源出口的过分依赖造成了2008年严重的经济危机。由于国际油价暴跌，俄罗斯失业率也开始加速上升。据俄罗斯联邦统计局数据显示，2009年俄罗斯失业总人数达到了620万人，失业率达到9.4%，贫困人口比例达到17.4%，GDP降幅约9%。在此背景下，远东联邦区虽未能避免经济下滑，但总体形势明显好于全国，工业、渔业、建筑、服务业、农业等领域发展均超过上一年同期水平，部分指标增长排名首位，成为全俄经济发展的亮点地区，2009年1—11月，远东居民月均名义工资为22510.8卢布，同比增长11.4%，增幅大于其他联邦区。10月，远东人均消费支出同比增加8.6%，达到12032卢布，消费支出以外可支配货币比重在全俄排名第二。

在2009年经济危机冲击下，远东联邦区失业影响较小主要是因为经济总量偏低，对外开放程度不高，金融系统尚不发达，外资进入相对较少，因此受金融危机的冲击小于其他地区；另外，联邦政府的投资和政策扶持对远东经济发展起到重要的推动作用，油气管道、全俄首家天然气加工厂、公路建设、符拉迪沃斯托克APEC峰会等国家级重点项目建设极大带动了远东经济发展并改善了远东基础设施。联邦政府还通过财政政策倾斜为远东发展提供支持，如远东联邦区2009年1—11月仅向联邦财政上缴税收21%，其余均留在当地用于发展社会保障项目。

但全球金融危机对远东地区的就业形势也不可避免造成一定影响，其中马加丹州2009年就减少了吸收外籍劳动力的配额，从4437人减少到3478人，降低21.6%；但总的来看，由于远东地区劳动力不足，金融危机对就业的负面影响时间较短，范围也不大。在滨海边疆区，从2009年第二季度起就业形势开始好转，4月登记失业人数减少1700多人，职位比2008年同期增加6900个；尤其建筑业劳动力更是供不应求，如泥水匠有2700多个空缺岗位，但在滨海边疆区就业服务中心登记求职的泥水匠只有45名；混凝土工空缺岗位有2400多个，登记在案者只有2人。此外，钳工、油漆工、木工专业技术人员及汽车司机、护士、稻农等也比较紧缺。[1]

进入21世纪，俄罗斯战略发展重心开始有所变化，普京政府向联邦议会提交咨文中指出，俄罗斯重心向太平洋地区转向，将促进东部地区的蓬勃发展，不仅提供了新的商机、新的视野，而且为实施积极的外交政策提供了额外的手段。[2] 在规划中，作为进入远东海外市场的基础设施基地，成为维持和扩大贸易规模以及相互投资的源泉。2007—2011年，远东地区是全俄投资年增长率领先地区之一，增长率达到13.8%，仅俄南部联邦区的增长率（15.1%）高于远东地区。在固定资本方面，从2001年起，投资增长速度整体上超过俄罗斯中部地区，剪刀差形成最明显的阶段是在2008年后。2009—2012年，远东地区的固定资产投资占俄罗斯投资总额的8%以上。正是在这一时期，俄罗斯中部地区与远东地区之间消除了增长指数剪刀差，远东地区经济增长速度达到116%，高于全俄罗斯的113%。

随着远东经济的复苏，远东联邦区各主体劳动力市场失业率逐年下降，2010年，在俄罗斯远东国家就业中心登记的失业人数为11703人。其中男性6246人，女性5277人，而实际数量超过该数据。在失业人口中，城市人口明显少于农村人口，这与城市人口普遍教育程度较高，在劳动力市场较有竞争力有很大关系。

2000—2010年，随着经济的复苏以及经济结构转型趋于稳定，远东劳动力失业率大幅回落，与2000年相比，2010年远东失业人口占劳动力的8.7%，同比下降3.9个百分点，失业人口减少11万人（见表18—14）。

---

[1] 李传勋：《俄罗斯远东地区人口形势和劳动力供需问题研究》，《俄罗斯学刊》2011年第1期。

[2] Послание Президента Федеральному Собранию. 12 декабря 2013 года, 13：15 Москва, Кремль. http：//www.kremlin.ru/news/19825. Дата обращения－2.01.2014.

表 18—14　俄远东联邦主体就业指数（2000 年、2010 年）　　单位：千人

		劳动力	就业人口	失业人口	就业率（%）	失业率（%）
远东联邦区	2000 年	3628.2	3169.5	458.7	59.6	12.6
	2001 年	3518.2	3211.3	307.0	62.3	8.7
萨哈共和国（雅库特）	2000 年	485.1	430.6	54.5	62.0	11.2
	2001 年	490.8	447.4	43.4	62.1	8.8
堪察加边疆区	2000 年	212.8	178.1	34.6	60.0	16.3
	2001 年	204.4	189.9	14.5	67.3	7.1
滨海边疆区	2000 年	1134.1	994.5	139.6	59.5	12.3
	2001 年	1081.4	976.6	104.8	60.8	9.7
哈巴罗夫斯克边疆区	2000 年	765.2	671.7	93.5	58.6	12.2
	2001 年	776.3	706.0	70.3	62.4	9.1
阿穆尔州	2000 年	481.9	415.7	66.1	58.4	13.7
	2001 年	445.4	414.5	30.9	60.6	6.9
马加丹州	2000 年	101.7	94.6	7.2	65.5	7.0
	2001 年	103.4	97.5	5.9	72.7	5.7
萨哈林州	2000 年	302.6	262.8	39.8	58.8	13.2
	2001 年	294.6	267.3	27.3	64.3	9.3
犹太自治州	2000 年	92.5	78.6	13.9	53.6	15.0
	2001 年	90.8	82.2	8.5	56.2	9.4
楚科奇自治区	2000 年	36.0	32.3	3.7	68.2	10.3
	2001 年	31.2	29.9	1.3	76.6	4.1

资料来源：http://www.gks.ru/.

在这一时期，远东联邦主体中失业人口减少较多的是滨海边疆区，减少 5.27 万人；阿穆尔州减少 3.6 万人；这期间失业人数减少幅度较大的地区是楚科奇自治区，同比下降 60%（2010 年，失业率为 4.1%），堪察加边疆区同比下降 56%（2010 年，失业率为 7.1%），马

加丹州同比下降48%（2010年，失业率为5.7%），萨哈林州同比下降30%（2010年，失业率为9.3%），犹太自治州同比下降37%（2010年，失业率为9.4%）。2000年，远东联邦主体中，堪察加的失业率最高，达到16.3%；2010年，滨海边疆区的失业率最高，达到9.7%，而经济并不发达的楚科奇自治区的失业率仅为4.7%。

因此，从某种意义上来说，远东联邦区的失业率并不直接体现该地区的经济繁荣程度，而与联邦主体的产业结构有着直接关系。在远东联邦区，2010年，只有马加丹州、楚科奇自治区、阿穆尔州的失业率低于国际失业率警戒线7%以下，其余均高于该比率，远东联邦区经济发展压力依旧不容乐观。一般来说，失业率最高的地区集中在工业企业集中的工业区和铁路沿线，大量裁减主要发生在财政状况恶化而得不到资金保证的部门，如工业企业、建筑企业、运输业和其他一些基本生产部门。

此外，在失业人员中，妇女的比例要远远高于男性，1999年3月底之前，在滨海边疆区求职人员中，妇女占71%，哈巴罗夫斯克边疆区的求职妇女占求职总数的72%。与此同时，失业者群体结构趋于年轻化。在滨海边疆区失业者中，年龄在16—29岁的年轻人占30%，哈巴罗夫斯克边疆区失业青年的比例占34.2%，平均年龄为34岁。

为了保持社会稳定，使失业人员重新得到就业安置，俄政府在改革初期就开始建立居民就业保险制度。并对1992年颁布并实行的《俄罗斯联邦居民就业法》进行修改和补充，还公布了一些新的法律，建立劳动者保护法规，对企业解雇工人作出严格规定。根据《俄罗斯居民就业法》的规定，对在政府进行正式登记的失业人员进行救济。没有正式登记的失业人员不享受失业救济，未达16岁的公民、养老金领取者、从向就业部门提出之日起10天内拒绝两种合适工作的人，都不被认为是失业人员。失业救济的主要形式是定期发放失业救济金。失业救济金的计发办法如下：失业人员就业局登记之日起11天内未被安置就业就算正式失业，可以从失业人员登记之日起按月领取失业救济金。领取失业救济金的期限一般不超过1年（不到退休年龄者，在特殊情况下最多可领取24个月的失业救济金）。失业补助的对象为16—59岁的男子和16—54岁的女子。要求本人失业前最后1年至少工作了12周并且登记在案，前 3 个月的失业补助金为失业前两个月的平均工资的 75%，第 4 个月为 60%，最后 5 个月为 45%。

此外，俄罗斯政府在其制定的《远东和外贝加尔 1996—2005 年经济与社会发展联邦专项纲要》中指出，根据劳动力市场的发展趋势，将对地区就业进行调整，对劳动力自我就业提供必要的帮助。在企业没有能力支付工资的前提下，启动保险体系，解决先期失业人员的职业培训问题，在远东北部地区采取轮班岗位就业制方式，创立新工作岗位，完善国家就业机构的就业职能，有效地帮助失业人员解决就业问题。

三 远东地区劳动力收入

对于劳动力就业结构与分布有直接影响的还有工资收入因素，还在价格放开之前，财政部门对退休金、津贴等方面采取了一些措施，这些超前措施在很大程度上影响了 1992 年俄罗斯远东联邦区居民的收入水平及就业状况。从 1992 年开始的"休克疗法"，造成俄罗斯经济状况急剧恶化，居民实际收入下降 70%—75%，贫困人口迅速增加，而这期间的远东居民收入下降 50% 左右。对于远东城镇居民来说，其收入的主要来源是工资收入，尤其是苏联计划经济时期，工资水平的变化基本上反映了居民收入分配情况。俄罗斯经济转轨后，居民尤其是城镇居民的收入来源多元化，工资水平不能完全反映其实际收入水平。尽管如此，对于大多数人来说，工资收入仍构成其主要收入来源，在一定程度上说明地区居民收入水平的变化。

2005—2010 年，随着远东地区经济结构的调整，供需关系改变，远东地区劳动力在各领域中收入有了部分改变（见表 18—15）。在 2005 年，农业、制造业、服装纺织业、橡胶制品、教育与卫生行业从业人员月收入排在末尾，收入低于 9000 卢布，其中纺织服装业收入低于 5000 卢布，采矿与金融业位居收入前列。2010 年与 2005 年相比较，远东联邦区劳动力就业收入普遍翻了一番，除去通货膨胀的因素，平均工资收入上涨 30% 左右。其中，教育、医疗实际收入明显提升，电器和光学设备制造业从业人员工资上涨幅度最大，为 2005 年的 275%，采矿与金融业依旧位居收入前列。

表 18—15　　　　　　俄远东联邦区各行业平均月收入　　　　　单位：卢布

年份	2005	2006	2007	2008	2009	2010
农业、狩猎和林业	6447	7617	10268	11008	12563	14281
捕鱼、养鱼	13267	15285	18453	23685	27149	26434
采矿及采石业	20968	25707	30230	36579	40885	46375
制造业	9331	11139	13428	16651	18279	21877
纺织和服装行业	4477	5406	6831	8927	9727	11621
木材加工及生产木制品	6608	7774	9307	10764	11148	12247
纸浆和造纸工业；出版及印刷	9614	12033	13721	16995	18320	21354
化工生产	9143	9970	10980	13426	14579	16879
制造橡胶和塑料制品	5222	6823	9936	9349	10753	10978
冶金生产和金属制品业	10117	11578	13315	16824	15181	18602
机械及设备	9851	11710	14496	16285	17913	20426
制造电器和光学设备	8819	11453	15574	19416	22055	24321
能源：电力、天然气、水	12756	14835	17414	21392	24885	28133
建筑	13873	15558	19645	24215	26506	28248
批发和零售贸易	7526	8623	11330	13570	13806	15713
宾馆与餐厅	8014	8828	10768	13040	14149	16095
交通与通信	14303	16277	19044	23896	26806	31401
金融活动	23279	25826	30045	37697	40042	48438
房地产	11073	13390	17678	21631	22811	25478
公务、国防、社会保障	15728	19109	22707	28711	32776	34314
教育	7269	9082	10939	13891	15892	17042
卫生健康及社会服务	8256	10518	12506	15889	18099	19505

资料来源：根据俄联邦统计局数据整理得出。

俄罗斯政府基于实现东部与西部平衡发展、融入亚太快速发展区的战略考量，2012年设立俄罗斯远东发展部，2013年批准《远东和贝加尔地区社会经济发展国家计划》生效，进而大力推动新一轮远东开发战略。本轮远东开发经过几年的实践，成果初步显现，远东地区发展步入新的轨道。随着远东开发战略的推进，其影响日益彰显。根据2018

年俄罗斯民意调查机构全俄社会舆论研究中心的民调结果显示，大多数俄罗斯人对远东地区的创收机遇动心，44岁以下的受访者中有三成表示愿意迁居。高薪是吸引俄罗斯人搬迁的首要原因，受访者认为，每月900—1800美元是不错的收入，受过高等教育及未受完高等教育的受访者认为，高薪应达到每月3000美元左右。俄罗斯远东人力资源开发署署长季马科夫称，目前俄国内将远东视为挣钱的好地方。同时他还表示，25—44岁的人群迁居意愿最强，他们占受访者总数的1/3。①

第四节　远东地区的犯罪问题

苏联解体后，有组织犯罪成为社会治安与社会经济发展的主要障碍，有组织犯罪在特定的历史时期很大程度上摆脱了社会限制和控制，司法机关的弱化也助长了有组织犯罪的发展。俄罗斯远东地区的有组织犯罪活动主要是以非法获取财富为目的，其犯罪涉及面极广，尤其针对具有垄断性质的经济部门，如冶金、林业、采掘、捕捞和烟酒等行业。有组织犯罪多数具有跨地区，甚至是跨国犯罪的特征，其犯罪手段多以"合法化"外衣为掩护，并渗透进政府机关，有组织犯罪对俄远东经济社会的负面影响巨大，俄强力部门面临的任务也日趋复杂化。

一　远东地区的有组织犯罪

俄远东地区有组织犯罪在20世纪末呈上升趋势，社会动荡、法律体系松懈，是造成这一时期远东地区有组织犯罪活动猖獗的重要原因。社会政治经济改革对有组织犯罪的形成产生了重要作用，从而使远东地区的有组织犯罪从过去以暴力为主转向具有浓重经济色彩的政权参与犯罪。俄罗斯的有组织犯罪产生于分配经济，并最终形成于市场经济。

20世纪90年代末，该地区的犯罪团伙数量、活跃团伙成员的数目不断增加，涉及的主要行业包括林业、渔业、能源综合体、金融、住房和公用建设行业等领域，经济犯罪每年造成数十亿卢布的损失，其中，走私、毒品犯罪、制假与欺诈构成了俄远东地区有组织经济犯罪的基本

---

① 俄罗斯卫星网，http://sputniknews.cn/society/201710121023796051/.

要素：

（1）远东联邦地区犯罪团伙多数涉及自然资源走私活动。远东地区自然资源丰富，为追求经济活动中的利益最大化，有组织犯罪集团在木材、海产品、石油、贵重金属领域走私犯罪猖獗。苏联解体后，滨海边疆区的非法木材贸易曾占到整个远东联邦区的66%，2009年木材走私涉及案值超过14.6亿卢布。有组织犯罪团伙给整个自然生态带来了巨大的损害，但遗憾的是破获的有组织犯罪数量远低于实际犯罪。滨海边疆区法院在2009年只审理了107起刑事案件，被追究刑事责任的犯罪只有143人，这与整个有组织犯罪团伙的猖獗活动极不相称。[①] 捕获自专属经济区的海产品非法出口现象也非常普遍，工业化捕鱼几乎成为犯罪化程度最高的经济领域。根据俄内务部反有组织犯罪局的数据，2003年，远东地区有组织犯罪集团控制了超过40%的海产品的捕获和出口，仅从俄远东地区非法出口的鱼类产品就达25亿—45亿美元。

（2）毒品犯罪。远东联邦区毒品的种类是以大麻和大麻油为主，新型毒品冰毒、麻古等的市场占有率并不高，并且族裔性有组织犯罪集团垄断了贩毒。贩毒集团将贩毒所得收入投资房地产、商业机构等，利用犯罪所得贿赂国家权力机关人员。

（3）恶意并购及敲诈。恶意并购和敲诈是有组织犯罪广泛使用的手段。专家估计，这一"行业"利润率高达1000%。[②] 2002年俄罗斯共发生1870起并购，其中76%是恶意并购。有组织犯罪集团经常采用欺诈勒索的方式，要求被害人转交不动产或者财产权，或者暴力威胁不动产所有人的人身安全，实施转让财产权的行为。同时运用欺诈方式，通过合同诈骗不动产、伪造文件、虚假合同骗取不动产领域的犯罪。从2005年开始，俄罗斯就不断出现建筑投资公司的违法行为，这些公司将投资者钱财收上来以后，长期拖延房屋完工时间，甚至完全停工、一房两卖等。

（4）洗钱与伪造货币。对俄罗斯远东有组织经济犯罪集团来说，

[①] 苗梅华：《"普京时代"的"民间治理"及其对俄罗斯法治进程的影响》，《浙江社会科学》2014年第6期。

[②] Всеудушающая дружба. Силовые поглошения предприятий превратились в сверхдоходный бизнес. // Российская газета. 29 марта 2005. С. 4.

洗钱与制售假币属于他们的日常活动之一。苏联解体后，俄罗斯远东造假、售假及洗钱犯罪集团多集中在滨海边疆区和哈巴罗夫斯克边疆区的港口城市。

据俄官方统计，远东经济领域的有组织犯罪数量总体上正在逐步减少。2007—2013年，远东联邦区经济犯罪的数量下降了5.5倍（从23300件下降到4200件），其中只有一半属于严重或特别严重的犯罪范畴。[①] 从经济犯罪的地理分布来看，滨海边疆区、哈巴罗夫斯克边疆区、萨哈林州、萨哈共和国（雅库特）等联邦主体属于经济犯罪的高发地区，犹太自治州和楚科奇自治区的经济犯罪数量相对较少，有组织经济犯罪在某种程度上成为该地区的社会经济发展的主要障碍之一。

2013年俄罗斯联邦主体投资吸引力统计数据表明，在全俄投资等级排名中，除萨哈共和国（雅库特）和滨海边疆区位列第19位和第20位外，其他地区显著落后：哈巴罗夫斯克边疆区第34位；萨哈林州第50位；阿穆尔州第66位；堪察加边疆区第71位；马加丹州第74位；楚科奇自治区第78位；犹太自治州第79位。值得注意的是，滨海边疆区、哈巴罗夫斯克边疆区和萨哈林州最大的投资风险被界定是经济犯罪，仅在林业和渔业领域，2013年滨海边疆区的检察机构查处的违法行为就超过1400件，依法惩处相关人员约500人，对40件案件进行了刑事诉讼。

有组织犯罪集团介入政治，导致俄罗斯"黑金政治"的出现，使许多司法机关卷入有组织犯罪，相关机构的监督不力和执法腐败助长了有组织经济犯罪活动：2012年7月，纳霍德卡海关副关长弗拉基米尔·特先科涉及走私逃税案值达8.6亿卢布（判处4年缓刑）；2013年，刑侦大队内务部领导丘古耶夫斯基涉及非法伐木案值超过1400万卢布（判处2.5年监禁），这仅仅是远东地区利用职务腐败的部分案例。

虽然从数据上看，远东地区的有组织经济犯罪数量一直在下降，但这并不代表远东地区的有组织经济犯罪情况有所好转。正如俄副检察长

[①] Криминальный кластер дальневосточной экономики базируется в Приморье и Хабаровском крае http://dvkapital.ru/crime/dfo_ 24.03.2014_ 6007_ kriminalnyj-klaster-dalne-vostochnoj-ekonomiki-baziruetsja-v-primorje-i-khabarovskom-krae. html.

尤里·古利亚金指出："犯罪数量减少是执法机构缺乏敬业精神的结果，在遏制犯罪集团腐败和跨国犯罪活动领域远东没有实质性的进展。"远东地区有组织经济犯罪主要集中在自然资源部门（林业、渔业、贵金属），绝大多数涉及金融和银行信用体系以及跨国犯罪活动。2013年，俄远东海关查获涉及逃税及走私案件82件，涉及案值达12亿卢布。在这些案件中包括走私4200只帝王蟹，超过80吨鳕鱼鱼籽，所查获的非法野生濒危及水产品走私总价值为4260万卢布。远东地区有组织经济犯罪的另一个高发领域是木材采伐领域，犯罪涉及水曲柳、柞木、雪松等高价值木材走私。2013年，哈巴罗夫斯克海关截获的木材非法出口中，有组织的大规模木材走私超过3000立方米，价值970万卢布。

2015年，远东各联邦主体查处的经济犯罪案件超过4000起，与2014年相比，犯罪活动呈上升趋势，2014年远东地区的经济犯罪案件约为3600件。滨海边疆区2015年的经济犯罪数量为1100件（2014年为895件），居远东各联邦主体之首。其次分别为哈巴罗夫斯克边疆区，经济犯罪数量为396件；萨哈林州511件；萨哈共和国（雅库特）411件；阿穆尔州386件；堪察加边疆区287件；马加丹州185件；犹太自治州99件；楚科奇自治区41件。[①]

有组织经济犯罪对俄远东地区社会经济发展的危害是显而易见的，俄政府近年来集中讨论了远东经济犯罪热点问题，加大了打击非法采伐和捕捞的力度，并在制度和监控方面进行了完善。2014年，远东滨海边疆区的森林监控系统"雪松"正式投入运行，该系统已经被安装在1300余台监控设备上，同样的系统也将在哈巴罗夫斯克边疆区投入运行。2015年12月，俄政府批准防止非法捕捞规划，文件规定加强监督水下生物资源捕捉，建立原产地跟踪制度，规范电子航海日志和电子签名管理，开展国际合作，加强对犯罪行为的行政和刑事制裁力度。此外，俄罗斯就打击非法渔业与日本、美国签订了类似的协议。从2014年8月起，《俄联邦刑法典》中增列一项条款。该条款规定，以销售为目的收购、贮存、运输、加工蓄意非法储备的木材或大量销售（超过5

---

① 远东地区的经济犯罪数量有所增加，https://regnum.ru/news/economy/2079386.html.

万卢布）蓄意非法储备的木材应承担法律责任。[①] 与此同时，在惩处力度上，2015年俄刑法修正案对非法采伐的判定不再只是基于税收方面的计算，而是取决于被盗伐森林的类别以及犯罪时间。2016年1月1日起，对在木材交易中不提交申报或提交虚假信息运营商将对法人处以20万卢布的行政罚款。

二 远东地区的"影子经济"

影子经济在所有国家都或多或少存在，区别只是在于规模有所不同。俄罗斯也是如此，早在苏联时期影子经济就已存在，并非转轨时期的产物。转型期间，俄罗斯在极短时间内从计划经济转型为市场经济，私有化在缺乏适当法律基础和监督的情况下仓促进行，为走私、诈骗和垄断提供了机会，也为影子经济井喷式蔓延创造了不受约束的环境。此外，体制剧变使俄罗斯法制规划无法马上跟上新的社会模式，国家陷入法律执行和监督不力的困境，经济犯罪席卷全国，这也助长了影子经济的蔓延。

影子经济有很多种其他叫法，如地下经济、隐藏经济或非正式经济。按照经济理论来定义的话，俄罗斯主要强调影子经济的未统计和隐蔽特点，即非公开、经营主体隐蔽、国家和社会无法监控的经济活动，其经营利润不在国家统计范畴之内，包括犯罪的、为了避税或隐瞒收入而隐藏起来的经济活动。作为一种非正式的经济活动，影子经济具有个体化、家庭化和难以度量的特征，所以很难对其精确统计。

如今影子经济已渗透到俄罗斯社会经济生活的各个层面。1997年俄国家统计委员会估计"影子经济"在国民经济中所占比例为20%—23%，内务部门公布的数字为35%—42%，俄总统普京在《千年之交的俄罗斯》中指出已经高达40%，而在发达国家一般不超过15%—20%。据世界银行估计，1999—2007年，影子经济年均规模相当于俄罗斯国内生产总值的48.6%。[②] 根据俄罗斯商业资讯中心2016年6月

---

① А. Н. Сухаренко. Организованная преступность Дальнего Востока: состояние и меры борьбы // Региональные проблемы, Т. 19. No. 1. 2016.

② Б. Грозовский. В тени российской экономики. Журнал 《Forbes》. 2010. 6 сентября.

的研究报告，全俄境内总共有大约 3000 万人（占从事经济活动的人口的 40.3%）涉及俄罗斯影子劳动力市场。根据报告估计，其中有 870 万左右的劳动力（占全部劳动力的 11.7%）被完全排除在官方部门之外，而其余要么未登记额外收入（每年至少几次），要么非正式获得了一部分工资，从而绕开了税务部门，在非正规部门中，最常见的是年龄在 24 岁以上或 60 岁以上，受过中等教育和低收入工作的男性劳动力。①

1. 远东地区影子经济的类型

从影子经济的产生与运行方式可以看出，它通常通过逃税、欺诈、走私、贩毒等各种方式获取暴利。俄远东地区的影子经济表现形式主要有三类：灰色经济、褐色经济、黑色经济。

（1）灰色经济（非正规经济）包括所有合法的经营活动中官方没有统计的商品生产和服务、逃税及瞒报等行为。主要存在领域是从事缺乏税务机关监督的兼职和利用前国营企业的固定资产成立的小公司。他们的经营活动虽然有母公司统一管理，但财务独立，为了逃避税收，利用现金支付、易货、不持许可证工作以及无手续雇工等方法使产品和劳务不纳入官方的统计，其中逃避工薪税的最简单方法就是无手续雇工或少报雇工人数，并且尽量使用现金支付，使个人收入不体现在账目上，这种方法主要用于企业与客户端的现金结算方面。表面上看官方统计的工资水平（按国民生产总值的百分比计算）降低了，而实际上大多数钱由明变暗，通过特殊渠道发了出去。2007 年，俄远东地区用"信封"形式发放的工资相当于所有工资收入的 45% 左右，其中中小企业有 30%—40% 甚至超过 50% 的工资是不在统计之内的。

（2）褐色经济（虚假经济）是指虚报、侵占、投机等各种形式的欺诈舞弊，包括通过行贿和私人关系得到各种优惠，从而赚取不应得的利润。例如，银行以低息向职员贷款，后者再将贷款存入银行以获得高息，而这笔可观的收入不是工资，也无须纳税；生产部门虚报产品损耗维修，将核销损耗材料转手倒卖后将所得款项私分等。在经济自由化条

---

① Эксперты увидели риск ухода россиян в тень из－за недоверия к государству. https://www.rbc.ru/economics/06/10/2016/57f653bb9a7947eed7276c25.

件下，金融寡头通过抵押拍卖和低价购买等方式，以很低的成本控制了大量工业资产，其中包括具有出口优势和换汇能力的国有资产，是远东褐色经济最常见的方式，其中，纳霍德卡港口就是以极其低廉的价格转移到既得利益者手中变为股份公司。

（3）黑色经济（地下经济），即法律禁止的经济活动，尤其是有组织的经济犯罪行为。其主要表现为走私、销售武器、贩毒、洗钱、非法经营赌场和妓院。从事黑色经济的主要是有组织的犯罪集团，与商业机构有紧密联系，据俄罗斯内务部统计，截至2005年，这些有组织的犯罪集团控制着60万亿—70万亿卢布的资金。他们用巨额非法收入贿赂各级官员，有70%的犯罪集团是在被收买的官员庇护下进行犯罪活动。

20世纪90年代，有组织犯罪集团在纳霍德卡的非法经济活动最为明显。维杰拉伊洛夫团伙和哈杜耶夫团伙曾经控制了全市近1/3的经济。1995年滨海边疆区经济犯罪案件增加62%，同期全俄罗斯仅增长12.5%。1995年在滨海地区查获伪造银行单据侵吞国家资金达300多亿卢布，收缴伪造海关文件3000份，伪造文件数量比1994年增加6倍，其中符拉迪沃斯托克的"女中音"公司利用其接近海关的方便条件，伪造海关文件从中获利每天达2万—3万美元。[①]

总体而言，影子经济已蔓延至俄远东地区经济各个领域。在农业领域表现为土地私下交易、非法雇工；在城市生产领域表现为隐形就业、地下生产；在金融和财政税收领域表现为通过伪造支付文件窃取资金、银行滥用存款、结算过程中造假行为，有价证券的造假行为，金融诈骗，挪用国家财政贷款，偷税漏税，虚假破产，洗钱和资本外逃；在服务和贸易领域表现为黑市交易、销售假冒伪劣产品；行政执法领域中表现为国家各级公职人员贪污受贿、官商勾结、执法人员敲诈勒索、收取保护费；在进出口领域具体表现为逃税、利用出口特权获得非法收入、海关行贿受贿、灰色清关。[②]

影子经济之所以在各个经济领域都有渗透，主要原因是缺乏有效的

---

① Социально－экономическиеиполитическиепроцессывАзиатско－Тихоокеанскомрегионе. сборник статей，ДВГУ. 1997 г. С. 56.

② 时映梅：《俄罗斯"影子经济"问题研究》，博士学位论文，黑龙江大学，2008年。

法律监督。经济转轨之初,经济形势恶化,远东地方政府不能及时对经济和社会中出现的许多问题制定出一套行之有效的法律法规,社会贪污现象没能得到有效控制。俄罗斯2001年8月7日通过了《反犯罪所获财产合法化法》,这部法律的立法宗旨是同以犯罪手段获得财产行为作斗争,打压影子经济。但是这部法律却将逃避关税、逃避缴纳国家预算基金税、逃避强制交保险费等几种最常见的影子经济模式排除在该法律之外,俄远东执法部门利用该法在抑制影子经济增长方面所起到的作用有限。

国家财政紧张,执法部门一度资金缺乏,警察甚至常常不能及时拿到工资。1997年,海滨边疆区发生治安民警酝酿集体绝食抗议政府拖欠工资事件。[1] 1998年,滨海边疆区警员平均工资只有800卢布,内务部门欠联邦预算6150万卢布,欠边疆区预算10123.8万卢布。警察的工作积极性差,不能正常行使职能,也放任甚至造成影子经济行贿的机会。

俄罗斯税负沉重是公认的事实,企业一般要将产品销售额的60%纳税,上缴的税款占其利润的60%—80%,而西方国家的比例为33%—35%。而税负与"影子经济"的规模成正比,税负越高,就会有更多的企业躲到影子经济里,影子经济的规模就会越大,如利用第三者的账户使自己的经济活动逃避国家监管。

居民贫富差距加大。按照经济学的十分法计算,俄罗斯收入最高的10%的居民与收入最低的10%的居民之收入差距从1992年的8倍扩大到2009年的16倍。由于俄罗斯经济状况恶化,居民的实际收入下降40%以上,人们不得不寻找各种隐形收入。在远东地区,通过从事影子经济活动获得的隐形收入总额相当于正式支付的工资总额的40%。

2. 远东地区影子经济的规模

远东地区影子经济规模在各经济领域大不相同。影子经济活动多集中在贸易等第三产业当中,农业中的影子经济规模次之。这与全俄状况大体相当。2001年,影子经济在建筑业中所占比重为8%,在交通与通

---

[1] Газета. Владовосток. 20. март. 1997г.

信部门中占9%，在工业中占11%，在农业中达到46%，而在贸易中则高达到63%。①

远东经济在一定程度上取决于当地丰富的自然资源开采，如森林资源、海洋水产资源以及矿产资源。这也决定了贸易领域是影子经济渗透最深的领域。在影子经济的影响下，远东资源潜力还远远未完全发挥，经济运行受严重干扰。影子经济多出现于森林采伐和木材加工业。在哈巴罗夫斯克和滨海边疆区以及阿穆尔州，95%的林木生产过程中存在违法行为。2010年，违法砍伐的林木总量达约12.7万立方米，直接损失约41亿卢布。俄罗斯是中国最大的木材供应国，其80%的木材进口到中国。2010年，在中俄边境木材运输中，通过汽车超载的方式（通常超载3—14立方米）影子经济使出口损失达到每年50万立方米。此外，影子经济获利的主要方法把木材重新分级，即压低木材等级及价格，实际价格和海关出口木材之间的差额大约是每立方米30美元，造成的损失数以亿计。②

在水产品资源方面，影子经济主要通过瞒报等手段获取巨额利益，远东地区海关与日本海关以及其他国家海关的数据在进出额及价格上存在着巨大差异。1995年，根据日本对外贸易机构的估计，俄罗斯船只运到日本销售的蟹为56783吨，价值近6.62亿美元。而同年，俄罗斯出口蟹类只有7316吨，价值8550万美元，相差8倍多，这种差异最终体现在税收损失方面。近些年来，对比俄远东海关与日本海关数据，水产品进出口数量，2007年相差5.3倍，2008年为5.1倍，2009年为2.6倍，2010年为2.5倍。从两国海关价格指数可以得出结论，在日本申报的平均进口价格比俄罗斯公司申报的出口价格更高。在2007年，按单位价格计算相差1.7倍，2008年为2.1倍，2009年为1.9倍，2010年为2.9倍。按价值计算，2007年远东地区对日出口水产品损失约9亿美元，2008年约达12亿美元，2009—2010年约8亿美元。

截至2009年，出口到韩国的渔业产品同样存在类似情况。根据韩

---

① Н. М. Голованов, Перекислов В. Е., Фадеев В. А. Теневая экономика и легализация преступных доходов. СПб: Питер, 2003 г. С. 143.

② Теневая экономика ДВ: неутешительные итоги. http://zrpress.ru/incidents/dalnij-vostok_ 20.04.2011_ 42514_ tenevaja-ekonomika-dv-neuteshitelnye-itogi. html.

国关税厅资料，2007年，远东出口韩国的鱼类和海产品数量是俄海关数据的8.4倍，2008年为4.7倍。按价值计算，2007年相关产品总额差为7.4倍，2008年为4.3倍。换句话说，2007年远东地区相关产品损失出口税收3.65亿美元，2008年达3亿美元。

2009年，韩国海关统计数据中63.5%的渔业产品数量和60.5%的产品价格与俄罗斯海关数据相符，影子经济所造成的经济损失虽然有所减少，但情况依然不容乐观。2010年，分别对应俄罗斯海关数据的"缺额"一直保持在66.8%和60.7%[①]。因此，很难估计在此期间的损失。当然，其中某些俄罗斯出口货物在韩国并没有出售，而是以未知价格和回报转销到第三国。

在贵重金属开采方面，生产和流通领域中发生的经济犯罪数量呈增长趋势。仅2010年上半年，远东内务部门就查获案件超过150件，涉案贵重金属及宝石价值超过1.5亿卢布。在这方面最棘手的案件发生在主要的黄金开采地区——马加丹州和雅库特地区。马加丹州影子经济重点是将以非法手段获得的贵金属合法化，从矿山非法收购贵金属走私到北高加索地区，部分运到土耳其等国家，然后以相对便宜的珠宝形式将资金流回俄罗斯。

在过去几年中，远东地区的经济犯罪率持续下降。在渔业和保护水生生物资源领域，2009年发现的犯罪案件比2008年下降18%，2010年比上年减少23%。在采伐加工木材方面，2009年下降11%，而在2010年减少近70%。2010年，贵重金属和宝石走私的数量下降了40%。2010年，影子经济中能造成巨额损失的黑色经济数量明显下降：在生产销售生物资源方面，同比减少了22%，木材行业减少65%，贵金属和宝石减少48%。出现上述情况的原因在于俄远东经济逐渐走上正轨，法律法规不断完善，执法力度进一步加强。但也要看到的是，影子经济每天都变得更加精细，一直在不断扩大自己的势力范围。犯罪分子采用更加复杂的方案，利用腐败和法律资源，以更加隐蔽的形式进行跨地区和跨国非法活动，使执法部门查获影子经济

---

① Теневая экономика ДВ: неутешительные итоги. http://zrpress.ru/incidents/dalnij-vostok_ 20.04.2011_ 42514_ tenevaja-ekonomika-dv-neuteshitelnye-itogi. html.

的难度提高。

远东地区影子经济的范围在俄罗斯改革过程中得到极大扩展,已覆盖社会政治经济生活的各个层面。上至国家官员,下至普通民众,几乎每个俄罗斯人同影子经济都有或多或少的联系。2010年,在非正规经济部门的就业的劳动力达16.6%。2012年,在影子经济范围内就业人数约为1400万人,占劳动力总人数的19%,其中,青少年的百分比(15—19岁)占49%,中青年人(20—24岁)占23%,主要从事贸易、农业和建筑业。2013年,俄副总理奥尔加·格洛杰尔茨在报告中指出,俄罗斯现有8600万适龄劳动力中只有4800万人在合法机构工作,影子经济每年的资金流动和交易数量甚至超过了俄罗斯国家预算。远东地区从事影子经济的百分比虽然不如伏尔加和中央联邦区(达吉斯坦,印古什和车臣的非正规就业百分比最高),但也接近或超过全俄(见表18—16)。

表18—16　俄罗斯远东地区影子经济中的劳动力数量
（2001年、2009年）　　　　　　　　单位：千人

	影子经济从业人数	影子经济中的专职从业人数	影子经济中的兼职从业人数	占总就业人数的比例（%）
俄罗斯联邦	9190 13490	7126 11819	2064 1671	14.3 19.5
远东联邦区	452 670	377 600	75 70	13.5
萨哈共和国（雅库特）	51 81	38 69	13 12	11.6
滨海边疆区	151 34	117 32	34 2	14.5
哈巴罗夫斯克边疆区	93 262	84 235	9 27	13.4
阿穆尔州	48 82	46 71	2 11	11.1
堪察加边疆区	31 130	27 117	4 13	15.4

续表

	影子经济从业人数	影子经济中的专职从业人数	影子经济中的兼职从业人数	占总就业人数的比例（%）
马加丹州	22 13	20 13	2 0.0	17.7
萨哈林州	35 46	31 44	4 2	12.2
犹太自治州	19 20	15 18	4 2	21.9
楚科奇自治区	3 2	1 2	2 0.0	8.0

资料来源：А. Н. Сухаренко. Теневаяэкономика Дальнего Востока：мрачные перспективы Ойкумена. №3. 2011. 上一行数据为 2001 年数据，下一行数据为 2009 年数据。

截至 2009 年，在远东联邦主体中非正式就业比例居高不下的是犹太自治州（24.3%）、哈巴罗夫斯克边疆区（26.4%）、堪察加边疆区（31.1%），占比较低或有所下降的是楚科奇自治区和马加丹州。2001—2009 年抽样调查数据，俄罗斯在非正规经济部门中从业人口总数增加 5%（从 14.3% 升至 19.5%），其中，俄罗斯远东地区增加 7.3%（从 13.5% 升至 20.8%），远高于同期俄罗斯平均水平。这些数据如果转换成人力资源会更令人印象深刻，在俄罗斯非正规就业同期增长 430 万人，在远东联邦区增加了 24.5 万人。[1]

第五节 远东地区的外来移民

人口移徙是影响远东联邦区人口变化的重要因素，流动形式包括远东联邦区与独联体国家间的迁移、联邦主体间的迁移。俄罗斯在远东地区采取的移民政策核心由两个重要部分组成，即控制外来劳动力的迁入和鼓励国内居民移居远东。俄政府在尝试进行可控式管理过程中，颁布和实施了一系列相关法律，希望通过制度规范来缓解外来移民引发的社

---

[1] Сборник《Экономическая активность населения России》. М. , Росстат. 2002 - 2010.

会及舆论压力。

一　远东地区外来人口结构与数量

苏联时期的移民迁移流向基本是由国家调控，为了加强远东地区的建设，苏联政府将大批的干部和居民从西部和中部迁到人迹稀少的远东地区。在远东地区开发史上，移民对远东人口数量的增长起主要作用。1986年至1990年移民占人口增长量的17.2%。苏联解体后，远东地区经济形势开始恶化，人口开始向俄罗斯欧洲部分倒流，人口增长的移民因素不复存在，而同期迁移至远东的人口数量急剧减少。根据统计资料，远东的人口外流率1995年为13.6‰，1999年为8.7‰。① 追求更高的物质生活条件是远东居民迁移的主要动机之一，生产和金融基础设施不够发达，是造成远东联邦区居民大量外流的原因。人口外流现象最严重的是远东北部地区，这里的地理气候严苛，是远东最落后地区，特别是其北部的经济和社会条件与其他地区相差悬殊，生存十分艰难，而原有的吸引移民稳定在该地区的优惠条件已经名存实亡，楚科奇自治区的人口数量从1991年的16万人减至5万多人。

21世纪初，整个远东地区人口外流趋势依旧，根据2010—2015年俄罗斯联邦人口数量及迁移统计数据，2010年远东联邦区外迁居民数量为49141人，2015年为84971人；与此同时，2010年远东联邦区外迁入居民数量为18703人，2015年迁入人数为52101人；迁出与迁入人数相比分别2.63∶1和1.63∶1，在远东联邦区居民外迁持续的背景下，迁出与迁入比趋于接近。② 远东联邦区居民外迁选择最多的地区是中部联邦区、西北联邦区和南部联邦区，2010年，这些地区吸收了远东联邦区外迁移民的70.2%，2015年达到86.2%。这些联邦地区相对优越的居住环境和生活水平成为吸引远东联邦区居民的主要因素。远东地区实际上已成为俄罗斯其他联邦地的人口和劳动力资源的供给者，对于社会经济发展和改善远东人口状况必不可少的劳动力人口继续减少，

---

① 杜立克：《浅析俄罗斯远东地区的人口危机问题》，《内蒙古大学学报》2003年第7期。

② 2009 – 2016 исленность и миграция населения РФ. ФСГС. 2017.

尤为严重的是，离开和打算离开远东地区的居民中主要是有专业技能的年轻劳动人口和受过高等教育的人才。2011—2015年，远东联邦区内部的人口迁移活动呈上升趋势，增长率为19.7%，滨海边疆区、哈巴罗夫斯克边疆区，萨哈（雅库特）共和国的居民最为活跃（见表18—17）。2011年远东联邦区内迁量中，这些地区接收居民数占69.5%（74100人），2015年达到72.5%（92700人）。这种内部迁移对远东联邦区整体人口增长毫无意义，上述联邦主体只是吸引到远东其他地区的居民，2011—2015年，区域内流动对马加丹自治州和犹太自治州带来的只有负面影响。[1]

表18—17　　　　　远东联邦区内部人口迁移数据　　　　　单位：千人

	2011年	2015年	2015年比2011年增减率（%）
远东联邦区	106.8	127.8	19.7
萨哈共和国（雅库特）	18.1	23.3	28.7
堪察加边疆区	2.2	3.3	50.0
滨海边疆区	36.5	45.1	23.6
哈巴罗夫斯克边疆区	19.5	24.3	24.6
阿穆尔州	16.8	17.3	3.0
马加丹州	2.6	1.7	-34.6
萨哈林州	8.0	10.0	25.0
楚科奇自治区	0.6	0.8	33.3
犹太自治州	2.5	2.0	-20.0

资料来源：Регионы России. 2002 - 2016/ФСГС. 2017；Числен-ность и миграция населения РФ. 2009 - 2016/ФСГС. 2017.

在远东联邦区居民大量外迁的同时，也有相当数量的人口流涌入这一地区，他们当中既包括来自苏联中亚地区的移民，也包括来自亚洲邻国的劳务人员和商人。苏联解体初期，部分地区民族冲突时有发生，这导致许多居民被迫迁往俄联邦其他地区。1994年，远东地区的人口迁

---

[1] П. А. Минакир, Российский Дальний восток на пути в будущее. Хабаровск. 2017. с. 109.

移呈顺差态势，其中高加索 5850 人，吉尔吉斯 1541 人，乌兹别克斯坦 3257 人，还有来自阿塞拜疆、亚美尼亚、格鲁吉亚、塔吉克斯坦以及土库曼斯坦的移民。① 此外，由于远东地区重要的战略地理位置，苏联政府将不少本地民族迁往其他地区，同时从中亚等地迁来居民，这其中朝鲜族的迁移较为典型。20 世纪 30 年代，居住在远东地区的数十万朝鲜族迁移到中亚地区，苏联解体后，中亚朝鲜族居民返回远东有了法律依据，回迁活动开始进入新阶段，20 世纪 90 年代，远东滨海边疆区的朝鲜族居民增加了 2—2.5 倍，到 90 年代末，该边区的朝鲜族居民人数达 2.5 万—3 万人②。这些移民从数量上补充了人口自然损失，在某种程度上减缓了人口下降的速度，对人口数量起到了十分明显的补充作用。在远东各大城市，建筑、交通运输、保洁、农业和零售等行业中，特别是报酬低的工种已经严重依赖外来劳动力。

在远东联邦区转型的初期，滨海边疆区与哈巴罗夫斯克边疆区等较发达的地区是移民主要聚居地，1994—1999 年，滨海边疆区共接纳 34.5 万名移民，这其中包括相当数量因地区冲突被迫移民的苏联中亚地区居民。截至 1998 年底，远东移民管理部门有 8783 名这类移民在册，其中的 45% 在滨海边疆区。1992—1999 年，共有 4524 名被迫移民和难民在该边疆区登记，从民族构成来看，在被迫移民和难民当中，俄罗斯人占 60%—70%，朝鲜人占 10%—16%，塔吉克人和乌兹别克人各占 1%，乌克兰人占 5%—5.3%，鞑靼人占 3.9%，车臣人占 2%—2.2%，亚美尼亚人占 2.1%，阿塞拜疆人占 1.5%，德意志人占 0.5%。迁往远东的被迫移民和难民主要来自中亚，其中 28.3% 来自哈萨克斯坦，19.7% 来自塔吉克斯坦，16.7% 来自乌兹别克斯坦，10.7% 来自吉尔吉斯斯坦。③

20 世纪 90 年代末，迁居远东地区的朝鲜人、阿塞拜疆人、亚美尼

---

① Портяков. В. Миграционная ситуация на Дальнем Востоке России//Миграционная ситуация на Дальнем Востоке и политика России. —Библиотека публикации Московского центра Карнеги. http：//www. Carnegie. ru/ru/pubs/books/volume/36282. htm.

② В. А. Королева и др. Этномиграционные процессы в Приморье в XX веке. Владивосток：ДВО РАН, 2002. С. 181.

③ ВащукА. С. Миграционные связи Дальнего Востока России с постсоветскими государствами в конце XX в //Россия и АТР. 2003. № 2（40）．

亚人和车臣人等已在当地形成各具特色的民族团体。资料显示，截至 1999 年底，在滨海边疆区生活的阿塞拜疆人、亚美尼亚人、朝鲜人和车臣人分别为 2.1 万人、2.5 万人、2.6 万—2.7 万人和 304 人，这些民族团体的成员多在远东从事商贸活动。移民为远东地区解决了劳动力不足的问题，同时也给远东带来经济合法性的问题，其中不少朝鲜人、阿塞拜疆人、亚美尼亚人和车臣人等在远东从事的经贸活动经常处于灰色边缘。与此同时，灰色经济促使犯罪现象增加，各个移民犯罪帮派所从事的灰色类别各不相同，车臣移民分别控制着两家商业银行和一系列大的商业企业，在银行系统进行勒索和诈骗。阿塞拜疆人多聚居在哈巴罗夫斯克边疆区，主要是非法倒卖酒类，走私有色金属，朝鲜帮犯罪团体较多，在滨海边疆区和萨哈林州各 1 个，哈巴罗夫斯克边疆区 4 个，堪察加州 8 个。[1] 远东社会经济转型以来的情况表明，这些外来人口为当地解决了一些问题的同时也带来了新的问题。

自 1992 年起，远东劳动力市场的缺口逐渐被来自亚太国家的外籍工人占据，远东地区毗邻国家和亚太地区的移民一直是补充俄远东劳动力的重要来源之一。20 世纪 80 年代初，苏联就曾与越南进行过劳务合作，到 1991 年在苏联境内的越南人已达 15 万人。苏联解体后，许多越南人滞留在俄境，以贩卖轻工业品为生。远东地区的鲜族劳动力主要来自朝鲜，主要从事建筑业、维修和农业，苏联解体前一度是哈巴罗夫斯克边疆区和阿穆尔州的主要外籍劳动力。1994 年，向阿穆尔州输出劳务的 15 个国家中，有朝鲜 4629 人位居首位，来自中国的劳动力为 868 人。2006 年，阿穆尔州外国劳动力市场结构中，来自独联体国家的工人仅占 10.2%，而在 1995 年，该数据为 54.4%。[2]

2010 年的外籍劳动力从业数据显示，远东联邦区共有登记外籍劳动力 151604 人，占同期全俄外籍劳动力的 9%（见表 18—18）。而实际上远东地区每年实际外籍劳动力是这个数据的 2 倍，外籍劳动力多分布在建筑、批发、零售、维修和农业等领域，这些领域极其缺乏劳动力，

---

[1] В. А. Королева и др. Этномиграционные процессы в Приморье в XX веке. Владивосток: ДВО РАН, 2002. С. 151、176.

[2] Амурский статистический ежегодник 2007. Благовещенск, 2007.

其中批发零售贸易在外籍劳动力就业市场中占43%，农业领域的外籍劳动力占其市场的14%，此外是交通运输和制造业。由于各个远东联邦主体的经济结构不同，外籍劳动力的分布也有所侧重，农业劳动力最为集中的是滨海边疆区、哈巴罗夫斯克边疆区、阿穆尔州和犹太自治州，合计占远东联邦区农业外来劳动力的92%；在滨海边疆区采矿业的外籍劳动力占其行业人数的0.04%，只有28人，而批发零售及维修行业的外籍劳动力分布较为平衡。

表18—18　俄罗斯远东联邦区外籍劳动力人数及行业分布
（2010年）　　　　　　　　　　单位：人

	总数	农林和狩猎	采矿	制造	批发、零售、维修	运输与通信	其他活动
俄罗斯联邦	1640801	148571	33223	221509	595151	272114	70592
远东联邦区	151604	22600	7892	14107	64913	19339	3518
萨哈共和国（雅库特）	17672	208	1140	503	9849	2439	307
堪察加边疆区	7846	92	94	—	3283	610	282
滨海边疆区	41734	6899	28	6365	20831	3403	652
哈巴罗夫斯克边疆区	28962	3419	548	3420	10086	7072	985
阿穆尔州	21353	7284	436	1001	8217	2279	212
马加丹州	4515	251	1761	98	1290	734	87
萨哈林州	20871	1267	2410	1859	9272	2393	903
犹太自治州	5971	3177	247	725	1192	307	7
楚科奇自治区	2680	3	1228	136	893	102	83

资料来源：http://www.gks.ru/.

值得指出的是，在外籍劳动力市场中，高科技劳动力所占比例极少，这并不表明远东劳动力市场高科技人员的需求很少，恰恰相反，远东联邦区高科技劳动力缺口一直很大，建筑业急需大量专业建筑工人，农业领域每年都要吸收外国劳动力，林业、能源开采、贵重金属等生产部门的劳动力缺口达50%。

外来移民中高科技移民比例较少是因为移民素质在逐年下降，以独联体内部移民为例，移民俄远东地区的年轻人主要来自中亚国家，多数不具备任何专业技能和工作经验，俄语水平较差，这种情况在俄罗斯转型初期尤为普遍。随着远东地区经济的复苏，对劳动力配额等准入制度的完善以及对高科技劳动力的引导性吸引，俄罗斯远东地区的移民教育程度有了明显提升。2010 年，远东联邦区移民中，14 岁以上移民总数为 84068 人，其中受过高等教育的移民有 25054 人，占移民教育程度的 29.8%，其中硕士以上 118 人；小学及无法界定教育程度者占总数的 7%；在远东联邦区主体高等教育移民引进最多的是哈巴罗夫斯克边疆区、滨海边疆区、萨哈共和国（雅库特）以及阿穆尔州，占全远东地区高等教育移民总数的 81% 左右。

在这种情况下，随着远东地区经济的恢复以及俄罗斯移民管理的逐步规范，远东地区吸引外国高学历劳动力有逐年增加之势。2012 年，滨海边疆区的外国高级专家数量达 944 人（2011 年为 716 人）；哈巴罗夫斯克边疆区的外国熟练工人数量增长了 56.8%，为外国公民办理并发放熟练专家劳动许可证 588 份，其中约 70% 的人才从事建筑和加工业，而 2011 年为 375 份；阿穆尔州为 510 名外国公民发放技术性劳动许可证（中国 477 名、朝鲜 1 名、塞尔维亚 2 名、英国 1 名、乌克兰 15 名、乌兹别克斯坦 8 名、吉尔吉斯斯坦 5 名、摩尔多瓦 1 名）。2012 年，阿穆尔州政府为 10781 名外国人办理劳动许可证，在贸易领域就业的外国人增长了 79.38%（从 587 人增至 1056 人）。但在国民经济某些领域外国公民数量出现下降，为保护森林资源，阿穆尔州政府削减了利用外国劳动力从事森林采伐的企业配额，林业综合体的外国劳动力减少了 50%（从 3848 人减至 1924 人）。从事农业、汽车修理等行业的外国公民数量有所减少（农业从 384 人减至 146 人，汽车修理业从 122 人减至 105 人）。其他行业引进的劳动力数量明显增长。2012 年，阿穆尔州为来自独联体国家公民颁发了 3639 份营业执照（2011 年为 2448 份）。获颁执照最多的是乌兹别克斯坦人 1847 份，其次是吉尔吉斯斯坦人 731 份。[①]

20 世纪 90 年代，以经商、劳务、求学、旅游等目的赴俄罗斯远东

---

① 卡拉伊万诺夫 A. A、巴兰尼科娃 A. O：《俄罗斯远东移民问题浅析》，《西伯利亚研究》2014 年第 1 期。

地区的中国人员不断增多,移民问题也开始出现并迅速在俄罗斯成为涉及面广泛的问题。根据俄罗斯移民机构的统计数据,可把在俄罗斯的中国公民分为三类:一类是出国留学或实习;二类是依据正式合同定居的暂时劳务移民;三类是在俄罗斯有常住地的中国公民。需要指出的是俄罗斯统计移民数量的时候通常将旅游者划入移民统计,这是因为中俄两国对移民含义的解释有很大的不同。中国对移民的定义强调其有组织性和永久性,而俄罗斯对移民的理解显然要宽得多,只强调人口在空间上的移动,移民是指永久或在一定期限内到若干年以改变固定住所、工作、学习、休息等地点为目的,完成跨境迁移的人员。因此俄罗斯不仅把取得临时居住证和长期留住证的外国公民算作移民,把持有签证留学的外国公民算作移民,甚至把赴俄旅游的外国游客都算作移民。根据俄罗斯的统计,1989 年远东地区的中国移民常住人口为 1742 人,苏联解体后,相关数据迅速增长,1993 年,根据俄罗斯海关统计,中国赴俄人员超过 75.1 万人次,其中通过远东地区海关入境的达 48 万人次。

从远东地区中国移民空间分布来看,主要集中在哈巴罗夫斯克边疆区和滨海边疆区,而且移民数量也远没有当时俄罗斯部分学者想象的那么多。作为最为集中的地滨海边疆区,1992—1998 年,每年引进的中国劳动力总数不超过当地劳务人员总数的 16%。1994 年在滨海边疆区登记的中国劳务人员 7895 人,此后逐渐减少(1999 年为 6360 人),同时期在哈巴罗夫斯克边疆区登记的中国劳务人员为 1947 人,阿穆尔州为 1495 人,萨哈林州为 864 人,犹太自治州为 609 人,堪察加州为 364 人,科里亚克自治州为 200 人。[①] 在远东的就业结构中,中国移民的份额仅为 12%,即使把非法移民以及借助旅游签证赴俄从事其他经营活动的劳动力算在内也不超过 15%。

从职业构成看,当时中国移民多数在远东地区从事建筑施工、农业种植、服务业及零售等附加值较低的行业,中国移民的存在给当地居民提供了各种商品和服务,创造了就业岗位,这在远东经济转型初期尤为明显,在事实上有助于远东人口保障日常生活需求。除此之外,中国商家在远东地区逐渐开拓出市场,在农业、建筑业以及服务业拥有一定程

[①] 诺索夫:《俄罗斯远东与中国》,《西伯利亚研究》1996 年第 4 期。

度的份额，在俄罗斯远东地区已经形成了中国商品的集散地。其中，乌苏里斯克地区形成了远东地区最大的中国商品集散地，由于多数中国商家认识到质量关乎长远利益，出售劣质商品的情况有所缓解。

21世纪初期，中国移民在远东的数量出现缓慢增长的趋势。尽管中国与俄远东地区劳务合作还存在一些不利因素，但客观经济为合作开辟了广阔的领域。中国劳务人员技术熟练、吃苦耐劳，对俄远东联邦区的企业很大的吸引力。因此中国劳务人员在远东地区外国劳动力市场中占有很大的份额。2005年，在哈巴罗夫斯克边疆区登记的中国劳务人员3612人，阿穆尔州3646人，滨海边疆区15578人，犹太自治州684人，与1995年相关数据比较，上述地区中国劳务人员增长91%，主要务工领域包括林业、建筑业、农业、餐饮业、零售业等。

从中国移民的职业构成来看，21世纪初的远东中国移民基本保持了20世纪末的特点，但在职业选择上更加理智，不再盲目地赴俄远东地区经商或务工。从中国移民的区域分布来看，中国移民仍然选择聚集在远东较大的城市。俄罗斯远东地区主要是远东地区东南部地区成为中国移民主要分布地区，1993—2006年，在历史数据最高的2005年，滨海边疆区、阿穆尔州、哈巴罗夫斯克边疆区以及犹太自治州的四个远东地区的东南联邦主体引进中国移民总计23520人，其中，阿穆尔州、哈巴罗夫斯克边疆区是中国移民聚居地。2007年，在哈巴罗夫斯克边疆区获劳务许可的23700名外国侨民中，有大约6900名中国人，在滨海边疆区务工的16000名外国人中，中国人有6394名，萨哈林州有1930名中国工人从事汽车修理、住房和办公楼建筑、批发和零售贸易以及林业。[①] 2010年上半年在俄罗斯远东地区共有6.6万名外国打工人员，其中43%是中国公民（约2.8万人）。

由于俄罗斯远东地区实行严格限制的移民政策，因此在远东地区长期合法定居的中国移民数量极为有限。绝大多数身处远东地区的中国人属短期居留，并非真正意义上的移民，在远东取得俄罗斯国籍及居留证的中国人属极少数。其中在滨海边疆区，截至2003年初，获得居留证的中国人为98人，1998—2002年，有42名中国人取得俄国籍。在犹

---

① 舒林：《俄远东地区闲置岗位多于失业人数》，《远东经贸导报》2010年8月3日。

太自治州，仅有4个中国人在1998年娶俄罗斯姑娘为妻并获得居留证。在阿穆尔州，1991—2002年，总共有67名中国公民获得居留证，有23名中国人取得俄国籍；实际上获得长期居留证或国籍的中国人多是通过婚姻的形式，在俄罗斯联邦外国公民地位法规定，只有与俄联邦公民结婚且在俄拥有居所或在俄联邦出生的外国公民方可获临时居留许可。①

二 远东移民政策与人口安全

进入21世纪，俄罗斯远东地区一直面临着经济振兴的挑战，但由于适龄劳动人口的短缺，劳动力不足始终是令俄决策层感到焦虑的棘手问题，人口危机已成为俄罗斯经济振兴中的短板。实际上，苏联解体后，俄罗斯远东地区的国民总数就开始呈负增长态势。1991年，俄远东居民人口总数为8056000人。社会转型期间，远东居民大量迁移到经济环境更好的地区，到2012年远东人口降至625.2万人，22年减少181.2万人，人口减少22%。此前世界上还没有哪个国家在和平时期人口出现如此大规模的缩减，这种趋势决定了俄罗斯远东人口安全的危机。

20世纪90年代中期，俄联邦和远东地区通过一系列法案，对俄劳务市场的外国劳动力进行监控，整治非法劳务移民是俄这一时期在远东地区首要的移民政策。1995年，雇用外国劳动力（包括独联体国家劳动力）的用工单位，必须到国家相应权力机关办理手续后，才能聘用外来务工人员，法令除了限制和整顿来自中朝两国的劳务人员，还把大多数远东外籍工人纳入国家的监督之下。② 在整顿远东劳务市场的同时，俄罗斯鼓励独联体居民向远东地区迁移，但是除远东地区的几座行政中心外，移民不愿迁居远东地区，因而其成效并不如预期那样显著。

普京执政之后，出于维护人口安全和遏制外来非法移民的需要，在

---

① 李传勋：《俄罗斯远东地区的所谓中国移民问题》，《俄罗斯中亚东欧研究》2009年第6期。

② 在这一时期，中国与朝鲜的劳动移民数量巨大，以阿穆尔州为例，1994年，在向阿穆尔州输出劳务的15个国家中，朝鲜居于榜首，计4629人，乌克兰887人居第2位，中国868人。

2001年12月出台的《俄罗斯联邦至2015年人口政策构想》中，提出了"调节外来移民潮，建立俄罗斯人口损失的有效补偿机制"的任务。具体设想是：以选择移民政策为基础，吸收外来移民，首先吸收来自独联体国家的移民，通过实施相应的法律、组织和财政等机制，保证向俄罗斯移民的合法化，鼓励向俄罗斯联邦移民的一系列措施，发展统一的移民监督体系。为此俄罗斯在移民政策方面采取了一系列实质性的步骤，其主要标志是2002年5月通过的《俄罗斯联邦国籍法》，同年7月通过的《外国公民在俄罗斯联邦的法律地位法》以及2003年1月的《俄罗斯联邦出入境程序法的修改和增补法》。其中，《外国公民在俄罗斯联邦的法律地位法》将俄罗斯境内的外国公民分成三类（临时逗留、临时居住和常住），对他们权利和法律地位分别做了不同界定。外国劳动力必须办理工作证，持劳务签证到俄后进行落地登记。整套程序办理需3—4个月，该法将外国劳动力置于俄政府直接监督和强力部门的严密控制之下，用工成本大大增加。

上述政策的出台表明，俄罗斯的外来移民政策框架已初步建立，各类移民的法律地位得到明确，外国公民和无国籍人士在俄罗斯境内的管理更趋规范化。同时在外来移民管理方面，俄罗斯的外来移民政策也不可能一成不变，它需要及时调整和充实。21世纪初，为了让远东走出人口困境，利用移民补充人口和劳动力资源的不足，俄罗斯远东联邦区曾有过考虑安置超过百万来自俄罗斯各地区的移民，采取一系列措施，吸引中部地区的俄罗斯公民来远东，吸引独联体和波罗的海沿岸国家的，首先是俄罗斯公民和无国籍讲俄语的人来远东，利用外国劳动力。俄专家认为，这种规划的难度可想而知，需要国家制定旨在吸引俄罗斯公民到东部地区居住和工作的有效的刺激制度，否则就形成不了远东移民的鼓励机制。

为了吸引移民，建立新的经济刺激和行政鼓励机制，俄政府制定了新的、更为有效的移民政策。根据2006年6月22日的俄联邦总统令，俄出台了鼓励居民迁移远东的措施。① 在远东各联邦主体援助自愿移民纲要中，标明了具体接纳移民数量及其家庭成员数，除一系列物质鼓励

---

① Указ Президента Российской Федерации от 22.06.2006 г. № 637.

外，对定居远东地区的移民还提供了临时居所，安置就业岗位。2007年，为实施2013年前远东和后贝加尔地区发展纲要，俄罗斯政府计划调拨5600亿卢布，到2050年吸引300万外来人口。

随着远东地区经济的恢复，远东地区吸引外国劳动力的数量出现逐年增加之势。2006年俄政府给远东地区的劳务配额指标为58652人次，占全俄总额度的比重达20%，比2004年核定劳务配额指标增加69%（2004年批准34592人次，实际合法务工53871万次，超出额定55%），显然，为远东地区制定的配额数量远远不足以填补其劳动力市场的空缺，所采用的配额制不能反映远东经济对外国劳务移民的需求。

自普京执政以来，俄政府在接收和规范外来移民的标准上，主要是基于从社会经济和人口安全两方面考虑问题。在稳定劳动力，吸引移民，以便形成能够实现社会、经济发展的人口和劳动力资源储备的同时，俄政府重新审视外国非法移民以及行业竞争为俄民众所带来的便利及其所产生的负面影响之间的利害关系。2007年1月15日，俄罗斯关于移民问题的一系列新规定正式开始生效，其中包括《关于移民登记》和《关于外国人在俄罗斯法律地位的条例》修订版。最为明显的就是2007年俄政府关于在俄居留的外国人的限制法规也开始生效，规定自2007年1月1日起，俄政府将禁止外国务工人员在俄从事酒类和药品贸易；到4月1日，外国人在俄售货摊点、自由市场及"商店以外的场所"进行零售业的人数应限制在零售业总人数的40%；随后至2007年末，外国人在俄零售业从业人员所占比例将逐渐被降至零，即完全禁止外国人直接从事零售业。顺便提一句，中国在俄罗斯从事零售的商人成为受到冲击最大的一个群体，2007年末，在远东地区各大零售市场中，原中国商家的位置几乎全部被来自独联体中亚国家的商贩所占据。

在限制非法移民和行业保护的同时，俄罗斯决策层也逐渐意识到提高外来移民质量的重要性。在《俄罗斯联邦国籍法》修改草案的审议过程中，俄罗斯联邦移民政策委员会主席佐林强调，俄罗斯最需要填充的是有技术专长的外国劳动力，在随后颁布的移民政策中，这一政策导向明显地得到体现。补充法为在俄罗斯联邦受过中等和高等教育的原苏联各加盟共和国公民申请俄罗斯国籍开了绿灯。新移民法采用灵活的获得居住证制度。申请人要取得居住证要综合语言、教育等方面的测试结果来打分，最好的条件要给予高素质的专家和在俄罗斯高校求学的外国大学生最好的条件，让他们中的优秀分子留下来。对于不具备一定劳动技能的低素质劳动力，将大幅提高进入门槛，不懂俄语成为这些人适应俄罗斯社会的障碍。

俄罗斯政府的另一个重要移民政策是考虑进行"吸引外国侨民回归"的国家计划。在外国移民的引进上，俄罗斯优先考虑从邻国、特别是其他独联体国家吸纳更多的俄罗斯族人，以确保在未来人口的民族构成中俄罗斯族的比例。俄罗斯有近3000万侨民旅居海外，俄政府希望能够让这些侨民重新回国工作，但是他们首先要面对的就是工作安置问题，有多少俄侨有意回国还是未知数，而且俄裔回国定居需要依靠政府安置，必然使政府财力捉襟见肘，这种政策又会有多少吸引力和成效值得怀疑。

在这样的背景下，俄罗斯政界、学术界乃至普通公众纷纷对外来移民现象发表自己的观点和看法。这些观点，后来不仅构成了俄罗斯政府制定移民政策的社会舆论基础，更成为俄移民政策走向的主导因素。而不同观点持有方对国家安全的重视，使得俄罗斯将人口安全视为政府制定移民政策的根本原则和主要目标。基于不同的学术背景和政治立场，学术界、民间、政治团体对于移民问题的看法也不尽相同。整体来看，俄罗斯社会各界关注的焦点主要集中在俄罗斯应当制定何种移民政策；俄罗斯究竟需不需要大规模的引进移民；如何看待外来移民迁入后对社会造成的各种后果等问题上。

对于外来移民问题，俄罗斯社会一直存在两种迥然不同的观点，一种支持引进移民，另一种反对大规模引进移民。前者认为，俄罗斯面临着十分严峻的人口危机，为了保障人口安全以及国民经济的持续稳定发展，增加劳动力资源，吸引移民势在必行；尽管外来移民的涌入会带来一些社会问题，但只要奉行积极有效的移民管理政策，外来移民为俄罗斯带来的肯定是利多弊少。持反对意见的则认为，大规模的引进移民会带来一系列社会经济问题，移民的经济活动会挤压当地人的生存空间，移民的违法犯罪行为会恶化接收地的社会安定和稳定，移民的长期居留还有可能改变俄罗斯的民族结构，冲击传统文化危及国家安全，因此应当采取保护国家安全的移民政策，严格控制大规模移民的进入。

相对于引进移民的反对者，支持引进移民的学者们从俄罗斯的人口现状出发，重点关注的是引进移民对俄罗斯未来社会经济发展的影响，强调迁移的正面效益。以俄罗斯的人口现状，假设不引进外来移民的情况下，为了维持老龄人口的社会保障水平必须将退休年龄提高到72岁以上。然而俄罗斯人均预期寿命还不到65岁。显然俄罗斯若想在短时间内提升人口数量，除了大规模引进外来移民这一策略别无他法。外国移民的劳动不仅为俄罗斯国民经济创造了财富，吸引已经具备一定劳动技能的外国移民还可以提高俄罗斯整体劳动力资源的质量。俄罗斯的大部分学者认为，一方面依赖迁入移民致富，另一方面指责移民通过占领本土劳动者就业机会和汇款回本国的方式来抢劫俄罗斯财富是不公平的，也是极为虚伪的。人口危机是制约俄罗斯经济社会可持续发展的核心问题，俄罗斯面临的人口危机问题不仅成为俄罗斯可持续发展的最大障碍，而且影响国家的稳定与安全，也影响他同外部世界的关系，根据俄罗斯官方和民间以及国际人口组织的预测，未来几十年俄罗斯人口仍将持续减少，俄罗斯只有走出了人口下降趋势，才有可能走上人口与社会可持续发展的道路。

第十九章

远东的科教文卫事业

随着俄罗斯经济社会的转型，远东地区的科学研究和教育事业发生了显著变化。科研机构在新环境下进行了调整与创新，各级各类教育呈现出新的发展趋势。文化事业方面，远东地区强调公共文化服务的提升和文化交流的重要性。这些领域的发展反映出远东地区在新时期面临的挑战与机遇，以及在适应社会经济转型过程中所做出的努力。

第一节 远东的科研机构

一 俄罗斯科学院远东分院的机构设置

20世纪30年代，为繁荣各民族的经济与文化事业，苏联成立了一批研究机构，其中苏联科学院远东分院于1932年成立，远东分院为远东地区经济社会发展作出了重要贡献。但是到20世纪50年代，远东地区的科研机构受物质技术基础薄弱、专业面狭窄、科研力量分布不均等因素影响，一度跟不上远东地区经济社会快速发展的需要。为此，1957年苏联部长会议决定建立苏联科学院西伯利亚分院，并将西西伯利亚、东西伯利亚、雅库特、远东等分院及克拉斯诺亚尔斯克和萨哈林的科研机构并入西伯利亚分院。苏联科学院西伯利亚分院不断发展壮大的同时，远东地区的科研网络也日趋形成。1959年远东地质学研究所成立，1962年生物土壤研究所和火山学研究所成立，1964年创办生物活性物质研究所（今太平洋生物有机化学研究所），1968年哈巴罗夫斯克综合研究所成立（今生态与水问题研究所）。1970年，苏共中央和苏联部长会议颁布了成立苏联科学院西伯利亚分院远东科学中心的决议，并将西伯利亚分院所属符拉迪沃斯托克、哈巴罗夫斯克、马加丹和堪察加地区的所有研究所划归远东科学中心。以此加大远东地区自然科学与社会科学领域的基础研究，为加速远东地区生产力的发展提供智力支持，协调远东地区各科研机构的学术活动，培养高级专业人才等。为了加强科学研究在远东地区社会经济发展中的作用，1987年苏维埃政府颁布法令，将苏维埃科学院远东科学中心扩展为苏联科学院远东分院，并新成立了应用数学研究所和符拉迪沃斯托克海洋技术问题研究所，1988年在共青城成立了工程与冶金研究所。苏联解体前夕，远东地区在经济极其困难的情况下，依然成功创建了哈巴罗夫斯克材料学研究所；在堪察加彼得罗巴甫洛夫斯克市创建了火山地质与地球化学研究所和堪察加生态与环境科学研究所；在比罗比詹市创办了区域问题分析研究所；此外还成立了南萨哈林斯克植物园（1990年）和布拉戈维申斯克植物园（1994年）；同时，在马加丹成立了"北极"国际问题研究中心（1991年）和阿纳德尔"楚科奇"研究中心。

1990年8月23日，戈尔巴乔夫签署命令，授予苏联科学院以不受国家控制的权力，并且享有它原有的全部国家财产的所有权。这一法令被以叶利钦为首的俄罗斯领导人所反对，认为这是对俄罗斯有权支配其境内一切财产权利的挑战。1991年11月21日，俄罗斯总统颁布228号法令，组建了苏联科学院之外的"俄罗斯科学院"，并将俄罗斯领土内苏联科学院的楼房、科研设备、船舶及其他财产移交给俄罗斯科学院，剥夺了苏联科学院的存在权。在政治条件极其艰难的条件下，新任俄罗斯科学院院长尤里·奥西波夫为苏联科学院的存亡做出不懈努力，最终两个科学院合而为一。苏联科学院的大约250名正式院士和450名通讯院士与刚诞生的俄罗斯科学院新选出的39名院士及108名通讯院士联合组成了现在的"俄罗斯科学院"，苏联科学院远东分院更名为"俄罗斯科学院远东分院"。俄罗斯科学院远东分院以俄罗斯经济、社会和文化发展为研究基础，受到俄罗斯联邦政府的高度重视。20世纪90年代，俄罗斯科学院远东分院成为包括符拉迪沃斯托克、乌苏里斯克、哈巴罗夫斯克、南萨哈林斯克、彼得罗巴普洛夫斯克、马加丹和布拉戈维申斯克等地26个科研机构在内的大型科研综合体，极大地缓解了远东分院科研专业分布不均衡问题。

现在，俄罗斯科学院远东分院有科研人员 2500 人，包括 15 名院士、18 名通讯院士、300 名博士和 1150 名副博士。① 其机构设置非常完善，下辖 6 个区域研究中心，共计 35 个研究所。

(一) 滨海科学中心

该中心有自动化与过程控制研究所、应用数学研究所、应用数学研究所哈巴罗夫斯克分所、海洋技术问题研究所、化学研究所、叶利亚科夫（Г. Б. Еляков）太平洋生物有机化学研究所、生物土壤研究所、日尔蒙斯基（А. В. Жирмунский）海洋生物学研究所、"滨海"科学教育综合体、科马罗夫（В. Л. Комаров）矿山科学站、植物园阿穆尔分园、植物园萨哈林分园、乌苏里斯克天体物理观测站、远东地质研究所、远东地质研究所萨哈林分所，伊利乔夫（В. И. Ильичев）太平洋海洋研究所、太平洋地理学研究所、太平洋地理学研究所堪察加分所、远东历史考古与民族学研究所。中心还包括两个自然保护区，即远东海洋生态自然保护区和乌苏里斯克科马罗夫自然保护区。

滨海科学中心所属的很多研究所科研成就享誉世界，也有一些研究所与中国的高校和科研机构建立了非常好的合作与交流关系。

1. 远东历史考古与民族学研究所（以下简称历史所）

历史所位于俄罗斯符拉迪沃斯托克市（海参崴），是俄罗斯科学院在远东地区的重要研究机构，同时该研究所也是俄罗斯乃至全世界唯一一个从考古学和民族学角度研究俄罗斯远东地区及其相邻的中国、日本和朝鲜等国文化、政治和经济历史渊源、目前状况和发展前景的科研机构。

1970 年 11 月 26 日，苏联科学院主席团通过决议要组建一个专门研究俄罗斯远东地区的机构。1971 年 6 月 1 日，在苏联科学院远东分院历史考古研究室的基础上，成立了远东历史考古与民族学研究所，创始人是 А. И. 克鲁沙诺夫院士。克鲁沙诺夫曾担任该所所长 20 余年，在其领导下历史所逐渐发展成为远东历史问题的研究中心和培养高级历史研究人才中心，为远东地区科研教育机构和政府机关培养了历史学、

---

① 俄罗斯科学院远东分院官网，http://www.febras.ru/informatsionnye-resursy/istoriya.html.

考古学、人类学和民族学专业数十名博士和几百名副博士。为纪念克鲁沙诺夫建所和学术活动的功绩，在纪念其诞辰80年时，俄罗斯科学院通过决议，以克鲁沙诺夫的名字命名该研究所。1991年至今，历史学博士 В. Л. 拉林教授担任所长。

该研究所共设有俄罗斯远东历史、东亚国家历史、考古、民族学和人类学4个研究室，以及物质文明文物实验室、信息技术实验室和编辑部等部门。每个研究室设有研究中心，如中国学研究中心、中世纪考古研究中心等。

在该所历史上，有多位享誉国内外的知名学者，如历史学博士 Ж. В. 安德烈耶娃、А. Р. 阿尔捷米耶夫、А. П. 杰列维扬科、Н. В. 科切什科夫、Ф. В. 索洛维约夫、Э. В. 沙夫库诺夫、В. Г. 谢别尼科夫和历史学副博士 В. Д. 连科夫、Н. Б. 基列等。研究所也有一批专门研究中国历史和现实问题的学者，他们都曾在中国的高校或研究机构学习、进修和访学，也经常到中国参加国际会议，对中国持友好态度。他们的研究成果深深影响着俄罗斯远东地区的对华政策，也为中俄两国的友好关系作出了积极贡献。历史所的主要工作任务是进行远东地区历史文化方面的科学研究和培养高素质人才，同时传播历史知识，完善远东地区的人文教育，巩固俄罗斯在太平洋地区的地位，促进俄罗斯远东地区与亚太地区国家人民间的相互信任与协作。为此，历史所主要开展了俄罗斯濒太平洋地区及相邻国家地区考古学与民族学，俄罗斯在远东地区与中国、朝鲜、日本的历史文化及国际关系等领域的研究。

历史所与俄罗斯科学院设在莫斯科、圣彼得堡、新西伯利亚、乌拉尔和布里亚特等地的相关研究机构以及俄罗斯国立远东历史档案馆等档案机构一直保持学术交流与联系，并且同远东地区的各大高校在科研和培养高级人才方面长期开展合作。在对外交流方面，历史所通过互派代表团、交换学术书籍、共同举办国际学术会议或研讨会、共同组织考古或民族学等方面的探险考察、互派学者进修等方式与中国、韩国、美国和日本等国的高校、科研机构、博物馆和科学协会等科研机构建立密切的学术交流与合作关系。

历史所创办的学术期刊《俄罗斯与亚太》，是西伯利亚和远东地区重要的学术刊物，被视为衡量该地区历史学、考古学、人类学和民族学研究水平的基础期刊。2000年，该刊获得俄罗斯人文科学基金奖。2003年，该刊入选俄罗斯教育部高等学位委员会"重要科研杂志和出版物"名单。

2. 伊利乔夫（В. И. Ильичев）太平洋海洋研究所（以下称太平洋海洋研究所）

太平洋海洋研究所始建于1973年，是科学院远东分院下辖的主要研究单位之一。从1974年起，В. И. 伊利乔夫担任该所所长20年。在这期间，伊利乔夫院士、地理学博士 Н. П. 布尔加科夫、物理数学博士 В. Ф. 科兹洛夫等人为研究所各学术研究方向的确立和科技学校的创建做出了巨大贡献。随后几年，地理学博士 К. Т. 波格丹诺夫、地质矿物学博士 В. В. 阿尼基耶夫、Б. И. 瓦西里耶夫、物理数学博士 А. В. 阿列克谢耶夫、Р. Г. 库利尼奇等在研究所新研究方向的确立过程中发挥了积极作用。1995—2015年，研究所涌现出以 В. А. 阿库里乔夫为代表的一大批海洋声学专家。2015年，Л. В. 鲍里索维奇被选为所长。截至2016年2月1日，研究所有工作人员554人，其中科研人员263人，包括院士1名，通讯院士1名，43名博士和137名副博士。该研究所设有两个日本海近岸观察站。

该研究所研究范围包括太平洋、菲律宾海、南中国海、东海、日本海、鄂霍茨克海、白令海等亚太边缘海域。研究所成员在海洋学、声学、地球物理学、区域地质学、物理理论、生物化学、地球化学、生态学、光学、信息技术等领域科研水平较高，该研究所闻名国内外，参加过多项有关海洋研究的国际合作项目，并组织参与了一系列国际性委员会和科学大会。

（二）阿穆尔科学中心

下设地质学与自然资源利用研究所等科研机构，另外还设有阿穆尔科研中心古生物学博物馆。

地质学与自然资源利用研究所前身是1961年成立的苏联科学院西伯利亚分院远东地质研究所布拉格维申斯克地质学实验室。1980年1月24日，在远东地质研究所布拉戈维申斯克地质学实验室和经济研究所基础上成立了苏联科学院远东科学中心阿穆尔综合研究所，主要研究地壳运动、阿穆尔州境内矿物质分布规律、矿产资源开发、自然资源保护、区域经济发展、阿穆尔地区农业生产和农工综合体发展等。此后，阿穆尔综合研究所还承担了远东地壳运动、地球动力学、矿物原料加工工艺等研究。1987年10月19日，布拉格维申斯克市成立了第一个古生物博物馆。1989年，阿穆尔科学技术中心开始筹建，1991年1月15日，阿穆尔科学技术中心改造成为阿穆尔科学中心。1991年后，附属于阿穆尔科学中心的国际稀土实验室、国际矿产资源实验室、阿穆尔国家植物园等先后成立。1996年，国际矿产资源实验室更名为区域地质和水文地质学部。1999年，阿穆尔综合研究所经济与国民经济管理专业开始招收研究生。2005年，阿穆尔综合研究所和区域地质和水文地质学部合并，成立地质与自然资源利用研究所。2011年12月29日起，地质学与自然资源利用研究所正式更名为俄罗斯科学院远东分院地质学与自然资源利用研究所。

（三）哈巴罗夫斯克科学中心

下设计算中心、哈巴罗夫斯克科学中心材料学研究所、机械学与冶金学研究所、矿业研究所、水和生态问题研究所、经济研究所、地区问题综合分析研究所、柯西金（Ю. А. Косыгин）大地构造学和地球物理学研究所。

在哈巴罗夫斯克科学中心各研究所中，经济研究所的科研成就无论在远东还是在全俄罗斯都占有重要地位。经济研究所始创于1976年。该所的奠基者是苏联科学院通讯院士 П. Г. 布尼奇（1971—1975年任所长）。该所历任所长是：著名经济学家 Г. Л. 塔拉索夫（1976—1978年任所长）、俄罗斯科学院通讯院士 В. П. 奇奇卡诺夫（1979—1986年任所长）、П. Я. 巴克拉诺夫教授（1987—1991年任所长，后来成为院士）。自1991年起，俄罗斯科学院院士 П. А. 米纳基尔担任所长。

经济研究所拥有一支高水平的科研队伍。目前，该研究所在编工作人员（2015年1月1日）为86名，其中科研人员41人（俄罗斯科学院院士1人，博士10名，副博士24名）。该研究所包括10个研究单位，其中科学和教育项目部作为研究所的派出机构设在莫斯科；阿穆尔经济学与社会学实验室设在布拉戈维申斯克，经济和全球问题海事实验室在符拉迪沃斯托克。从经济研究所诞生之日起，就以系统地研究俄远东地区以及整个东北亚地区的经济社会发展问题为己任。此外，研究所还承担着组织和协调远东地区经济研究、太平洋地区经济合作前景问题研究，并为远东地区的研究和教育机构培养高技能人才等重任。2008年5月13日，经俄罗斯科学院主席团第343号决议决定，该所的研究方向为：研究俄东部地区社会经济发展战略；预测俄罗斯国内社会经济发展；研究俄罗斯的社会经济转型；俄罗斯东部地区的社会经济政策；远东和外贝加尔地区的可持续发展；俄远东地区与东北亚国家的国际经济合作，以及远东地区的经济一体化问题等。

经过几十年的发展，在俄国内一系列经济问题研究机构中，远东分院经济研究所位居主导地位，并在国际上享有盛誉。近年来，经济研究所不仅成为国家和地区政府高水平的应用研究中心之一，也成为新研究学派中心。经济研究所推出了一批具有重大价值的经济发展研究理论与方法的成果（包括地区经济理论），在亚太地区和地缘相近的亚洲国家国际经济发展趋势研究方面成果颇丰。

（四）萨哈林科学中心

下设海洋地质学和地球物理学研究所、海洋研究自动化仪器专门设计局。

（五）堪察加科学中心

下设火山学与地震学研究所、空间物理学和无线电波研究所、堪察加科学中心地质工艺科学研究中心。

（六）东北科学中心

下设东北综合科学研究所、北极生物问题研究所和北极科学研究中心。

俄罗斯科学院远东分院下辖各科研机构为远东地区乃至全俄经济社会发展、科技进步作出巨大贡献，充分发挥了智库作用。除注重自身发展外，俄罗斯科学院远东分院也非常重视对外交流与合作。其与远东联邦大学在职业教育、科技合作等方面保持长期合作与互动。在国际上，俄罗斯科学院远东分院也展开了积极的合作探索。主要是：

——与极地研究瑞典秘书处签订了科学合作协议；

——与蒙古科学院签订了2011—2015年科技合作议定书，同美国民用发展研究基金会（CRDF）签订在国际科学与创新发展领域进行互动的科学合作协议备忘录；

——与万特集团（BAHT）签订了建立科技合作发展协调中心的条约；

——与越南科学技术研究院确立了科技合作发展协调中心的章程并签署了科技合作备忘录，与越南科学技术研究院海洋研究所签订了合作协议；

——与日本北海道大学签署了学术交流协议；

——与帕劳（美国阿拉斯加州）极地研究财团和圣地亚哥大学（美国加州）全球变化研究小组签署了合作备忘录；

——与朝鲜科学院签署了科技合作协议；

——与中国相关单位签订的合作协议多达十余个。如签署了在洛阳建立中俄工业科技园区的会谈纪要；与哈尔滨市经济技术开发区委员会签署了科技合作协议，与黑龙江省科技厅签署了合作协议等；

——远东分院各研究所与中国科研机构的合作项目也很多。如与中国山东省科学院签署了科技合作协议。

2013年9月，俄罗斯国家杜马通过了《俄罗斯科学院改革法案》，对科学院的公共财物收归国有，在经费拨付、增加竞争性经费、青年人才引进等方面都做了改革。

二 俄罗斯科学院远东分院的重要成果[①]

苏联解体以来，俄罗斯科学院远东分院的科研成果相当丰硕。在2013—2020年俄罗斯国家科学院科研项目规划框架下，仅2015年一年，远东分院就完成541项课题。此外，2015年远东分院完成俄罗斯科学院主席团科研规划项目149个；俄罗斯科学院远东分院科研规划项目157个；417个基础研究拨款项目；212个俄罗斯科学院远东分院"远东"基础研究规划联合项目；171个青年学者项目；10项海洋勘探课题；29项陆地勘探课题；8项军民两用技术课题。完成俄罗斯科学基金、俄罗斯基础研究基金和俄罗斯人道主义科学基金资助项目335项；国家合同课题39项；国外资助课题18项和132项国际协议课题；与俄罗斯的公司签订了166个合作协议。其科研成果主要发表在远东分院的

---

① 本小节资料来源：http：//www.febras.ru/informatsionnye-resursy/otchjoty-o-nauchnoj-i-nauchno-organizatsionnoj-deyatelnosti-dalnevostochnogo-otdeleniya-ran.html（俄罗斯科学院远东分院官网）。

一些刊物上，如《俄罗斯与亚太》《俄罗斯科学院远东分院学报》《海洋生物学》《俄罗斯科学院远东分院东北科学中心学报》《火山学与地震学》《太平洋地质学》《空间经济学》《水下研究与机器人技术》《远东科学报》《远东数学》等。同时，许多成果也发表在俄国内其他地区乃至国际知名学术期刊中。远东分院在海洋、化学、生物、物理、地理等领域的一些科研成果和新发明不仅填补了该领域的空白，还获得专利进入实验或批量生产阶段，为远东地区经济社会发展和科技进步作出了巨大贡献。

（一）物理、数学与技术科学领域的科研成果

远东分院在物理、数学与技术科学领域的一些研究成果拥有世界一流的水平。例如，机器零件以及各种用途机械磨损的恢复、加耐磨与抗磨保护层技术、优质合金钢废料利用技术、激光感应荧光法分析海水成分技术；溶液能量转换设备等。

2015年，自动化和过程控制研究所、应用数学研究所、计算机中心、海洋技术问题研究所、空间物理学和无线电波研究所、机械学和冶金学研究所、乌苏里斯克天体物理观测站、哈巴罗夫斯克科学中心材料学研究所这8家科研机构在物理、数学与技术科学领域完成科研成果48项，实用技术成果10项，出版著作10部，发表论文563篇。其中最新的实用技术成果包括油库工艺流程自动控制系统、水下器械高速运转电路控制高精密系统、微粒过滤器技术、无人水下器械运动参数的立体观测系统、微型自动无人水下器械浮力控制系统、高频地声学地震预兆检测法等。

（二）化学科学领域的科研成果

2000年，远东分院在化学化工领域就研发了浓缩锆精密加工技术等先进的化工工艺，其中石油制品及其他有机物污染水体净化系统及相关工艺，即获取人造硅酸盐技术及其生产设备这一发明，曾获俄罗斯6项发明专利，是世界唯一的产品。此后，在石油产品、钨硬合金等加工技术上也不断取得突破。

2015年，化学研究所和叶利亚科夫太平洋生物有机化学研究所完成主要科研成果19项，实用技术成果7项，出版专著15部，发表学术论文408篇。其中，洪灾水质污染条件下饮用水加工过滤装置、利用等

离子体电解氧化生成和改变涂层的技术与设备均达到当前高科技水准；皮肤病症的混合用药疗法，采用多种混合物组合用药法可以治疗各种类型的皮肤病，这一研究成果获得国家专利。

(三) 生物学领域的科研成果

在过去的几十年里，远东分院发明了用于鱼塘和海洋水产养殖时监测水质和生物状态的水产养殖与生态领域监管自动化技术，从而大大提高了水产品养殖的产量，降低了水产养殖及其监管过程中的费用；针对大豆豆种携带病菌不易被发现、使用化学品防治污染环境且成本高等问题，远东分院的科研团队采取荧光性判定豆种是否携带病菌的方法，并研制出专门用于筛选带有病菌豆种的设备。无菌大豆种植工艺这一科研成果曾在滨海边疆区试验，大大提高了近30%的产量。此外，远东分院还在海藻与软体动物养殖技术和海扇养殖技术上有所创新。远东分院在生物学领域的实用性科研成果推动了远东经济、社会和农业的进步。

2015年，日尔蒙斯基海洋生物学研究所、生物土壤研究所、北极生物问题研究所、科马罗夫矿山科学站、植物园研究所、乌苏里斯克科马罗夫自然保护区这六家科研机构在生物学领域成果颇丰。共完成主要科研成果40项，实用技术成果13项，出版专著31部，出版教科书1部，教学参考书1部，出版图集1本，发表学术论文699篇。对马铃薯、豆类、谷物中最常见和极其有害的病毒进行检测和防疫的研究，大大提高了作物的产量；教学参考书《远东林业史》回顾了俄罗斯远东林业开发、发展的历史，及各个开发管理阶段的活动，为林业专家、科研机构、学生及相关研究人士提供了重要的研究参考。

(四) 地质科学领域的科研成果

远东地质研究所、柯西金大地构造学和地球物理学研究所、东北综合科学研究所、矿业研究所、地质环境研究所、火山学与地震学研究所、海洋地质学和地球物理学研究所、地质工艺科学研究中心、伊利乔夫太平洋海洋研究所、海洋研究自动化仪器专门设计局、太平洋地理学研究所、水和生态问题研究所、地区问题综合分析研究所在地球地质科学领域的研究居于世界领先水平。苏联解体后，其的研究成果，如用于水下有人或无人操作的设备仪器上的多普勒声呐测程仪，能够测量水下物体运动的速度，这一产品已获得俄罗斯国家专利；水声声呐通信系统，可以应用于水下有人或无人操作的传递控制指令仪器上，从而完成深水探索，这一系统是俄罗斯国内第一批同类研究成果之一。此外，还有如平面搜寻水声测位仪、超短波声呐导航系统、水下成套导航系统、水下无人操作自动系统、侧向水声搜索定位系统、海洋表面监测与偏振测量电视系统、陆路海洋地质预测与生态监测地质气体工艺法等上百个科研新成果。

2015 年，这 13 家科研机构开创了科研成果新高，共完成主要科研成果 116 项，实用技术成果 22 项（其中多项成果获得俄罗斯国家专利），出版专著 41 部，出版教科书 4 部，发表学术论文 1422 篇。

（五）人文与社会科学领域的科研成果

在人文与社会科学领域，随着俄罗斯联邦对远东地区的重视，以及其向东倾斜的政策使得俄罗斯科学院远东分院经济研究所硕果累累。2000 年以来，其工作人员参与编著的图书就有近 110 部，仅 2014 年该所就发表学术论文 93 篇。此外，该所科研专家还在《哈巴罗夫斯克边疆区的社会经济发展战略》等国家和地区发展战略的制定过程中建言献策。2015 年，俄罗斯科学院远东分院经济研究所完成主要科研成果 8 项，被落实与采用的研究报告包括《哈巴罗夫斯克边疆区 2030 年前经济社会发展战略》《阿穆尔州和克拉斯诺亚尔斯克边疆区移民状况评估》《用社会学方法评估国际移民对人口形势影响的路径研究》《远东的工业基础设施研究》等。2015 年，其科研人员在国内外期刊上共发布学术论文与研究报告 128 篇。

远东历史考古与民族学研究所的学术水平享誉国内外。2015 年，其完成主要科研成果 12 项，被落实与采用的科研成果包括向俄罗斯联邦政府总统递交的《2015 年俄罗斯联邦的国家安全形势与举措及俄罗斯在环太平洋地区的安全形势》《当今世界局势下北极地区的发展：优先发展、利益参与者》等 9 项，出版专著 6 部，会议论文集 6 部，教学参考书 3 部，发表学术论文 467 篇。

三 俄罗斯农业科学院远东分院的发展历程

俄罗斯农业科学院远东分院的发展，经历了归属全苏农业科学院西伯利亚分院、全苏农业科学院远东分院、俄罗斯农业科学院远东分院和俄罗斯科学院远东分院农业研究中心四个发展阶段。

(一) 全苏农业科学院西伯利亚分院时期

1969年苏联部长会议决定建立全苏农业科学院西伯利亚分院,以促进西伯利亚地区农业科学的发展进步。其下设7个研究所,其中极北地区农业科学研究所、阿穆尔州的大豆科学研究所和1974年成立的西伯利亚与远东实验兽医学科研所赤塔分所都位于远东地区。到20世纪80年代,苏共中央和苏联部长会议通过的远东地区经济社会发展纲要中指出,到2000年前远东地区主要食品产量应高于"十一五"计划时期的0.8倍。① 为了完成这一目标任务,有必要增强远东地区的科研潜力,全苏农业科学院远东分院从全苏农业科学院西伯利亚分院中独立出来成为历史的必然。

(二) 全苏科学院远东分院时期

1988年7月7日,苏共中央和苏联部长会议颁发决议,成立全苏农业科学院远东分院,并将全苏农业科学院西伯利亚分院中的8个科研机构和12个生产试验农场转归远东分院。全苏农业科学院远东分院主席团设在哈巴罗夫斯克。分院成立后又在布拉戈维申斯克市和萨哈林增设了远东农业机械化与电气化科研与技术设计所、萨哈林农业科学研究所。全苏农业科学院远东分院成立之初只有485名科研人员,其中142人具有硕士及以上学位。② 全苏农业科学院远东分院的研究方向非常广泛,地区针对性强,极大地促进了远东地区农业科技的发展。学者们研制出的十余种农作物新品种在20世纪90年代得到划区栽培。苏联解体前,其已有250项科研成果用于实际生产,并获得经济效益780万卢布。全苏农业科学院远东分院的学者们积极参与到远东农工综合体建设的问题中。在1988年时就与苏联科学院远东分院的学者合作拟定了远东发展纲要。还与中国、日本、朝鲜等国保持学术联系与合作,并与中国在大豆研究方面开展了密切的合作。另外,全苏农业科学院远东分院下设的远东农业科学研究所还招收研究生。到1989年1月1日,其在读研究生22人。

---

① 徐景学:《西伯利亚史》,黑龙江教育出版社1991年版,第653页。
② 徐景学:《西伯利亚史》,黑龙江教育出版社1991年版,第653页。

（三）俄罗斯农业科学院远东分院时期

苏联解体后，1992年1月，在全苏农业科学院的基础上俄罗斯农业科学院正式成立，下设12个专业学部和西伯利亚、非黑土地带、远东共3个地区分院，至此全苏农业科学院远东分院正式退出历史舞台，俄罗斯农业科学院远东分院成立。

（四）俄罗斯科学院远东分院农业科学中心的成立

2013年6月27日，俄联邦政府通过了一项改革俄罗斯科研机构的法案《关于俄罗斯科学院的重组及修改相关联邦法》，该改革方案把俄罗斯科学院、俄罗斯医学科学院和俄罗斯农业科学院合并为"大科学院"。改革后，俄罗斯科学院远东分院、俄罗斯农业科学院远东分院和俄罗斯医学科学院远东分院合并为俄罗斯科学院远东分院，俄罗斯农业科学院远东分院和俄罗斯医学科学院远东分院成为俄罗斯科学院远东分院附属的农业科学中心和医学科学中心。目前，俄罗斯科学院远东分院农业科学中心有15个科研机构，分布在7个地区。

滨海边疆区有6家科研机构：滨海边疆区农业科学研究所、远东植物保护研究所、全俄蔬菜生产科学研究所滨海蔬菜试验站、滨海边疆区农业科学研究所滨海果树浆果试验站、滨海边疆区农业科学研究所滨海水稻科学试验站、Н. И. 瓦维洛夫全俄植物栽培学科学研究所远东试验站。

哈巴罗夫斯克边疆区有2家科研机构：远东农业科学研究所和远东经济与农工产业化综合体组织科学研究所。

堪察加边疆区有1家科研机构：堪察加农业科学研究所。

阿穆尔州有3家科研机构：远东农业机械化及电气化科学研究所、远东地区兽医学科学研究所、全俄大豆科学研究所。

马加丹州有1家科研机构：俄罗斯科学院农业科学中心马加丹农业科学研究所。

萨哈林州有1家科研机构：萨哈林农业科学研究所。

萨哈共和国（雅库特）有1家科研机构：М. Г. 萨福诺夫雅库特农业科学研究所。

在这些科研机构中，有一些在全国农业科学研究工作中占有重要地位。如位于阿穆尔州的全俄大豆科学研究所，其历史可以追溯到20世纪初，是俄罗斯联邦主要的国家级科研机构之一，协调着远东和西伯利亚地区大豆科研工作。该研究所拥有用于检验科研成果和大豆、谷物、饲料、马铃薯原种繁殖的试验农场达 15000 公顷，试验农场是俄罗斯联邦最好的农场之一。该研究所设有大豆育种研究室、遗传和生物技术研究室、生物研究室、大豆轮作和栽培技术室、土壤肥力和作物轮作室、化学土壤改良研究室、谷类、饲料和马铃薯研究室、科技信息和经济学研究室、种子学研究室、种子繁育室和农产品加工技术试验室共计 11 个科研室。其科研成果曾被俄罗斯联邦所有大豆种植区采用。目前，该研究所有 158 名大豆学科研专家，其中 2 人是俄罗斯科学院通讯院士，5 位博士和 24 位科学副博士，1 位农业科学功勋人物，2 位功勋员工和 1 位功勋农学家。全俄大豆科学研究所还与中国黑龙江省农业科学院、朝鲜、日本的一些机构合作研究太平洋地区大豆育种和生产工艺，研究马铃薯、谷类的生产栽培技术。与日本、德国、美国等合作研究大豆、马铃薯和谷物的除草剂使用技术等。

2015 年，俄罗斯科学院远东分院农业科学中心共完成主要科研成果 29 项，实用技术成果 13 项，出版专著 17 部，出版教科书一部，发表学术论文 366 篇。

除俄罗斯科学院远东分院和俄罗斯农业科学院远东分院外，远东地区还活跃着一支科技战线的学术队伍，那就是俄罗斯医学科学院远东分院，2013 年该院也并入俄罗斯科学院远东分院，成为该院的医学科学中心，这一部分将在本章的医疗卫生事业发展一节介绍，在此不赘述。

第二节 远东的教育事业

苏联解体不仅深刻影响到俄罗斯社会、政治、经济的发展，对教育事业的发展也产生了深远影响。苏联解体后，尽管俄罗斯国内政治动荡、经济低迷，其对教育的投资远落后于国家经济发展的速度，更低于经济发达的欧美国家，但其推进教育改革的步伐从未停止过。叶利钦时代的第一号总统令就是《关于发展俄罗斯苏维埃社会主义联邦共和国教育的紧急措施》，该法令提出要制定国家教育发展纲要，确认教育优先发展的地位，大幅度提高教师工资等。1992 年，俄罗斯独立后第一部教育基本法《俄罗斯联邦教育法》颁布。其中规定，国家对教育的投资不应低于整个国民收入的 1/10，但实际却远低于这一标准。远东地区由于经济落后、人口稀少、教育资源缺乏等因素影响，教育投资还要低于全俄平均标准。苏联解体初期，远东地区一度停止了对高教部门和俄教育部直属院校相关单位的财政支持及公共设施建设投入，使远东地区的教育发展举步维艰。到了普京时代，为解决教育面临的问题，相继出台了《俄罗斯联邦民族教育方针》《俄罗斯教育系统 1999—2001 年素质教育计划》《高等职业以及大学后续职业教育法》等一系列重要文件。2000 年，俄罗斯联邦政府通过了为期 25 年的《俄罗斯联邦国家教育发展纲要》，确立了在国家政策中优先发展教育的战略和教育事业发展的目标与方向。2001 年，俄政府又通过了教育改革方案。俄发展教育的系列方案与《2025 年前远东和贝加尔地区经济社会发展战略》的实施，使远东地区的普通教育、职业教育及高等教育较全俄相比都有了长足发展。

一 远东地区普通教育不断进步

当前，俄罗斯的普通教育包括学前教育、普通初等教育、普通基础教育和普通中等（完全）教育四个层次。2005 年，俄罗斯教育改革方针中提出，实施普及 11 年义务教育，普通初等教育、普通基础教育和普通中等（完全）教育都被纳入义务教育范畴。

（一）远东地区的学前教育

俄罗斯的学前教育针对 2 个月以上的婴幼儿到 9 岁的儿童，分为托儿所、幼儿园和托幼混合三种机构，大多由政府组建，少数为企事业单位创办。除此之外，还有一些特殊的学前教育机构，如开发婴幼儿智力、体能等的早教机构，针对残障儿童矫正身心的特殊教育机构，看护保健机构，综合性幼儿园和儿童成长发展中心。数据显示，受到苏联解体后经济社会不稳定、出生率大幅度降低等因素影响，1988—1998 年全俄幼儿园的入学人数减少约一半，保育员和学前教育机构也减少近三成。而在远东地区，苏联解体后一段时期学前教育机构也大大减少。哈巴罗夫斯克边疆区、滨海边疆区、堪察加边疆区以及阿穆尔州都曾是远东学前教育发展水平较低的地区，其学前教育机构数量只能满足总需求的 50% 左右，如滨海边疆区共有学前教育机构 528 所，仅占总需求的58%。① 1998年，远东1—6岁学前儿童能进入学前教育机构学习的只占儿童总人数的一半左右。另外，由于学前教育财政拨款不足、行业工资水平过低、城乡儿童学前教育水平和教学内容差别较大、乡村地区学前教育机构大幅度减少和远东部分地区经济状况欠佳导致家长支付能力差，远东一些偏远农村采取了自学、家庭式教育、网络或远程等个性化的培养形式，以缓解幼儿入园难问题。由于学前教育水平呈现出城乡差异大和经济发达与欠发达地区严重不平衡性的存在，远东各州区农村的学前教育水平更低。21世纪以来，远东地区各州区都开始不同程度地重视学前教育，使远东地区各州区无论是硬件设施建设还是教育水平上均有非常明显的改观。

如哈巴罗夫斯克边疆区，以哈巴罗夫斯克边疆区首府哈巴罗夫斯克市为例，苏联解体后其学前教育机构数量锐减，从1991年的248所减少到1998年的134所，接纳儿童数量从3.34万人减少到1.56万人。为了解决学前教育机构无法满足需求的问题，哈巴罗夫斯克边疆区采取了各种措施，2006—2011年，哈巴罗夫斯克边疆区大力兴建幼儿园设施，5年创造了超过6.7万个儿童床位。同时，这期间该区还鼓励发展非公有制学前教育，边疆区从事民办学前教育的企业家有107人，他们的人数5年增加了8倍。到2015年，哈巴罗夫斯克边疆区已经能够满足3—7岁儿童学前教育总需求的99.5%。② 哈巴罗夫斯克边疆区计划到2025年前在哈巴罗夫斯克市、共青城等大中型城区筹建一批幼儿园和大型幼儿教育中心，并采取多样性的教育形式满足不同的学前教育需求。

同样，滨海边疆区、堪察加边疆区、楚科奇自治区以及萨哈林州、阿穆尔州等都曾面临学前教育机构无法满足儿童入园需求的问题。近年这些州区都将新建或扩建幼儿园的教育设施、发展学前教育列为教育的优先发展方向之一。经过几年的努力，部分州区的学前教育情况得到改善：滨海边疆区通过增加财政预算拨款、修建大型幼儿园发展中心、鼓励兴建民办学前机构等方式在2014年底时基本消除了3—7岁儿童排队

---

① 郝英丽：《俄罗斯远东地区教育研究》，《西伯利亚研究》2014年第5期。
② https://www.khabkrai.ru/events/news/39266.

等候入园问题①；楚科奇自治区基本可以满足 99% 的入园需求，能够满足为所有入园儿童提供加热的饮食，并且危房维修和建设也达 77%②；而堪察加边疆区现有学前教育机构仍无法满足当地儿童的需求，幼儿园招生名额明显不足。城市中学前教育机构平均每 100 个名额有 129 名儿童竞争，排队等待进入幼儿园的儿童超过千人。为此，堪察加边疆区加大学前教育机构建设力度，规划在边疆区居民点建设 25 所学前教育机构，新增 6800 个招生名额。萨哈林州，曾由于幼儿园危房得不到妥善修葺导致该州近 1/4 的适龄儿童无法入园，不得不采用远程教育等方式帮助孩子完成学前教育。经过努力，萨哈林州的 13 个地区已经达到了俄罗斯联邦学前教育高性能的现代化条件标准和相关的新要求。

（二）远东地区的义务教育

20 世纪八九十年代，苏联在全国范围内推行 9 年义务教育，针对初等教育阶段（小学 1—4 年级，相当于中国的小学阶段）和普通基础教育阶段（学制 5 年，相当于中国的初中阶段）实行免费义务教育，并努力普及 11 年义务教育。2000 年，俄罗斯通过了《俄罗斯联邦国家教育发展纲要》，确立了教育在国家政策中的优先发展地位、发展战略及方向。到 2005 年，俄罗斯总统普京在克里姆林宫接见中小学校毕业生时提出了俄罗斯实施普及的、义务的、免费的中等教育。这里的中等教育指的是俄罗斯的完全普通中等教育，学制两年，相当于中国的高中阶段。即用 11 年义务教育取代原来的 9 年义务教育制度。2007 年，《俄罗斯 11 年义务教育法》获国家杜马和俄罗斯联邦委员会认可。

俄罗斯远东地区在义务教育方面的政策措施基本与全俄保持一致，但苏联解体后的一段时期内俄罗斯经济持续低迷，对教育的投资大大缩减，远东地区虽保持了免费义务教育制度，可对教育的投入较全俄相比情况更糟。数据显示，1995—2009 年的 14 年，远东联邦主体的教育机构逐年减少，年均减少 344 个，初等教育招生人数 2011 年比 1990 年减少了近 50 个百分点，由 61200 人减少到 31600 人。③ 远东地区一些州区

---

① http://www.primorsky.ru/news/58262/?sphrase_id=4313461.
② 郝英丽：《俄罗斯远东地区教育研究》，《西伯利亚研究》2014 年第 5 期。
③ 郝英丽：《俄罗斯远东地区教育研究》，《西伯利亚史研究》2014 年第 5 期。

教育机构以及招生人数锐减，部分是受远东地区人口流失影响，更主要原因在于经济社会落后和教育的投入不足。21世纪以来，远东地区义务教育还是得到了一定发展，只是各州区经济、社会发达程度不同对教育的重视程度有别，导致远东的义务教育在各个州区的发展水平不尽相同。

在哈巴罗夫斯克边疆区，以首府哈巴罗夫斯克市为例，从1991年到1998年普通教育学校从97所增加到108所，在校生人数也从7.55万人增加到8.19万人。21世纪以来，哈巴罗夫斯克边疆区所有的义务教育学校为学生免费提供教材，并保障学校连接互联网。针对农村教育基础薄弱问题，哈巴罗夫斯克边疆区积极开展农村教育基础设施建设，为农村学校修建体育馆、体育场，并配备了运动器材和设备。[①] 在师资方面，哈巴罗夫斯克全区有专职教师9.1万人，86.4%的教师受过高等教育，35岁以下青年教师占23.5%。[②]

萨哈林州人口较少，接受义务教育的适龄学生人数一直不多。数据显示，1997年，萨哈林州首府南萨哈林斯克市有全日制普通学校38所，在校学生2.85万人。21世纪以来，萨哈林州在义务教育方面的投入不断增加。自2015年起，萨哈林州为小学生、低收入家庭的儿童、北方少数民族家庭的儿童提供学童饮食，州区内大多数义务教育阶段的学生都能得到热餐和牛奶。仅2016年，该州就为本地区的学校配备了物理、化学、生物、计算机等实验室共计103个，有282名教师获得自动化办公场所。萨哈林州为农村学校配备了价值1500万卢布的运动器材。向学生提供免费教材，并为普通义务教育学校图书馆购买了376.1万本图书。目前，萨哈林州在教育领域的新任务是采用新的建校方案，为州区内学校危房区建造新校舍。

滨海边疆区义务教育水平不高。该区内有673所学校，其中超一半在农村，超一成的学校校舍处于急需维修资金的状态。统计显示，滨海边疆区有200多所学校全校学生人数不足百人。为了提高边疆区的教育质量，边疆区部分地区对儿童和中学教育采取网络教学的方式，以缓解师资分散问题。同时，边疆区通过再教育等形式壮大教师队伍，积极提

---

① https://www.khabkrai.ru/khabarovsk-krai/Razvitie-kraya/190.
② https://www.khabkrai.ru/khabarovsk-krai/Razvitie-kraya/190.

高教育工作者的素质。苏联解体后的一段时期内，阿穆尔州部分地区的教育水平较全俄相比偏低，其州内部分教学设施和校舍都亟须维修，尤其是北方地区。农村学校现代化的教育设备并未普及，教师队伍薄弱。当前，阿穆尔州不仅对初等教育采取免费教育，对初等职业教育也同样免费。堪察加边疆区的义务教育也面临教室和校舍需要维修，教师尤其是农村和偏远地区教师严重缺少的问题。该区近1/4的学校在偏远和交通不便地区，每所学校学生不足10人，然而为了普及义务教育，这样学校的存在意义重大，需要政府财政的大力支持。苏联解体以来，马加丹州、楚科奇自治区、萨哈共和国（雅库特）等远东相对偏远地区，由于人口稀少，交通不便，教学楼年久失修等原因，在义务教育方面也积极发展远程教育、网络教育。

21世纪以来，俄远东各州区政府积极提高教师待遇，尤其对农村及北方小民族地区的教育工作者给予住房、供暖和电力方面的补贴，以鼓励更多优秀教师到农村和偏远地区去，提高那里的义务教育水平。针对普通教育学校缺少教师现象，俄远东地区也积极通过培训和进修等方式来尽量保障教师队伍的不断壮大。工资低、升职空间小是俄罗斯缺少教师的重要原因之一。对此，2010年滨海边疆区首府符拉迪沃斯托克市就曾颁布吸引青年教育人才规划，该市以高补贴高待遇吸引人才，通过优化教师素质、优化教师年龄结构来完善教育现代化问题。[①] 此外，远东各州区政府非常重视义务教育阶段的课外补充教育，注重音乐、体育、绘画、乐器演奏等特殊才能的培养。为此哈巴罗夫斯克边疆区、萨哈林州等州区都修建了儿童音乐学校和体育馆，积极鼓励儿童参加体育比赛。远东地区还为义务教育阶段的适龄残疾儿童提供专门的远程教育设备，为离家较远的学生提供校车。这些措施，有效缓解了远东地区城乡教育水平的不平衡性，使远东整体义务教育水平得到稳步提升。

二 远东地区职业教育发展的新时期

早在苏联时期，政府就特别重视职业教育，俄罗斯的职业教育体系也正是形成于苏联的经济高度集约时期。职业教育曾为苏联经济社会发

---

① http://vlc.ru/docs/npa/36645/#pr1.

展作出重大贡献，但受当时国有化、高度集约化等历史因素影响，苏联时期原有的职业学校存在布局、专业设置不合理，办学机制保守、被动等弊端。苏联解体后，大批生产企业关闭，工业部门受到重创，市场对工人和技术人员的需求锐减，短时间内俄罗斯国内劳动力资源大量闲置。原属国家的职业教育机构此时也与用人企业脱钩，无法适应社会经济发展的需求，无法适应俄罗斯国企转为私企后企业用人的新需求和对新技能的需求。并且，苏联解体初期全俄只有 62.4% 的农村地区拥有职业或专业学校[①]，无论从质量还是从社会威望看，苏联解体初期俄罗斯的职业教育都不尽如人意。

基于俄罗斯职业教育面临的严峻形势，俄联邦政府把促进职业教育作为教育发展的重要任务之一，开始深刻思考职业教育的发展，并对此进行一系列的改革，使俄罗斯的职业教育重新走上发展之路。1992 年，俄罗斯联邦政府在所颁布的《俄罗斯联邦教育法》中指明："职业教育的主要任务是满足个人深化和扩展知识的需要，培养具备相应职业教育素质、有熟练技能的专门人才。"1994 年，俄罗斯颁布《创办初等职业教育机构条例》，再次对初等职业教育的发展进行定位。21 世纪以来，俄罗斯联邦政府又陆续出台了系列职业教育政策，积极推动职业教育改革，仅 2001 年出台的《2010 年前俄罗斯教育现代化构想》中，就有 16 条职业教育现代化改造的规定，确认了优先发展初等和中等职业教育的目标。

经过 20 余年的发展，当前，俄罗斯的职业教育分为初等职业教育、中等职业教育、高等职业教育和高校后补充职业教育四个层次，职业教育机构分为公办和民办两种性质，包括职业技术学校、中等专业学校、技术中学和技术专门学校等各种层次的职业教育机构。在专业设置上也更符合社会和市场需要，专业结构更合理。例如，俄罗斯的中等职业教育现在有 300 多个培养专业，新专业逐年递增，在专业人才培养结构上，技术和农业专业的学生录取比例从 53% 和 12% 降到 37% 和 5%，经济和人文专业的录取比例从 1980 年的 11% 增长到 2002 年的 36%。[②]

[①] 叶玉华：《走向市场经济的俄罗斯职业技术教育》，《中国职业技术教育》1994 年第 12 期。

[②] 张家丰：《试论俄罗斯社会转型对远东区域职业教育的影响》，《吉林省教育学院学报》2008 年第 12 期。

苏联时期，远东地区就积极推动职业教育的发展，职业教育曾为工业重地远东地区的发展输送了一批批专业人才。苏联解体后，俄远东地区的农村集体化解体，国有商店解体，工业受到重创，农业技术学校、商业技术学校等各类职业学校毕业的学生中很多人找不到工作，俄罗斯远东地区职业教育很不景气，无人就学，也没有新的技术和职业培训供人选择。经过社会转型期调整和职业教育改革，远东各州区对职业教育制定的相应政策、学习科目、学制等设置已不遵循统一模式而更注重个性化和地区特色，总体发展水平较高。

哈巴罗夫斯克边疆区有各类职业学校近百所，其中约一半是中等职业教育机构，如区首府哈巴罗夫斯克市有中等专业学校和职业技术学校各约 20 所。共青城市有工学院、师范学校、矿山冶金技术学校、建筑工程技术学校和卫生学校等 6 所中等专业教育机构和 9 所职业技术学校。哈巴罗夫斯克边疆区的职业教育中开设有 200 余个专业。该区非常关注对残疾人的职业培训教育，区内设有 2 个残疾人教学中心，约有 1000 名残疾人受过该地区职业教育培训。2016 年，该区成立了基础工会组织，为区职业教育体系提供支持。目前，吸引远东其他地区及东北亚、东南亚等地年轻人到哈巴罗夫斯克边疆区接受职业教育，是促进哈巴罗夫斯克边疆区创新发展的重要因素。[1]

阿穆尔州职业教育发展水平较高。阿穆尔州对初等教育全部实行免费教育，其中包括初等职业教育；不仅俄罗斯人接受职业教育免费，外国人也免费。[2] 根据学生完成学业的情况，阿穆尔州对职业教育的学制实施灵活设置，入学时文化程度较低的学员通常要比文化程度较高的学员在校学习时间长，学制 2—4 年不等。2005 年，阿穆尔州内各中学共开设了 50 个物理学、47 个教育学、18 个社会经济学和 17 个农业技术专业班，接受专业教育的高年级学生达 19282 人，占高级中学在校生的 25.6%。在农村和城市的中学中分别有 22.1% 和 33.2% 的学生选择了专业培训。[3] 数据统计，阿穆尔地区有中等职业学校 16 所和国家所属

---

[1] 郝英丽：《俄罗斯远东地区教育研究》，《西伯利亚史研究》2014 年第 5 期。
[2] 郝英丽：《俄罗斯远东地区教育研究》，《西伯利亚史研究》2014 年第 5 期。
[3] http://www.amurskayaobl.ru/.

分校6所，2007—2008学年招生19100人。有高等职业学校16所，2007—2008学年招生29800人。① 这些学校基本已完成现代化改造，计算机和网络普及率非常高。

滨海边疆区是俄远东地区教育发展水平较高的地区之一，历来重视职业教育，根据苏联1989年的调查显示，滨海边疆区内每1000名有工作的居民中，有946人（城市）和891人（农村）具备高等、不完全高等、中等和不完全中等教育。② 苏联解体后，经过一段时期的调整与改革，滨海边疆区的职业教育发展如火如荼，近10年来，颁布了多项有关增加职业教育拨款、增设专业、推动职业教育现代化等的措施，收效显著。萨哈林州的职业教育中开设有50个专业，其中有11个是新专业，如住房与公共服务、建筑工程、农业电气化与自动化、特级技工等。每年州区对职业教育机构的教育生产和物质技术基地都会进行现代化改造和更新。犹太自治州的职业教育也不断发展，州首府比罗比詹市内有机械制造、师范、卫生、文化教育等5所中等专业学校和1所技工学校。堪察加州设有1所师范学院和5所中等专业学校。在初、中级职业教育的发展方向上，堪察加边疆区力求符合本地区劳动力市场需要，根据边疆区支柱产业需求，增加职业门类。马加丹州有4所职业高中和6所技校，每年为工矿企业培养近千名毕业生。

苏联解体后，俄远东各州区职业教育都经历了低谷期。经过改革后，各州区职业教育的发展水平虽参差不齐，但较以往有了长足发展。偏远、经济欠发达和人口稀少州区职业教育的发展还有待在现代化改造、专业设置和如何招生等方面不断加强。总体而言，随着俄罗斯国家政策的东移和远东地区2025年发展战略的实施，远东地区对人才的需求将增大，俄远东地区的职业教育将迎来新的发展机遇和挑战。

三 远东高等教育蓬勃发展

苏联解体前就非常重视高等教育，对高校采取国家办学的模式。俄

---

① 张家丰：《俄罗斯远东阿穆尔州职业教育的探析与借鉴》，《职业与教育》2010年第20期。

② 张家丰：《俄罗斯远东地区的高等教育产业化》，《经济导刊》2010年第5期。

罗斯独立后，联邦政府对国民经济各部门、各领域进行改革，对高等教育也出台了系列改革和发展的法律法规，改革尤其是对高等教育财政体制的变革使高等教育的财政预算采取分级支付的措施，在区域经济水平差异显著的现实条件下，高等教育发展水平的区域差异性开始加剧。新世纪以来，面对高等教育地区差异加剧、部分高校经费不足等问题，俄罗斯把现代化作为高等教育发展的主要目标，继续推进改革。2003年，俄罗斯加入旨在实现欧洲教育一体化空间的"博洛尼亚进程"。为实现2010年前俄罗斯教育现代化构想以及紧跟"博洛尼亚进程"的原则和目标，2003—2008年，俄罗斯通过推行国家统一高考、增加教育预算、加强师资培养、确立高等教育两级制、推进欧洲一体化空间和创建大学综合体等举措，推动高等教育的发展。远东地区的高等教育也经历了经费不足、师资不足、生源不足等困境，在国家对高等教育改革方针的指导下，经过不断摸索，从苏联解体初期的低谷期、改革期到现在逐渐走上产业化、国际化和市场化的蓬勃发展之路。

（一）远东高等教育的低谷期

苏联解体后，远东地区的高校失去了国家的资金支持，教育经费严重不足，改革迫在眉睫。遵循市场经济原则与世界接轨是俄罗斯高等教育改革的方向，这要求高校顺应市场经济原则调整培养方向、教育水平、教师队伍。然而，实施改革依然需要相应的经费支持，在苏联解体初的一段时期内，俄罗斯社会经济危机不断加深，国家用于各项建设的拨款都有所缩减，1970年，教育投资占苏联国内生产总值的7%，而在1994年，教育投资占国内生产总值的比例仅为3.4%，减少了一半以上。[①] 拨付用于高校发展的资金只能满足全部所需费用的30%—40%，而地方政府尤其是远东地区经济落后，也无法在这方面给予远东地区的高等教育以过多支持。仅有的经费不足以支付教师工资和学生助学金。

与高校自身发展同样艰难的是，远东地区高校毕业生的就业问题也十分严峻。1993年，俄罗斯取消了毕业分配制度，由此导致俄罗斯大学毕业生的待业率高达46.4%，其中中心地区为52.5%，乌拉

---

① Г. Н. Карелова. Российское образование в зеркале государственного бюджета. Университетское управление, 1997. № 1.

尔区为36.9%，西伯利亚地区为42.5%，东西伯利亚为37.4%，远东地区为38.6%。① 以滨海边疆区为例，1998年该区每10个失业者中就有1个受过高等教育，总人数达3300人左右。② 与此同时，远东地区的高校仍然在培养大批的人才，而这些人才所掌握的技能又脱离了变革后市场的真正需要。加之，社会矛盾更迭，政府部门疏于对高校的监管，相关法令法规无法落实，师资人才流失严重，学校物质基础落后、硬件设施年久失修，俄远东地区的高等教育发展停滞不前，甚至有倒退的倾向。

（二）远东高等教育的改革期

为了摆脱教育经费紧张困局，远东高校转变办学思路，开始对不超过30%的招生人数采取收费制，而且还积极发展远程教育，吸引外国公民到俄罗斯接受高等教育，以缓解其高校财政紧张问题；针对高校培养的人才不符合市场需求问题，远东高校开始拓宽专业领域，开设新的专业；为了适应俄罗斯国内就业形势的变化，远东高校间教育资源整合，一些技术高校经过改造升级为大学。比如，海参崴、哈巴罗夫斯克和阿穆尔共青城的许多工学院都晋升为工程大学，远东渔业高等技术学校、远东工艺和商业学院也都升级为大学。1996年初，远东有29所高校，其中有12所是大学，相当于20世纪80年代中期的数量和规模。许多区级高校还在远东地区开办了分校。③ 至21世纪初时，俄联邦共有1019所民用高等院校，其中562所国立院校（由联邦政府管理），35所国立院校（由联邦主体管理），12所地方院校，410所非国立院校（其中205所有国家认证）。各高校在全国兴办了1540所分校，其中410所分校由国立大学兴办，而且半数分校在西伯利亚和远东地区。④

21世纪以来，在安邦强国战略的指导下，俄罗斯把教育视为保障民族安全、国家富强和公民幸福的关键要素，并将教育列为优先发展方向。针对学制单一、高校缺乏创新、教育质量下降、师资队伍老化等问题，远东地区积极对高校进行现代化改造与创新，通过提高教育投入，提升大学的国际竞争力等举措，适应国家总体上对教育实施的欧洲一体

---

① 张家丰：《俄罗斯远东地区的高等教育产业化》，《经济导刊》2010年第5期。
② 张家丰：《俄罗斯远东地区的高等教育产业化》，《经济导刊》2010年第5期。
③ 张家丰：《俄罗斯远东地区的高等教育产业化》，《经济导刊》2010年第5期。
④ http://www.liuxue51.net/rus/news/3161.html.

化进程，基本实现了高等教育产业化、市场化、现代化并积极与世界接轨。同时，远东各州区还根据地区人才需求，制定了高等教育的优先设置专业，政府设专门奖学金鼓励学生选择这样的专业，以实现职业定位与高校人才培养的有效结合。

（三）远东高等教育蓬勃发展期

经过20世纪90年代以及21世纪以来的改革、探索，俄罗斯远东地区的高等教育在现代化、国际化和产业化的道路上日臻完善，高等教育整体水平与全俄相比差距逐渐缩小。远东地区多所有着上百年历史的名校经得住时间考验，成为远东高等教育发展史上璀璨的明珠，吸引国内外学子前往就读。

滨海边疆区被誉为俄罗斯远东地区的文化教育科研中心，共有20多所高等院校。远东国立大学始建于1899年，其前身东方学院是培养东方学家的摇篮，目前，远东国立大学仍称得上是俄罗斯东部地区教授亚太地区国家语系的最古老、最大的一所学校，是远东和西伯利亚地区的第一所高等学府。2009年10月，远东国立大学、远东国立理工大学、太平洋国际经济大学以及乌苏里斯克师范大学四所重点高校合并成远东联邦大学，该校是滨海边疆区乃至俄罗斯远东地区最大的高等学府。合并后，远东联邦大学不仅整合了四所大学的教育资源、师资力量，也汇聚了四所大学的特色专业，如远东国立理工大学的电力学、土木学、热力工程学，远东国立大学的东方学、法学，太平洋国际经济大学的经济与管理科学、会计与统计学，以及乌苏里斯克师范大学的教育学、心理学等。

哈巴罗夫斯克边疆区同样是俄罗斯远东地区的教育、科学、文化中心之一，截至2012年，该区共有10所高等院校，例如，哈巴罗夫斯克国立技术大学创建于1958年，是俄罗斯远东最大学府之一，该校设有远东公路学院、经济管理学院、信息技术学院、建筑学院、远东林业学院、远东交通与能源学院、远东法律学院等；哈巴罗夫斯克国立师范大学建于1937年，该校在俄罗斯教育部的指示下按照全日制教育体系设立门类齐全的专业，并已跻身重点院校行列。远东国立交通大学，其前身是创建于1937年的哈巴罗夫斯克铁路运输工程学院，1997年改为现名。该校是俄罗斯国家重点大学，在俄罗斯国立理工类大学中排名前列，是俄罗斯远东地区培养铁路运输和其他国民经济领域高等人才的中心,同时该校在运输、电力、建筑、管理和经济等领域的教育水平在俄罗斯国内处于领先地位。

截至2012年,阿穆尔州有包括阿穆尔州国立大学和两所高级军校在内的6所高校;犹太自治州有犹太自治州立大学等5所高等教育学校;马加丹州现有东北国际大学、法律学院分院、莫斯科国立大学分校等高校,其中东北国际大学的前身是马加丹国立师范学院,1997年学校更名为北方国际大学,2007年学校正式更名为东北国立大学;萨哈林州有萨哈林国立大学等多所高校;萨哈共和国(雅库特)同样是远东地区重要的教育、科学中心,位于共和国首府雅库茨克的雅库茨克国立大学,前身是成立于1934年的雅库茨克国家教育学院。

(四)远东高等教育领域的对外合作与交流

俄罗斯教育享誉世界,被认为是高质量的代表,与赴欧美学校相比费用较低,因此很多外国学生尤其是亚太地区国家的学生会选择去俄罗斯留学深造。外国学生想到俄罗斯留学有两种方式:第一种是先在俄罗斯高校专为外国留学生设置的预科班学习一年,主要学习俄语及其他一些相关知识。一年后便可以直接升入俄罗斯的大学接受本科四年制的教育;第二种是考入与俄罗斯高校签订合作办学协议的国内高校学习,在国内高校完成两年学业后,按照协议到对口的俄罗斯高校继续学习两年。毕业后可同时获得被世界普遍承认的两国两所高校的毕业证书。

俄远东地区特别注重开发包括中国在内的亚太地区国家的教育输出服务市场。20世纪90年代中期,远东国立大学就与中国大陆和台湾地区、美国、日本、朝鲜等的大学签订了合作办学协议。1996年,该校的毕业文凭就得到亚太地区所有国家承认。远东工学院在20世纪90年代成为可以与英国伦敦大学进行文凭互认的高校,并先后与20多所国外高校以及美国、日本、中国、加拿大、朝鲜、德国和澳大利亚等国的公司与企业有过合作。

中俄地理相近,两国的教育合作与交流由来已久。远东高校凭借教学特色与中国相应的高校合作,通过互换教师、学生等途径联合培养学生。滨海边疆区、哈巴罗夫斯克边疆区和阿穆尔州的各大高校中的一些特色专业都有中国留学生的身影。远东国立大学东方学院与黑龙江大学、北京语言文化大学、吉林大学、大连外国语大学、延边大学、广东外语外贸大学等建立了完善的师生互换机制和联合施行双学位教育计划，该校中央大门摆放的两座石狮子，就是中国政府赠送的礼物；远东国立技术大学与哈尔滨理工大学等中国理工类院校保持着合作往来，阿穆尔州国立大学与北京大学、北京理工大学、延边科技大学等也实现了对接合作；涅维尔斯基国立海洋大学与大连海事大学、上海海事大学等重点海洋院校有紧密的业务合作；远东渔业高等技术学校与大连渔业大学、东北农业大学等达成合作协议。除此之外，近年远东高校与中国的高校合作成立中俄工科大学联盟、中俄交通大学联盟等11个高校联盟，为两国间的教育交流合作搭建了更为广阔的平台。

据不完全统计，俄罗斯每年通过教育输出服务可增加几十亿美元的收入，为其教育的产业化、市场化和国际化道路开辟了广阔的市场空间和资金来源，同时与中国等国的教育合作还增加了俄罗斯与各国在人文领域的深入合作，增进了国家间的友谊和相互了解，拉近了国家间的关系。

第三节　远东的医疗卫生事业

苏联时期，其公民享受国家提供的免费医疗服务，但因财政拨款有限，医疗服务与救助的质量并不高，就诊排队时间长。苏联解体之初，其医疗卫生事业陷入窘迫的境地，人口健康状况急剧恶化、人口增长率下降，甚至一度出现负增长的人口危机形势。同时，俄罗斯卫生系统的效率也大大降低，医疗服务质量下降，卫生资源浪费和机构设置重复等问题亟待解决。1996年，俄罗斯通过了居民强制性医疗保险法，但这一时期俄罗斯社会陷入经济转型危机，市场混乱，各种法律难以执行，因此有关医疗制度改革的法规与政策并没有得到很好落实。[①] 受限于机制不灵活、资金使用不合理等因素，俄罗斯的医疗卫生事业并无实质性改善。受地区经济社会发展落后等因素影响，苏联解体初期远东地区的基本医疗卫生情况更糟，医疗卫生体制改革进展较欧俄地区更慢，在重大疾病防控及其他医疗卫生保健方面的工作也都不尽如人意。普京执政后，对医疗卫生体系进行大规模的改革，实施了免费医疗救助国家保障

---

① 陆南泉：《转型以来俄罗斯的社保制度改革》，《经济观察报》2013年第12期。

纲要，制定了相关的联邦医疗社会保险法，通过增加政府投入，建立强制医疗保险制度、津贴代替优惠政策、医药分离、节约卫生资源、合理使用资金等措施，使俄罗斯的医疗卫生事业得到发展和改善，远东地区的医疗卫生保健事业也得到适当发展。

一 苏联解体后远东地区的基本卫生状况

苏联解体初期，远东地区的医疗卫生事业依赖政府财政预算拨款问题尤为突出，远东地区继承了苏联时期的基础医疗设施，虽延续了免费医疗政策，但手术和住院条件差，医疗设备尤其是偏远地区的医疗设备、医生人数配备不足，医生的待遇和生活水平都无法保障。随着经济的市场化改革，医疗卫生领域也面临转型，能够拓宽资金来源渠道的医疗保险业应运而生。在俄联邦卫生医疗管理权下放后，远东地区从区域角度着手改善医疗服务，为区域居民健康提供更优质的资源配置，远东地区的医疗卫生事业从20世纪90年代初过度依赖联邦政府转变为主要依靠远东地区的财力物力。远东地区在接受国家调控的总方针指导下，通过税收优惠、公共投资、补贴和贷款、向国外学习经验、提高医护人员素质、培养医学人才等形式优先发展区域医疗卫生事业，最大限度地利用医疗资源，为远东地区居民的健康提供保障。

（一）远东居民的基本健康状况

1926—1985年，国家大力开发远东地区时，远东地区人口增加了4.8倍。苏联解体后，集体干预经济的政策在远东基本停滞，远东失去了优先发展的动力，对移民而言更失去吸引力，远东人口开始向外迁移，1990—2011年，远东地区人口下降了约1770万，楚科奇自治区人口减少了2/3，马加丹州人口少了近3/5，堪察加地区和萨哈林州人口也都少了1/3（见表19—1）。与此同时，远东地区的人口老龄化严重，儿童人口急剧下降，适龄生育人口减少，人口出生率下降。1970年时远东地区的平均人口出生率为22‰，到2011年时减少到4.7‰。[①] 1990—2011年，俄

---

① Дьяченко В. Г., Пригорнев В. Б., Солохина Л. В. Здравоохранение Дальнего Востока России в условиях рыночных реформ. Хабаровск：ГБОУ ВПО ДВГМУ, 2013. http：//www.medlinks.ru/sections.php? op = listarticles&secid = 150.

罗斯人口总出生率下降6%，但远东地区下降了14.3%，出生人口绝对数量减少了33%。其中犹太自治州人口出生率下降20.8%，滨海边疆区下降18.5%，阿穆尔州下降16.7%，哈巴罗夫斯克边疆区下降14.5%，远东是全俄人口出生率下降比例最高的地区（见表19—2）。1990—1999年，远东地区每千人中育龄妇女人数从58.96降至32.3，减少了45%，这也是造成其人口出生率下降的原因之一。

表19—1　　　　　　1990—2011年远东联邦区人口动态　　　　单位：千人

年份	1990	1995	2000	2005	2006	2007	2008	2009	2011	人口增长率（%）
萨哈共和国（雅库特）	1115.2	1028.7	960.0	950.3	949.9	950.7	950.6	950.0	958.3	-14.1
堪察加边疆区	477.7	414.0	369.4	350.7	348.2	346.4	344.6	344	321.7	-33.1
滨海边疆区	2303.2	2254.0	2130.7	2027.7	2012.7	2000.8	1991.9	1988.0	1956.4	-15.1
哈巴罗夫斯克边疆区	1622.2	1555.2	1466.9	1416.3	1408.9	1404.6	1402.8	1402.0	1344.2	-17.2
阿穆尔州	1054.8	990.7	929.3	884.3	877.8	872.1	867.0	864.0	829.2	-21.4
马加丹州	387.4	253.5	198.0	173.1	170.1	167.2	164.4	163.0	156.9	-59.4
萨哈林州	714.7	644.7	564.6	529.3	523.7	519.9	516.5	514.0	497.8	-30.3
犹太自治州	218.9	208.4	194.2	187.7	185.6	185.6	185.5	185.0	176.5	-19.4
楚科奇自治区	160.1	90.1	59.6	50.6	50.5	50.4	49.9	49.0	50.53	-68.4

资料来源：根据俄联邦统计局数据整理得出。

表 19—2　　　　　远东各联邦主体出生率变化　　　　　单位:‰

年份	1990	1999	2000	2001	2006	2007	2008	2009	2011
俄联邦	13.4	8.3	8.3	9.1	10.4	11.3	12.1	12.4	12.6
远东联邦区	15.4	9.0	9.7	9.9	11.5	12.3	12.6	13.0	13.2
萨哈共和国（雅库特）	19.4	13.0	13.5	13.6	14.4	16.1	16.2	16.8	17.1
堪察加边疆区	12.0	9.1	9.3	9.2	11.0	11.3	11.7	11.9	12.4
滨海边疆区	14.6	8.0	8.6	9.2	10.4	11.2	11.3	11.8	11.9
哈巴罗夫斯克边疆区	15.1	7.9	8.5	9.1	11.0	11.6	12.2	12.5	12.9
阿穆尔州	16.2	9.2	10.2	10.1	11.8	12.6	12.9	13.2	13.5
马加丹州	13.8	8.8	9.7	8.6	10.7	10.9	10.9	12.1	11.5
萨哈林州	14.2	8.9	9.2	9.0	11.2	11.8	12.3	12.1	11.8
犹太自治州	17.8	9.3	9.5	10.6	12.1	13.0	13.9	13.2	14.1
楚科奇自治区	13.8	9.0	9.7	10.6	15.3	15.9	15.9	14.2	13.7

资料来源：根据俄联邦统计局数据整理得出。

同时，远东人口的死亡率（见表19—3）也是值得关注的：1990—2010年，由于年轻人口比例较高，远东地区人口死亡率低于全俄平均水平。2011年情况发生变化，远东联邦区总的人口死亡率超过全俄平均值。2015年与1990年相比，楚科奇自治区人口死亡率提高了2.5倍，马加丹州提高了2.1倍，堪察加边疆区提高了1.8倍，萨哈林州和阿穆尔州都提高了1.6倍，哈巴罗夫斯克边疆区提高了1.4倍。

表 19—3　　　　　远东联邦主体人口死亡率变化　　　　　单位:‰

年份	1990	2000	2005	2006	2009	2010	2011	2015
远东联邦区	8.2	13.2	15.3	14.0	13.3	13.6	13.4	12.6
萨哈共和国（雅库特）	6.7	9.7	10.2	9.7	9.9	10.0	9.3	8.5
堪察加边疆区	6.2	11.0	12.6	11.3	11.8	11.8	12.0	11.5
滨海边疆区	9.1	13.9	16.2	14.9	13.8	14.6	14.1	13.5
哈巴罗夫斯克边疆区	9.2	14.1	16.3	14.9	13.6	14.2	14.6	13.4
阿穆尔州	8.6	14.6	16.9	15.5	14.7	15.1	14.7	13.9
马加丹州	5.6	11.8	13.6	13.2	13.2	13.2	12.9	11.9
萨哈林州	8.1	13.4	17.4	15.0	14.5	14.4	14.1	13.3

续表

年份	1990	2000	2005	2006	2009	2010	2011	2015
犹太自治州	9.1	14.5	17.9	16.0	14.8	15.7	15.3	15.4
楚科奇自治区	3.7	9.6	11.8	11.0	12.9	15.8	11.1	9.5

资料来源：根据俄联邦统计局数据整理得出。

从表19—3可以看出，远东地区总的人口死亡率呈上升趋势。首先，21世纪以来远东以及全俄人口死亡的主要原因是循环系统疾病和肿瘤（分别占52.7%和57.1%），外部原因造成死亡的比例为16.1%，也高于全俄平均值（11.8%）。其次，远东地区居民，每10万死亡人口中有34.7人死于传染病和寄生虫病，其中每10万人中有27人死于结核病、72.3人死于消化系统疾病。此外，一段时期内远东人口酗酒严重，尤其是男性酗酒也是造成其人口死亡的重要因素之一。2000—2010年，远东地区的新生儿死亡率从18.6‰下降到9.6‰，但在俄罗斯联邦各区中比例仍最高。[1]

人口健康指标直接影响着人口的寿命，2000—2016年，远东联邦区人口的平均寿命由63.17岁增加到65.86岁（见表19—4），但低于全俄平均值（68.67岁）。其中，男性平均寿命要低于女性平均寿命，楚科奇自治区男性平均寿命在2016年时达到最低的53.75岁，远低于远东地区同时期男性平均寿命60.07岁。

表19—4　　　　远东联邦地区人口平均寿命变化　　　　单位：岁

	2000年			2005年			2010年			2016年		
	总体平均寿命	男性平均寿命	女性平均寿命	总体平均寿命	男性平均寿命	女性平均寿命	总体平均寿命	男性平均寿命	女性平均寿命	总体平均寿命	男性平均寿命	女性平均寿命
全俄	65.34	59.03	72.26	71.87	66.5	77.06	65.30	58.87	72.39	68.67	62.77	74.67

---

[1] Дьяченко В. Г, Пригорнев В. Б, Солохина Л. В. Здравоохранение Дальнего Востока России в условиях рыночных реформ. Хабаровск：ГБОУ ВПО ДВГМУ, 2013. http：//www. medlinks. ru/sections. php？op = listarticles&secid = 150.

续表

	2000 年			2005 年			2010 年			2016 年		
	总体平均寿命	男性平均寿命	女性平均寿命	总体平均寿命	男性平均寿命	女性平均寿命	总体平均寿命	男性平均寿命	女性平均寿命	总体平均寿命	男性平均寿命	女性平均寿命
远东联邦区	63.17	57.29	70.03	69.22	63.84	74.84	62.24	56.16	69.44	65.86	60.07	72.17
萨哈共和国（雅库特）	63.66	57.90	70.27	70.84	65.78	75.98	64.70	58.62	71.59	66.45	60.87	72.50
堪察加边疆区	63.30	58.07	69.71	68.66	63.48	74.54	63.51	57.91	70.25	66.06	60.60	72.18
滨海边疆区	63.73	57.87	70.45	69.66	64.48	75.06	62.83	56.83	69.78	66.72	61.11	72.66
哈巴罗夫斯克边疆区	63.03	56.99	70.10	69.13	63.52	74.90	61.89	55.52	69.48	66.33	60.30	72.83
阿穆尔州	62.15	56.14	69.29	68.28	62.65	74.20	60.34	54.10	67.84	64.41	58.55	70.89
马加丹州	62.02	55.73	69.97	69.00	63.56	74.47	62.59	57.00	69.04	64.06	58.50	70.07
萨哈林州	63.34	57.69	69.82	68.66	63.08	74.61	60.58	54.50	68.06	64.83	58.63	71.76
犹太自治州	61.84	56.11	68.55	65.88	59.98	72.27	59.34	53.94	65.86	63.34	57.20	70.38
楚科奇自治区	60.17	54.91	67.07	64.42	59.73	69.58	58.09	54.06	63.06	58.22	53.75	64.62

资料来源：根据俄联邦统计局数据整理得出。

（二）远东地区的妇幼保健工作

鉴于人口的不断下降，远东地区妇女和儿童的健康状况值得关注，预防妇女和儿童疾病成为远东地区医疗卫生工作的重点领域之一，但远东妇女和儿童的医疗服务质量却多年来没有显著改善，围产期死亡率高，出生率低，妇幼保健服务卫生设施资金不足等问题并没有妥善解决。长期以来，远东地区并没有建立区域妇幼保健服务管理系统，提高对孕产妇的护理服务、改善服务质量，在远东偏远地区设立医疗服务机构、医疗卫生站，以及设立全科医生制度是较为迫切的任务之一。

为此，远东地区近年通过降低住院费、拓宽医疗卫生投入的资金渠道、改进医疗设备，修建围产期中心等方式改善在妇幼保健方面的服务。但受远东地区人才荒的影响，远东偏远的北部地区和农村地区妇幼医疗服务卫生设施差，医护人员缺乏现象仍很严重。

（三）远东医疗卫生机构和资源

俄罗斯医疗机构财政改革后，由于缺乏财政支持，远东地区的医院出现减少趋势。2004年远东地区有医院835个，2009年减少到433个，2016年有363个。[1] 随之减少的还有远东地区门诊的数量（见表19—5）和病床数量。数据显示，2008年，远东地区每万人平均拥有病床数为108.6张，到2016年减少到99.1张[2]，病床数量减少导致患者住院排队现象严重。

表19—5　　1992—2009年俄罗斯远东地区门诊数量变化　　单位：个

年份	1992	2000	2004	2005	2006	2007	2008	2009	2016
远东联邦区	1595	1521	1645	1687	1252	1353	877	898	1149

资料来源：根据俄联邦统计局数据整理得出。

与医院、门诊、病床数量减少同时存在的问题是，远东地区医疗服务机构的建筑设施老旧，年久失修。例如，2011年，萨哈共和国（雅库特）的医疗卫生设施中只有34%符合建筑标准，由于是危房而面临拆除的医疗服务设施有42个，203个卫生医疗部门的建筑物需要紧急维修；马加丹州的197家医院中，80%的建筑是30—50年前的建筑，其中很多已经老化，不符合卫生标准和现代医疗技术的要求，54%的医疗建筑需要全面检修，22%需要改造；楚科奇地区、阿穆尔州等地也面临医疗卫生相关建筑破旧不堪的问题。相比之下，滨海边疆区、哈巴罗夫斯克边疆区和犹太自治州的卫生设施破损情况稍好于其他地区，但其医疗设施也同样面临维修、重建问题。如哈巴罗夫斯克边疆区的382个

---

[1] http：//www.gks.ru/free_doc/doc_2017/year/year17.pdf.

[2] http：//www.gks.ru/free_doc/doc_2017/year/year17.pdf.

卫生保健系统建筑物中有 48 个需要重建，147 个需要大修。①

为引进先进的技术和设备、拓宽资金来源，1991—2012 年，远东地区医疗保健系统进行了一系列市场化改造。第一次始于 90 年代后半期，远东地区通过从外国银行贷款的形式进口国外的现代医疗设备。第二次尝试是在 2005 年左右，远东地区对所属医院重新配备技术和设备，但这次改革尝试也没有彻底提高远东的医疗服务水平，主要原因在于一些地区旧的设备还没有拆除，高科技设备闲置。同时在资金缺乏的情况下，设备的后期维护工作无法进行。第三次尝试始于 2011 年，对医疗系统的技术设备进行现代化改造，并取得一定成绩。当地部门开始酌情根据远东居民健康状况差异，对医疗设备、医疗服务等进行合理配置，特别是对远东北部偏远地区和农村地区居民的生活和健康状况进行特别关注。

与可以提供免费医疗服务的公立医院人满为患和服务质量差相伴生的，是远东地区的医疗卫生系统还面临医务人员不足的问题，尤其缺少专业医生。2016 年数据显示，远东地区平均每万人拥有医生 53.8 名，虽高于全俄平均水平（46.4 名），但仍无法满足实际需求。同时，远东近年出现一些可以提供相对较好服务的私立医疗服务机构，这也成为远东地区未来医疗卫生事业发展的重要组成部分之一。总体而言，苏联解体以来，远东地区的基本卫生状况历经 20 世纪 90 年代末的低谷期，21 世纪以来的改革期后，出现向好趋势，但与全俄整体水平相比仍在诸多领域存在差距。

二　远东地区医疗保障体制改革

苏联解体后，远东地区发展落后，除人口外流严重外，医疗机构固定资产老旧、落后、折旧率高，医疗技术设备落伍，病床紧张，医疗人才缺乏等问题对区域发展同样产生不利影响，直接影响区域人口的发病率、死亡率、残疾人口数量和当地居民对医疗服务质量的满意度。普京

---

① Дьяченко В. Г, Пригорнев В. Б, Солохина Л. В. Здравоохранение Дальнего Востока России в условиях рыночных реформ. Хабаровск: ГБОУ ВПО ДВГМУ, 2013. http: // www. medlinks. ru/sections. php? op = listarticles&secid = 150.

总统执政后确立了国家优先发展医疗的总方针和开发开放远东的总体布局,远东成为全俄支持和试行医疗体制改革的主要地区和受益地区之一。

(一)远东免费医疗制度的实施

苏联解体后,俄罗斯保持了全民免费医疗制度,但不再是政府全额财政拨款。俄联邦1993年的宪法规定,所有人都有权享有保健和医疗权。政府应向居民免费提供医疗,通过相应的政府预算、保险缴纳和其他来源负担。俄罗斯开始从政府预算拨款向医疗保险制与政府预算拨款结合的医疗保障制度过渡。改革后,政府为失业者、残疾人、老人等弱势群体提供免费医疗保障,企业为雇员提供医疗资金支持。政府预算拨款和医疗保险基金的资金额对地区医疗筹资水平起到决定性作用。远东地区由于经济落后资金不足,政府的医疗预算拨款比例不高,而且俄罗斯免费医疗仅限于基本医疗,对于那些需要高水平医生、先进设备仪器或特殊药物的仍需要自付费用。远东地区公立医院数量减少并且资金不足,各联邦主体中虽逐年增加用于免费医疗的财政拨款额,但仍无法满足全部需求(见表19—6),向病人提供的免费药品正在逐年减少,患者常需要自费购药。

表19—6　　2006—2012年远东地区用于免费医疗的财政保障
实际拨款情况　　　　单位:百万卢布

	2006年		2009年		2012年	
	所需拨款额	实际到账率	所需拨款额	实际到账率	所需拨款额	实际到账率
萨哈共和国(雅库特)	9103.4	86.6	12485.8	74.8	15412.2	90.7
堪察加边疆区	2621.4	67.9	4766.4	78.0	6460.1	106.0
滨海边疆区	7170.5	68.7	12325.4	53.2	14320.8	64.9
哈巴罗夫斯克边疆区	7473.7	86.1	12171.9	71.4	16976.5	98.1
阿穆尔州	5115.8	90.7	7028.8	66.3	7726.8	79.0
马加丹州	1701.0	71.5	3311.5	68.8	3106.6	140.4
萨哈林州	4364.2	73.8	9183.7	74.5	12435.7	110.8

续表

	2006 年		2009 年		2012 年	
	所需拨款额	实际到账率	所需拨款额	实际到账率	所需拨款额	实际到账率
犹太自治州	838.4	80.5	1121.2	84.5	1632.8	78.2
楚科奇自治区	1335.6	95.1	1727.9	120.0	2114.4	97.1
远东联邦区	39723.9	79.7	64122.6	68.5	80485.8	89.2

资料来源：Дьяченко В. Г, Пригорнев В. Б, Солохина Л. В. Здравоохранение Дальнего Востока России в условиях рыночных реформ. Хабаровск: ГБОУ ВПО ДВГМУ, 2013. http：//www. medlinks. ru/sections. php？op = listarticles&secid = 150.

为此，俄罗斯联邦根据联邦法规制定了符合国家标准的2014—2015年向远东联邦区提供公民免费医疗援助规划，新规划实施后，远东地区享受免费医疗的病人中，平均住院日由2012年的2.78天缩减到2015年的2.36天。此外，在初级医疗卫生保健、专业医疗、急诊和医疗救治方面的投入均有所增加。人均医疗筹资标准逐年增加，2013年为9032.5卢布，2014年为10294.4卢布，2015年为12096.7卢布。[①]

（二）远东的医疗保险制度

苏联时期，通过国家预算拨款的方式为医疗卫生体系提供保障，为全民提供免费医疗。医疗卫生经费来源主要以国家财政预算为主，企业、社会团体和集体农庄筹资为辅。苏联解体后，其免费医疗带来的财政压力愈加凸显，俄罗斯为此出台了各项医疗改革措施，如1991年的《俄罗斯联邦公民医疗保险法》，要求俄罗斯常住居民必须参加医疗保险，保险费用由国家、参保人所在企业或机构和参保人本人共同承担。此后1993年又颁布了《关于建立联邦和地方强制性医疗保险基金会的规定》和1996年的《俄罗斯联邦公民强制医疗保险法》。根据这些文件，俄罗斯建立了强制性医疗保险基金，成立了医疗保险公司，国家免费医疗保障体系向医疗保险制度过渡。

俄罗斯推行强制医疗保险制度后，远东地区也开始推行强制医疗保险制度。20世纪90年代，远东地区的医疗保险有四种模式：第一种，

---

① http：//www. gks. ru/free_ doc/doc_ 2017/year/year17. pdf.

完全符合俄罗斯联邦医疗保险制度相关的监管和立法框架［如马加丹州、堪察加边疆区和萨哈共和国（雅库特）］，医疗保险基金通过地方财政拨款和充分发挥金融、信贷公司作用的多种来源积累资金，医疗保险公司为参保人提供保险和医疗救助服务。第二种，地方医疗保险制度的实施完全违反俄罗斯联邦强制医疗保险制度的监管和法律要求（如哈巴罗夫斯克边疆区、滨海边疆区和犹太自治州），医疗保险职能由地方强制医疗保险基金的分支机构承担，通过经济手段将强制医疗保险转移到医疗机构，由医疗机构为参保人提供医疗保险，排除了医疗保险公司参与强制医疗保险制度。第三种，强制医疗保险制度方案的实施也违反俄罗斯联邦的监管及立法基础（阿穆尔州和萨哈林州），公民的医疗保险和医疗救助种类与拨款数额由地方强制医疗保险基金会掌握，也就是医疗保险公司。第四种，强制医疗保险制度方案的实施同样违反俄罗斯联邦监管与立法基础（科里亚克自治区[①]），它的地方强制医疗保险基金会承担所有职能，包括保险费用的收取、支付以及向居民医疗救助支付费用等。而在强制医疗保险制度实际执行过程中，其大多数职能都由地方强制医疗保险基金会和其分支机构承担了。当时，俄远东地区用于强制医疗保险方面的支出在全部医疗卫生经费中比重非常高，强制医疗保险基金的90%以上都用于为居民提供医疗服务。根据1991年《俄罗斯联邦公民医疗保险法》的相关规定，远东地区的地方强制保险基金会推动强制医疗保险制度方面主要处理以下事务：

处理强制医疗保险系统内参保人的投诉和申诉；

保护患者权益的预审和司法实践；

向因个人或法人实体的非法行为而权益受损的参保人提供医疗救治服务费用的报销。

数据显示，1996—1997年，远东地区地方强制医疗保险基金会接到的投诉和申诉数量增加了117%。1996年，阿穆尔州为2180件，堪察加州为1351件，滨海边疆区为662件。到1997年，分别为2188件、1507件和715件。居民投诉和申诉的事项主要包括药品供应、不合理

[①] 2003年10月28日，俄罗斯远东堪察加州和科里亚克自治区通过全民公决，定于2007年起堪察加州和科里亚克自治区合并为一个俄联邦主体——堪察加边疆区。

收费、医疗服务质量等。例如，哈巴罗夫斯克边疆区的一项有关医疗服务质量和医疗服务执行情况的调查显示，1995年只有44%的受访者认为医疗服务令人满意，25%的受访者给了差评。到1997年两个数据分别变为29%和45%。与此同时，66%的受访者认为满意度下降的主要原因是常用药品和医用耗材的缺乏。[1] 到20世纪90年代末，远东地区的医疗保健系统和远东地方强制医疗保险制度仍继续运行，尽管还存在一些问题，如医疗卫生系统统计与管理工作标准化滞后，跨部门和区域间医疗卫生资源有待整合，病人权益保护机制不健全，医疗卫生系统的组织、人事、法律、信息、软件等技术开发有待加强，等等。

随着俄罗斯经济和地区的稳定，强制医疗保险基金日益成为医疗卫生系统重要的资金来源。远东地区的强制医疗保险制度和区域医疗卫生系统运行日趋稳定，并逐步解决了强制医疗保险制度实行过程中的问题，21世纪以来远东地区在强制医疗保险基金使用上，侧重地区医疗卫生系统信息化和网络化建设，同时注重解决医疗卫生机构资金合理支出问题，以提高地方医疗机构效益的增长，减少医疗保健基础设施支出，强制医疗保险制度进入规范化运行。2000年以后，远东地区强制医疗保险制度推行过程中最大的问题是资金不足和医疗卫生费用支出超过地方医疗机构预算拨款。到2001年，医疗卫生费用中政府财政预算拨款和强制医疗保险基金的资金比由63∶37变为37∶63。尽管远东地区将统一社会税和失业人口保险费划入强制医疗保险基金中，但仍无法解决地方医疗卫生机构的资金缺口问题。与此同时，远东地区常住居民参保人数占区域人口比例从88.5%增长到91.1%（见表19—7），医疗保险公司数量也呈增长趋势，但总参保人数却呈下降趋势。自2009年起俄罗斯联邦健全人口每年减少约100万，俄罗斯联邦国家统计局预测，2011—2020年俄罗斯健全人口约减少900万，远东地区参保人数持续减少也在预测之内。

---

[1] Дьяченко В. Г, Пригорнев В. Б, Солохина Л. В. Здравоохранение Дальнего Востока России в условиях рыночных реформ. Хабаровск：ГБОУ ВПО ДВГМУ, 2013. http：//www.medlinks.ru/sections.php? op = listarticles&secid = 150.

表 19—7　　　　　远东地区参加强制医疗保险的居民人数

		萨哈共和国(雅库特)	堪察加边疆区	滨海边疆区	哈巴罗夫斯克边疆区	阿穆尔州	马加丹州	萨哈林州	犹太自治州	楚科奇自治区
	签订保险合同的人数									
2001年	(千人)	969.571	307.3	1973	1552	845.2	204.7	567.756	181	66.842
	占常住人口百分比	99.3	87.6	91.5	107	92.7	85.6	96	93	101.5
2005年	(千人)	940.453	320.4	1702	1617.6	837.5	171.1	574.075	180.6	67.690
	占常住人口百分比	98.9	97.6	84.5	118	95.1	101.2	108	96.8	108.9
2010年	(千人)	932.250	302.3	1797	1424.6	748.7	164.7	558.546	176.9	57.527
	占常住人口百分比	98	88.5	91.1	110	90.4	102.2	109	95.6	111.1

资料来源：Дьяченко В. Г, Пригорнев В. Б, Солохина Л. В. Здравоохранение Дальнего Востока России в условиях рыночных реформ. Хабаровск：ГБОУ ВПО ДВГМУ, 2013. http：//www. medlinks. ru/sections. php？op = listarticles&secid = 150.

在俄罗斯联邦高度重视医疗卫生事业的形势下，远东联邦区强制医疗保险基金地方财政预算大幅增加，失业人口的强制医疗保险缴费额、俄罗斯联邦强制医疗保险基金会提供给远东地方医疗机构的津贴以及医疗保障系统的资金总额都在增加，尽管用于医疗卫生事业的资金仍不足，但资金的增多无疑使远东地区医疗机构稳定发展成为可能。为了使医疗保险制度适应医疗卫生体系市场化、现代化步伐，2010年11月29日俄联邦通过了《关于部分修订俄罗斯联邦强制医疗保险法》，该法给予被参保人自主选择医疗保险公司的权利，扩大了强制医疗保险给付的范围，同时取消了私人医疗机构进入强制医疗保险体系的限制。到2011年底，俄罗斯境内共有1个联邦强制医疗保险基金，84个地区强制医疗保险基金，107个有法人地位的医疗保险公司和246个下属分支机构，8200多个合同医疗机构。① 远东地区的商业医疗保险制度也逐渐形成，虽然受地区经济落后限制，远东地区商业医疗保险的投保率还没有莫斯科、圣彼得堡等发达地区高，但非国有医疗保险公司医保公司服务意识更强、服务质量更好也吸引了远东地区高收入家庭参保。

三 远东地区公共卫生事业的发展

苏联解体后，经过30年的发展，远东地区的医疗卫生事业有了长足进展，在现代化道路上不断尝试，其医药市场改革和医疗卫生领域人才培养方面也取得一定成绩。

（一）医疗卫生体系现代化改造

远东地区早就认识到在医疗卫生领域开启现代化改造的重要性和必要性。2010年，俄罗斯总统普京更是表示，将从联邦预算中拨付几十亿卢布，用于更新远东地区医疗机构的物质基础和医疗卫生系统人才引进，从而加快远东医疗卫生系统现代化改造。

2010年以来，远东地区在医疗卫生基础设施、医务人员职业培训、医院办公网络化等方面的现代化改造中投入了大量资金（见表19—8）。尤其对农村诊所的医疗条件进行了现代化改进，为其配备青年医师，提高农村地区医疗人才的工资，为农村地区增派2万辆救护车，并为

表19—8 2011年、2012年远东地区用于医疗卫生领域现代化改造的财政支出情况　　　　　　　　单位：千卢布

	萨哈共和国（雅库特）	堪察加边疆区	滨海边疆区	哈巴边疆区	阿穆尔州	马加丹州	萨哈林州	犹太治自州	楚科奇自治区	远东联邦区
任务1	加强医疗卫生机构的物质与技术基础									
资金投入	5196840	2269493	3776473	3318523	1380010	1492669	1710711	483125.7	556108.6	20183973
任务2	卫生系统信息现代化建设									
资金投入	3892537	1565637	3936932	2357691	153943	1086969	181842.8	345219	18407.6	1672692

---

① http://news.ifeng.com/gundong/detail_ 2013_ 05/28/25792238_ 0.shtml.

续表

	萨哈共和国（雅库特）	堪察加边疆区	滨海边疆区	哈巴边疆区	阿穆尔州	马加丹州	萨哈林州	犹太治自州	楚科奇自治区	远东联邦区
任务3	医疗救护标准化建设及提高医疗救护效率								
资金投入	3138956	1163210	3296242	4326363	2264771	1082643	3296807	111292.5	74104.2	18754387

资料来源：Дьяченко В. Г, Пригорнев В. Б, Солохина Л. В. Здравоохранение Дальнего Востока России в условиях рыночных реформ. Хабаровск：ГБОУ ВПО ДВГМУ, 2013. http：//www.medlinks.ru/sections.php? op = listarticles&secid = 150.

2500个医疗调度站配置卫星导航系统。为稳定医学人才，减少其流动，远东地区在2010年时确定了医疗工作者的工资标准，滨海边疆区为15506.0卢布，楚科奇自治区为33128.0卢布，这为偏远地区吸引医疗人才提供了一定的保障，针对该区医疗工作者工资低的问题，该区于2012年制定了到2018年医务人员工资达到区域平均工资水平200%的规划。

2013年全年远东联邦区用于医疗卫生现代化改造的支出为339亿卢布，其中联邦强制医疗保险基金208亿卢布（占支出总额的61.4%），远东联邦区财政预算支出77.3亿卢布。在医疗卫生支出中用于现代化改造方面资金投入最多的是哈巴罗夫斯克边疆区（占医疗卫生支出的99.6%）和萨哈林州（占医疗卫生支出的95.1%），用于这方面支出最少的是犹太自治州和滨海边疆区，分别占医疗卫生支出的46.7%和54%。[1]

需要指出的是，经济落后的现状对远东地区人口健康的影响始终存在并还将继续。在远东医疗卫生体系现代化改造过程中，医疗卫生设施缺少、专业医务人员不足问题仍存在。塔斯社报道显示，截至2016年8月，萨哈（雅库特）共和国和滨海边疆区医生的配备率最高，达到了80%和84%，但仍缺少975名中层专业医务人员和1089名不同专业的医生。哈巴罗夫斯克边疆区缺少超208名医生和7%的护士（600人）。[2] 此

---

[1] Дьяченко В. Г, Пригорнев В. Б, Солохина Л. В. Здравоохранение Дальнего Востока России в условиях рыночных реформ. Хабаровск：ГБОУ ВПО ДВГМУ, 2013. http：//www.medlinks.ru/sections.php? op = listarticles&secid = 150.

[2] Медучреждения Дальнего Востока испытывают острую нехватку в кадрах［EB/OL］. https：//tass.ru/v-strane/3568710（2016 – 08 – 26）.

外，远东各州区都将建设配备齐全的现代化医疗机构如围产中心、肿瘤中心、儿童病防治中心等项目列入规划，但规划执行进展并不乐观。受现代化设备闲置、医疗保健监管部门管理人员水平低下、政府采购缺乏透明度、监管机制不健全等因素影响，远东地区医疗卫生体系的现代化改造之路并不顺利。调查显示，远东地区 70% 的居民对医疗服务不满意。自 2013 年以来，远东地区医疗卫生体系现代化进程仍在继续，政府用于此项的预算拨款也逐年增加，远东地区医生收入不断提高、医院数量也有所增多，远东地区基本建立起了符合综合标准的医疗信息系统，使疾病流行、医疗规划和就医信息等得到普及和了解，一定程度上推动了现代化改造的进一步完善。

（二）远东的医药市场及其监管

医疗救助作为社会公共服务之一，在当代社会经济发展条件下，正逐渐与市场经济的新技术、新工艺相结合。而作为医疗救助领域必不可少的药品市场，也逐渐受到市场关注与青睐。在世界制药市场中，美国、日本等发达国家在生产和销售方面占据大部分市场份额，中国在国际制药市场上的地位也逐年上升，而俄罗斯的医药市场仅是世界医药市场的一小部分，并且俄罗斯的人均药品消费量相对也很低。目前，俄罗斯的药品仍以进口为主。2012 年，俄罗斯联邦总统法令规定，在重要的战略药品清单和常用药品清单中 2018 年国产药将占 90% 的份额，《俄罗斯发展制药业 2020 年前专项纲要》规划中也提到，到 2020 年前国产药品占俄国内市场份额的 50% 以上，常用药占 90% 以上。① 2015 年数据显示，俄罗斯使用的药品 75% 是从国外进口，为此俄罗斯采取了一系列扶持国内医药生产的措施，但俄国内医药市场的药品价格仍在上涨，低价药销量减少，高价药销量增加。

远东地区拥有大量的医药制造原料，该地区种植的药物品种在俄国内是独一无二的，并且远东地区还有大量海洋生物资源储备，发展药品生产的潜力巨大，但还没有得到有效的开发和利用。相反，远东地区很多药品被最大的供应商所垄断。远东医药市场的发展导致药品供应商数

---

① 《俄药品市场短期内难自给》，http：//www.mofcom.gov.cn/article/i/jyjl/m/201308/20130800244347.shtml。

量急剧增加，供应商人数增多加剧了远东医药市场的竞争和市场的混乱，导致远东地区超过75%的药品都是仿制药。由于远东地区医药市场监管机制不健全，医务人员可以通过药品、卫生设施的采购和使用来寻求灰色收入。2006年，哈巴罗夫斯克边疆区的调查显示，在接受免费医疗过程中，2/3的患者被迫以这样或那样的方式自掏腰包为医疗服务买单。远东的医药市场已成为远东联邦区卫生部门必须监管的重要部分之一。远东地区的医药市场亟须引入监管机制，特别是反垄断机制，并能在药品和医疗用品采购环节推行公开招标的形式。此外，远东地区物流成本很高，其区域药品价格也受到运输成本高的影响。

远东的医药市场分为商业垄断和国家垄断两部分。商业部分包括成品药和医疗消耗品（注射器、绷带、滴管）的销售，国家部分包括远东卫生部门框架下的成品药销售。远东地区药品经销商中处于全国领先地位的有"新航国际"（СИА Интернейшнл）、"罗斯塔"（РОСТА）股份公司、比奥戴克集团公司（БИОТЭК）、卡特连（Катрен）股份公司等。这些经销商大多于20世纪90年代成立，至今占据远东医药市场的主要份额。

（三）远东医学研究、医疗人才培养及医疗卫生领域的国际合作

远东医疗卫生事业的发展离不开医学领域的技术和学术研发，远东在医学科研领域早有突破，远东地区有4家医学科研机构：①索莫夫（Г. П. Сомова）流行病学和微生物学研究所，1941年4月成立，是滨海边疆区第一个医学科研机构。在细菌和病毒感染病原体的非生物种群生态学、分子微生物学和细菌感染分子流行病学、细菌和病毒感染病原体的分子遗传特征及临床流行病学特征、生物体抗感染能力机制及免疫调节方面的科研成果突出；②"远东呼吸系统生理与病理科学中心"符拉迪沃斯托克分部，即医学气候学与康复医疗研究所。侧重再生医学、远东天然药物因子、浴疗、药用矿泉水等的研究与研发；③远东呼吸系统生理与病理科学中心哈巴罗夫斯克分部，即产妇和儿童保健研究所。其前身是1986年成立的苏联医学科学院西伯利亚分部母婴保护研究所，2013年正式更为现名；④远东呼吸系统生理与病理科学中心布拉戈维申斯克分部。现在这四家医学科研机构都隶属于俄罗斯科学院远东分院，为远东地区医疗技术的进步作出了重要贡献。

远东医疗卫生系统中一个重要的问题就是医学人才的急缺。一方面，远东医药市场中，合格的制药人员严重缺乏，尤其是药剂师。以至于远东劳务市场中，最受欢迎的职位就有医药代表、药剂师。另一方面，在远东地区医疗卫生体系现代化过程中，虽然引进了先进的医疗设备，但无人能使用。远东医学人才缺乏受几方面因素影响：第一，远东人口外迁导致医学人才流失；第二，远东地区医务人员待遇低。在俄罗斯一份关于医生工作满意度的调查中显示，受访者的37.5%对其工作表示"喜悦"，其中犹太自治州为21.9%，萨哈共和国（雅库特）为50.2%，马加丹州为47.3%，滨海边疆区为41.8%，堪察加边疆区为27.3%。远东地区高度关注医疗卫生人力资源方面的投入，从联邦财政预算中拨付5.49亿卢布用于实施地方医疗博士引进方案。除萨哈共和国（雅库特）外，远东各联邦主体都拨付了这笔资金，共为医疗卫生机构引进243名医生。

此外，远东地区医学院校在人才培养方面也作出了巨大贡献。如哈巴罗夫斯克边疆区的远东国立医科大学，该校创建于1930年，拥有雄厚的医学师资队伍，设置了门类齐全的医学专业，该大学每年培养大量医学医疗领域人才，为哈巴罗夫斯克边疆区居民医疗健康保障队伍输送了大批人才。2003年，该校签署了"博洛尼亚协定"，并规划把符合国际标准的地区医学教育机构培养医生和中级医务人员计划落实到位。但远东国立医科大学在发展过程中也存在一些问题，比如，缺乏自己的临床基地，教学中的医学技术和工艺设备落后等。同样的问题在符拉迪沃斯托克国立医科大学、阿穆尔州国立医院医学院等医学院校同样存在。远东地区的医学院校积极同中国东北地区等地医学高等教育机构开展合作，成立中俄医科大学联盟，在探索国际化医疗服务模式、医疗学术交流、学科技术合作及患者就医绿色通道、医疗技术优势互补、互派专家教师讲座学习等方面深入开展合作，为两地医疗卫生事业的发展提供保障。远东地区还与日本、韩国等国家和地区开展医疗卫生领域的合作，有效促进了地区医疗卫生事业的进步和发展，也丰富了中俄、俄日、俄韩间人文交流合作的内涵。

人口健康在远东经济社会发展中发挥重要作用，苏联解体以来，远东地区经过系列医疗卫生领域的改革、改造和宣传促进健康的国策、保护企业工人健康、提供家庭保健服务、加大健康教育等措施，使区域医疗卫生事业不断发展，为区域人口健康发展提供了必要的保障。但2017年报道显示，远东地区的萨哈林州、马加丹州、犹太自治州和堪察加边疆区的卫生状况在全俄仍是最差的，健康排名位居全国最后。[①] 未来，远东医疗卫生事业发展，仍须加强医疗保险制度标准化，加强医疗领域监管力度，加强疑难医学领域高科技医疗技术的交流合作，加强医疗设备配备，增加医务人员，提供充分的财政保障和医疗卫生基础设施[②]等。除继续深化医疗卫生领域改革和现代化改造外，还应在医疗卫生领域的加强国际国内交流合作。中俄在医学技术、医药研发等领域的合作当前仍处于起步阶段，在医药生产、中药种植、健康养生、医疗器械等领域的合作还有巨大的空间，加强中俄医疗卫生领域合作将促进远东地区医疗卫生事业发展和中俄人文合作交流。

第四节　远东公共文化事业的发展

俄罗斯地跨欧亚两大洲，其东西方文化融合的独特属性为俄罗斯璀璨的文化艺术史增添了无数的色彩。文化是一个国家综合国力、民族凝聚力和向心力的根本，文化自信与文化艺术事业的发展、成就代表着一个国家的国际影响力和国际地位，当今更是一个国家文化软实力的象征。历史上各个时期，俄罗斯都非常重视文化艺术事业的发展，在苏联时期，其对文化建设的重视尤为突出，其博物馆、图书出版、电影戏剧和文物保护等公共文化事业和艺术事业得到空前发展，苏联在文化艺术领域取得的成就曾是社会主义文化的典范和楷模。苏联解体后，俄罗斯意识形态领域出现暂时真空，俄罗斯人的文化自信一度跌入低谷，俄罗斯的文化艺术事业受到严重打击。在经济社会转型企稳后，俄罗斯对公共文化艺术事业再度重视起来，并制定了一系列复兴文化的政策法规，

---

① Здравоохранение в пяти регионах Дальнего Востока назвали худшим в стране Об этом сообщает Рамблер [EB/OL]. https: //news. rambler. ru/community/36663413 - zdravoohranenie-v-pyati-regionah-dalnego-vostoka-nazvali-hudshim-v-strane-/? updated (2017 - 04 - 19).

② Кораблев В Н. Приоритеты Развития Здравоохранения Дальнего Востока России. Дальневосточный медицинский журнал, 2010 (3).

尤其在普京总统执政后，先后出台了《"俄罗斯文化"（2006—2010）联邦专项规划》《"俄罗斯文化"（2012—2018 年）联邦专项规划》和《文化与旅游发展（2013—2020）联邦政府规划》等。

俄罗斯复兴文化艺术事业的举措，给远东地区公共文化事业的发展提供政策支持和新的契机，俄远东地区各联邦主体在国家总的文化发展规划统领下，根据区域公共文化艺术发展需要和居民的文化需求，都制定了自己的文化事业发展规划，通过增进政府财政预算、改造和建设公共文化设施、鼓励文化艺术创作、保护文物、发展文博事业等途径使远东的文化艺术事业在经济低迷、资金不足的情况下，仍然得到长足发展。

一 远东的公共文化设施建设[①]

公共文化设施是公共文化服务体系得以发展的基础平台，也是展现文化艺术成果、开展公共文化活动的重要载体。公共文化设施建设和发展的水平，直接关系到文化艺术事业发展的程度。通常情况下，博物馆、图书馆、文化馆、非物质文化遗产展示场馆和一些历史纪念地、文化广场等都属于公共文化设施范畴。根据俄罗斯联邦统计局数据显示，1990年至2014年底，俄罗斯的公共文化设施建设发展迅速（见表19—9）。俄罗斯远东地区的公共文化设施建设是俄罗斯社会文化发展的重要组成部分，不仅在俄罗斯文化艺术领域意义非凡，在世界上也有一定的影响力。

表19—9　　　1990—2014年俄罗斯公共文化设施建设情况

年份	1990	2000	2005	2010	2011	2012	2013	2014
职业剧院数量（个）	382	547	588	604	618	643	658	661
观众人数（百万人）	55.6	30.8	28.0	31.0	32.9	33.9	35.8	37.2
每千人中的观众人数（人）	376	210	195	217	230	237	249	255
马戏团数量（个）	—	62	67	68	68	67	67	63
观众人数（百万人）	—	8.6	6.8	11.3	11.5	10.8	5.6	5.1
每千人中的观众人数（人）	145	59	48	79	80	75	40	35
动物园数量（个）	—	20	23	29	28	29	30	30

---

① 本节资料来源于远东各联邦主体政府官网。

续表

年份	1990	2000	2005	2010	2011	2012	2013	2014
总参观人数（百万人）	—	6.4	7.4	9.5	7.3	7.6	7.6	8.3
每千人中的观众人数（人）	—	44	52	67	51	53	53	57
博物馆数量（家）	1315	2047	2285	2578	2631	2687	2727	2731
总参观人数（百万人）	144.0	73.2	75.6	81.0	58.9	90.1	95.8	102.7
每千人中的观众人数（人）	974	499	527	567	601	629	667	703
公共文化娱乐设施数量（千个）	73.2	54.8	51.4	46.6	45.0	43.7	42.4	42.1
公共图书馆数量（千座）	62.6	51.2	49.5	46.1	43.2	40.8	39.8	40.1
图书馆藏书量（百万册）	1155	1027	977	923	888	864	851	854
每千人可拥有图数量（册）	7787	7017	6820	6459	6208	6027	5923	5845

资料来源：作者根据俄罗斯联邦国家统计局数据整理得出。

（一）远东地区的博物馆建设

博物馆以藏品、展览的形式彰显了一座城市、一个地区或一个国家的文化个性与文化底蕴。远东地区有诸多博物馆，每个州区都有一座地方志博物馆，其中不乏世界闻名的博物馆，记载着远东、俄罗斯辉煌的历史文化。

哈巴罗夫斯克边疆区有博物馆18家（包括分馆），收藏了远东、俄罗斯和世界各国的物质与精神文化物品8000万件。每年有约700万人次到这些博物馆参观，每年博物馆举行的超过30万人参观的大型观光、文化教育活动共约1万项。特别是在"哈巴罗夫斯克边疆区文化联邦政府规划"实施后，推动了哈巴罗夫斯克边疆区博物馆事业的发展。2016年，该地博物馆共开展了705项展览项目，吸引689万人参观。

萨哈共和国（雅库特）有88家博物馆（含分馆）。雅库特国家北方民族历史文化联合博物馆、雅库特共和国加贝舍夫造型艺术博物馆、国家奥伊温斯基博物馆、世界猛犸博物馆、叶梅利扬·雅罗斯夫斯等都名声远扬。

犹太自治州有5家博物馆，州地志博物馆具有悠久的历史。它的陈列品不断补充。它是州里最年轻的现代艺术博物馆，在这个博物馆里举办当地画家的作品展、摄影作品展和图画展览会的预展。

马加丹州有包括地方志博物馆在内的4家博物馆。

阿穆尔州有博物馆18家。比较著名的如阿穆尔州国家博物馆，也被称为阿穆尔州地方志博物馆，馆藏物品达150万件，其中钱币（金币）就有8000件。该博物馆藏品中包括鄂温克族、萨满教服装，19世纪德国的音乐盒和动物骨头化石等。每年阿穆尔州地方志博物馆都能举办超过40次展览，吸引13万人次的观众前往参观，充分展示了阿穆尔州乃至俄罗斯的历史文化特色。

滨海边疆区是俄罗斯远东地区重要的政治、经济、文化中心之一，其区内有198家博物馆。包括地方志博物馆、太平洋渔业和海洋科学研究所博物馆以及位于首府符拉迪沃斯托克市的军事历史博物馆（红旗太平洋舰队博物馆）。

楚科奇自治区有8家博物馆。位于首府阿纳德尔的地方志博物馆始建于1931年，致力于展示楚科奇人文化、土著民族历史和骨雕艺术。

萨哈林州也有各类博物馆几十家，据萨哈林州政府官网数据显示截至2016年1月1日，萨哈林州博物馆馆藏品共计152064项，其中57622项可供游客参观。其中的萨哈林州地方志博物馆始建于1896年，是俄罗斯帝国时期在郊区建设开放的第一家博物馆，博物馆馆藏品是俄罗斯联邦各国人民自然和文化历史的活教科书。区内的契诃夫文学博物馆则详细记录了俄国著名文学家契诃夫在萨哈林时期的足迹，以及当时萨哈林的历史、文化及风土民情。

（二）远东地区的图书馆建设

俄罗斯是一个非常注重自身文化发展和提高的国家，这样的优良传统在远东地区同样有所体现。尽管远东地区经济社会发展相对落后，但在图书馆建设方面取得的成绩非常突出。

哈巴罗夫斯克边疆区图书馆藏书量累计超过900万册。每年图书馆举行访问和固定的文化教育活动约3000次，图书馆的年访问量约300万人次，注册用户58.1万人，图书馆服务人口覆盖率达43.6%。

马加丹州有11家图书馆，每年为15万读者提供服务。位于马加丹市的普希金图书馆共有藏书150万余册，拥有2.4万名读者。每天都有上千名市民到此阅读。图书馆为学术性机构，组织各类专题展览、讨论会，并完成烦琐的图书编录工作。

萨哈林州以农村地区图书馆和盲人特色图书馆闻名。该州有166家图书馆（3家州图书馆，162家市级图书馆），其中包括106家为农村居民提供服务的图书馆和18家儿童图书馆。萨哈林州的图书馆定期举行演讲、公开讲座、展览、研讨会等文化教育活动，并向公众开放。此外，该州的图书馆还创建了数字化服务系统，该地区居民可以通过网络获取图书馆的电子图书资源。萨哈林州的儿童图书馆馆藏图书11万册，为包括1万多远程用户在内的个人和大众读者提供图书借阅服务。萨哈林州还设有盲人专用图书馆，为视力残疾的居民提供丰富的图书信息资源，通过针孔盲文印刷，为盲人和视力障碍的人阅读提供方便。

滨海边疆区是远东地区最大的经济、政治和文化中心，该区有443家图书馆，该州最大的图书馆阿穆尔科学图书馆以阿穆尔·穆拉维约夫命名，在20世纪末时该图书馆就有藏书60万册，每天接待读者量达700—1000人次。

犹太自治州有公共图书馆49家，楚科奇自治区有公共图书馆54家，其中包括9家儿童图书馆。萨哈共和国（雅库特）也有公共图书馆20余家。

（三）远东地区其他公共文化设施建设

哈巴罗夫斯克边疆区有剧院6家，电影院、区艺术学校7个，文化休闲公园4个，2个动物园，2个植物园，文化娱乐机构和历史文化遗迹保护与再利用科学生产中心258家。哈巴罗夫斯克边疆区的258家文娱机构担当着区域文化艺术、民间艺术的演绎与传承任务，其中活跃着2293支文化娱乐团体，总计吸纳参与人数达3.6万人。边疆区通过举办音乐会、歌剧演出、国际艺术节等形式发展和传播区域艺术文化，同时还注重培养青少年的艺术创造力，边疆区有儿童艺术学校44个（包括分校），为青年合唱团、管弦乐队等艺术的发展输送了优秀的人才。

萨哈林州有超过1000个历史文化设施，萨哈林州积极发展音乐会、剧院、电影院事业，为有天赋的人尤其是青年人提供艺术培训服务。

犹太自治州有文化娱乐场所79个，15家电影院，2家人民剧院，1所艺术学校。

萨哈共和国（雅库特）国家马戏团是俄罗斯最北部的马戏团之一，雅库特的演员们在中国和莫斯科进修。

马加丹州有2个剧院，即马加丹国立音乐戏剧院和马加丹国立木偶剧院，该木偶剧院是俄罗斯东北地区唯一一个木偶剧院。两个剧院的建筑都是苏联时期建造的，现在进行音乐、民族艺术、民俗艺术表演。马加丹州有45个公共文化机构和文化馆，24个儿童艺术学校。此外，马加丹州注重农村地区文化馆的建设，这为民间文化艺术的发展和传承搭建了平台。

阿穆尔州有3个剧院，1个交响乐团还有数家地方电视台和广播电视台。州内设有多个民间文化中心，中心为95个业余民间文化团体提供传播和展现民族文化的平台。阿穆尔州有8个文化娱乐公园，有40多个儿童音乐、艺术学校。此外，阿穆尔州设有全俄文化基金会阿穆尔分会和历史文化古迹保护协会。阿穆尔州还有1840个业余文化团体，吸引22000多名业余文化工作者参与其中。阿穆尔州首府布拉戈维申斯克市内设有一个剧院，125个戏院，一个木偶剧院，3个公园，6个电影院和一个社会文化中心。

楚科奇自治区有文化娱乐机构23家，14所艺术学校，8个电影院，19个休闲与民间艺术中心，2所音乐学校。

滨海边疆区有高尔基话剧院、马林斯基剧院等8个专业剧院，460个文化娱乐机构，1个马戏团，14个电影院，其中7个在符拉迪沃斯托克市。

堪察加边疆区也有两家剧院、一些文化休闲及艺术教育机构。

萨哈共和国（雅库特）有5个电影院，3个剧院，3所儿童音乐学校，4家博物馆。

苏联解体以来，尤其是普京执政后远东地区的公共文化设施建设得到一定的发展，除俄罗斯联邦制定的各项文化发展规划为其发展提供了政策支持外，各远东联邦主体也相应制定了促进博物馆、图书馆和影院等发展的政策法规。同时，远东地区的公共文化建设也存在诸多问题，如公共文化设施建筑老旧、待修，资金不足，历史文物亟待保护，博物馆工作人员工资待遇不高等。如堪察加边疆区的文化机构中建筑损耗程度高达40%，其中10%的建筑属于危房，技术装备程度较低，排水和供暖设施不完善。由于缺少展览场所，堪察加边疆区的一些艺术瑰宝处于储存状态，使一些居民无法享受到文化服务。

远东各联邦主体在近年制定的文化发展纲要中都对此提出整改措

施,如增加文化发展方面的财政预算,加大文物保护和文物修护利用力度,加大对文化建筑新建、保护和修缮的财政支持,实行产业结构调整,提高国家和市级文化机构从业人员薪酬,提高业务效率和服务质量,等等。同时,各地区也注重公共文化设施领域的信息化、网络化和现代化建设。而针对交通不便、人口稀少的小型居民点,远东地区建立了流动服务体系,包括流动的文化俱乐部、图书馆和电影放映车等。

二 远东的公共文化服务水平

在公共文化事业发展过程中,除公共文化基础设施建设和发展程度外,新闻媒体服务、广播电视服务、期刊出版服务、公共网络建设服务以及历史文化资源开发与保护程度、历史文化遗产等的保存与保护力度等公共文化资源以及相关领域人才、资金、技术和政策保障等决定了公共文化服务的水平和公众享受文化服务的满意度。

(一)公共文化服务水平有待提高

苏联解体以来,远东地区经济落后制约了当地诸多事务的发展,加之该地区地理位置偏远,远离中心地带,其公共文化服务水平较全俄相比并不如意。以广播电视节目覆盖率来看(见表19—10),除滨海边疆区和哈巴罗夫斯克边疆区能接收到绝大部分电视和广播节目的信号外,萨哈共和国(雅库特)、堪察加边疆区、楚科奇自治区、阿穆尔州、马加丹州、萨哈林州和犹太自治州都存在电视和广播信号的盲区,这势必影响公共文化服务质量。

表19—10　　　　2014年远东联邦区广播电视人口覆盖率　　　　单位:%

	电视节目有信号比率									广播节目有信号比率		
	所有		俄罗斯公共电视卫星频道									
	卫星电视	数字电视	俄罗斯台	俄罗斯文化	俄罗斯24频道	第一频道	直播台	圣彼得堡5台	俄罗斯2台	莫斯科影视中心	俄广播电台	灯塔广播电台	调频FM
远东联邦区	99.5	81.5	92.5	57.6	30.7	96.5	48.7	62.6	18.7	14.1	81.1	44.3	24.6

续表

	电视节目有信号比率									广播节目有信号比率		
	所有		俄罗斯公共电视卫星频道									
	卫星电视	数字电视	俄罗斯台	俄罗斯文化	俄罗斯24频道	第一频道	直播台	圣彼得堡5台	俄罗斯2台	莫斯科影视中心	俄广播电台	灯塔广播电台	调频FM
萨哈共和国（雅库特）	99.0	15.6	84.9	34.4	32.5	89.7	50.3	55.1	6.8	—	54.9	32.8	—
堪察加边疆区	100	84.4	99.9	92.4	84.4	100	93.3	86.8	92.0		86.3	75.5	
滨海边疆区	100	96.0	86.3	52.4	17.5	96.0	8.4	46.7	1.2	8.3	85.7	41.5	44.4
哈巴罗夫斯克边疆区	100	97.9	99.9	89.8	51.9	99.8	88.0	84.8	52.8	47.4	94.4	54.4	50.1
阿穆尔州	99.5	92.8	96.9	—	—	99.5	27.8	45.6	—	—	93.3	34.1	—
马加丹州	97.5	64.9	97.0	80.5	63.7	97.8	67.2	84.1	21.8		63.7	63.7	
萨哈林州	100	94.6	100	93.0	40.8	100	90.8	88.9	—	—	60.0	39.5	
犹太自治州	95.3	100	95.3	71.7	—	89.5	63.9	69.1	—	47.5	75.6	57.7	
楚科奇自治区	92.8	—	63.5	92.8		67.5	63.9	—	92.8	—		97.7	

资料来源：根据俄联邦统计局数据整理得出。

远东地区历史文化悠久、少数民族和北方土著民族的民族文化遗产弥足珍贵，尤其是 19 世纪以来及十月革命时期远东各地留下的各类革命纪念碑、名人纪念碑、文化广场等不仅填补了远东地区城市文化的内涵，也为公众的公共文化生活提供了丰富的素材。但受地理位置偏远和财力、人力、物力不充足等因素影响，远东地区并没有充分开发这些值得世人瞻仰和了解的历史文化资源（见表 19—11）。以 2014 年远东各联邦主体内现存的历史文化遗产项目数量为例，堪察加边疆区、马加丹州、犹太自治州和楚科奇自治区的文化遗产项目都很少，堪察加边疆区的考古遗产项目只有 1 个。滨海边疆区是文化和考古遗产项目非常丰富的地区，其文化遗产项目占远东联邦区总数的一半以上，而萨哈共和国（雅库特）两类项目都为零。

表 19—11　　2014 年远东各联邦主体历史文化遗产项目数量

	文化遗产项目（项）	考古遗产项目（项）
远东联邦区	2389	4935
萨哈共和国（雅库特）	0	0
堪察加边疆区	34	1
滨海边疆区	1345	2593
哈巴罗夫斯克边疆区	395	109
阿穆尔州	443	177
马加丹州	26	69
萨哈林州	125	1715
犹太自治州	12	100
楚科奇自治区	9	171

资料来源：根据俄联邦统计局数据整理得出。

我们还注意到，2014 年远东联邦区有文化遗产项目 2389 项，考古遗产项目 4935 项，而中央联邦区这两个数据分别为 29980 项和 13242 项，西伯利亚联邦区分别为 10018 项和 14425 项。远东联邦区仅与乌拉尔联邦区的文化遗产项目相当（后者为 2823 项和 2849 项）。这无疑使远东公共文化服务水平大打折扣。

在经济社会发展落后的现实条件下，远东地区在俄远东超前经济发展区规划实施框架下，发展旅游业将是刺激其地区发展的重要组成部分，充分开发和发掘历史文化和考古资源将有利于远东旅游业和经济的发展。此外，远东新闻媒体业、期刊报纸出版业等其他公共文化服务中也存在服务质量有待提高的问题。

（二）远东公共文化发展的目标与任务

在俄罗斯积极推动国家文化发展战略以来，远东地区各联邦主体都针对当地文化发展中存在的问题，制定了相应的文化发展规划，设定了文化发展的预期目标和任务。

1. 为文化领域的可持续发展提供政策支持

将文化定位为区域发展的重要方向，明确文化在地区经济社会发展中的重要作用，按照国家文化发展规划的规定制定区域文化发展目标。保持地区文化多样性和文化的民族特色属性，同时促进文化的地区融合。积极打造地区文化统一空间，加强区域间文化纽带建设，加强远东联邦主体间的文化联系。

2. 为区域文化发展提供资金支持

调整文化建设中的金融和经济体制，提高地区生产总值中文化支出的份额，扩大文化领域的投资范围和投资渠道。加大监管力度，改善用于保存和发展文化领域的预算资金的使用效率。提高人均文化支出的能力。针对文化产业制定有效的市场营销策略，提高经济效率。加大促进文化发展的补贴力度，尤其侧重对农村地区文化娱乐建设设施、设备的补贴。

3. 提高公众的文化水平

通过媒体宣传等途径，引导公众关注地区文化发展问题，为公民提供获得文化价值观和信息的机会；提高观众对电影院和音乐会的兴趣，持续推进地区民俗节庆、民间艺术展览、音乐和舞蹈演出的次数，从而提高公众的生活质量，特别是提高农村和偏远地区居民适应现代生活条件的能力，促进他们新智力的发展和创新创造能力的提高。

4. 保护文化遗产

继续开发和发掘考古遗产和文化遗产。在保护历史文化古迹方面加强国际合作，确保远东地区居民能最大限度地利用俄罗斯和世界文化遗产。在文物保护、研究和考古方面合理利用博物馆基金。

5. 提高文化行业从业人员的薪酬待遇和培训力度

提高从业人员的业务效率和服务质量。通过培训提高区域文化机构职工的专业水平，培养他们具备新技术和新工作方法，从而提高文化领域的整体服务质量。对青年优秀人才学习、创作给予资金鼓励和政策支持，从而更新文化领域人才队伍。

6. 加大文化体制监管力度

建立独立的文化机构服务质量评估体系和监管体系，确保文化服务资金使用公开、透明。

7. 提高区域文化影响力

开发有利于区域文化娱乐场所发展的资源，打造区域文化品牌形象。提高远东地区文化组织和文化产品的竞争力。支持和发展区域艺术创作活动，为创新型文化产品的研发设立专项基金，积极传播和宣传地区文化和艺术成就。发展文化产业。根据区域居民经济社会发展需求，促进文化产业现代化发展，调整文化产业结构。

8. 在图书馆、博物馆和档案馆领域，开发电子信息资源，完善数字化、信息化和现代化建设

完善无障碍通道建设，为盲人等残疾人群体的文化需求提供服务，丰富他们的精神文化生活。

9. 改善区域经济社会发展指标指数

通过公共文化事业的发展，增加公众文化消费的闲暇时间，提高公众对文化服务质量和可达性的满意度；减少社会风险群体、反社会现象（酗酒、吸毒、吸烟等）的规模和失业率；缩小农村居民享受文化服务不稳定的范围；增加地区人口居住地的吸引力，促进远东地区人口危机问题的改善。

10. 推行艺术教育发展和教育形式的创新

鼓励有才华的少年儿童参与音乐会、创意会议、展览等艺术创作活动，促进青少年养成健康的生活方式。通过创意学校、夏令营等方式，发掘有文化艺术天赋的少年，促进其加入天才儿童计划。

2016年2月29日，俄罗斯联邦政府颁布了《2030年前俄罗斯联邦国家文化政策战略》，标志着俄罗斯民族文化复兴计划拉开帷幕。此间，远东地区各联邦主体制定的区域文化发展规划时间节点为2018年、2020年不等。原有的文化发展规划实施完成后，远东地区未来的公共文化事业发展还将与国家同步继续前行。

三　远东地区与中国的文化交流与合作

经过长久的历史沉淀和时间洗礼，俄罗斯远东地区积累了丰富的历史文化资源和独特的民族文化特色，远东地区与外界的文化交流合作活动一直非常活跃，因其深居东北亚地区，与中国、日本、美国及朝鲜山水相连，与亚太地区国家间的交流与合作更为频繁，尤其是凭借地缘和

历史条件优势，远东地区与中国的文化交流合作最为突出。远东地区与中国的文化交流合作有着上百年的历史，交流合作领域非常广泛，在促进中俄文化交流、增加两国人民友谊、化解远东"中国威胁论"方面具有极其重要的意义。尤其在中国"一带一路"倡议提出后，在"民心相通"理念的引领下，在文化开放发展的政策指导下，极大地促进了俄远东地区与中国的文化交流与合作。

（一）远东地区与中国的文化交流与合作的平台基础雄厚

苏联解体以来，远东地区与中国、主要是与东北地区的文化交流合作始终保持，尽管受中俄边贸遇冷、远东地区对中国移民问题和"中国威胁论"始终怀有戒心影响也仍未停止过。近年来，中俄战略协作伙伴关系不断深化，在中国"一带一路"倡议与俄罗斯欧亚经济联盟合作对接框架下，在俄罗斯开发开放远东与中国东北振兴规划互动发展的背景下，远东地区与中国东北地区的文化交流合作迎来了新的机遇期，国家、地方政府为两地文化交流与合作搭建了广阔的平台。

1. 国家层面的平台

自2006年以来，中俄互办"国家年""语言年""旅游年""青年友好交流年""媒体年"等活动，极大地丰富了中俄文化交流的内涵，为远东地区与中国的文化交流合作搭建了国家层面的平台基础，提供了政策扶持。尤其是2018年即将开启的中俄地方合作交流年，将进一步推动远东地区与中国的文化交流合作。

2. 地方层面的平台

近年来，东北地区各省积极开展与远东地区的文化交流合作，不断丰富两地文化交流合作的平台建设。通过建立友好城市关系加强交流与合作，促进中俄口岸城市及民间的文化交流与合作；通过与远东地区的媒体建立定期合作交流机制，推动了两地在文化交流合作中的宣传和推广力度；通过中俄博览会、中俄文化大集、中俄艺术交流周、中俄油画展、中俄工科大学联盟、互办文化艺术展、高校联合办学、联合出版图书、互设文化中心等形式开展了丰富多彩的人文交流与合作活动，确立了多项文化交流合作的长效机制，为远东地区与中国提供了广阔的文化交流与合作空间。

(二) 远东地区与中国的文化交流合作成效显著

1. 文化艺术交流与合作

迄今，中俄文化大集已经成功举办 8 届，历经 8 载磨砺，中俄文化大集从地方性区域间文化交流活动，完成了品牌塑造的华丽转身，成为黑龙江两岸中俄民众，乃至海内外关注的盛大节日。搭建了中俄文化艺术交流、文化产业合作、文化贸易发展的广阔舞台[①]；由黑龙江省政府主办的中俄文学合作交流会已成功举办三届，两国作家以文学交流为契机为远东地区与中国人民思想、文化、情感的交流构建了新通道；2015年11月28日，由中华人民共和国文化部、俄罗斯联邦文化部共同主办，中国文化传媒集团承办的第二届中俄文化论坛在北京举行。其中，在"中俄边境文化交流"分论坛上，中俄双方嘉宾从不同角度探讨了远东地区与中国东北地区在文化合作及促进文化共同繁荣的路径；远东地区与中国的"油画展"活动每年不定期举办多次，推动了两国油画艺术交流与合作。此外，中俄文化艺术交流周、中俄书画艺术交流展等活动每年定期举行，也成为远东地区与中国文化艺术交流常态化的标志。

2. 影视与媒体合作

2011 年，由黑龙江省政府新闻办公室、黑龙江省对外文化交流协会牵头主办，国务院新闻办公室地方局、中国驻哈巴总领事馆、吉林省政府新闻办公室、辽宁省政府新闻办公室共同协办的首次中国东北地区与俄罗斯远东地区媒体定期交流活动在俄哈巴罗夫斯克市举行，拉开远东地区与中国媒体合作的帷幕。中国黑龙江电视周、中国吉林电视周等系列活动登陆俄罗斯电视媒体。为远东与中国的文化交流、边民相互了解开拓了渠道。此外，远东地区还与中国东北地区多地互办电影展，在哈尔滨成立中俄影视合作基地，推动了两地的影视合作。2017 年中俄媒体年期间，东北网与远东地区的多家媒体展开合作，不仅拓宽了远东地区与中国文化交流的途径，还丰富了中俄网络媒体间的交流与合作。

3. 博物馆间的合作

2014 年黑龙江省博物馆俄侨博物馆开馆，展现了中俄两国源远流

---

① 打造中俄共舞的文化平台，http://www.hljwht.gov.cn/index.php/home/whyw/detail/id/5668.html.

长的文化交流历史，为中俄文化深化合作提供了更为便利的平台。2015年在中国人民抗日战争纪念馆与俄罗斯卫国战争纪念馆共同倡议下，国际"二战"博物馆协会在中国北京宣告成立。同年，由黑龙江省黑河学院、阿穆尔州地方志博物馆和黑龙江省档案馆共同举办的"在中国东北战场上"——中俄联合纪念中国人民抗日战争暨世界反法西斯战争胜利70周年特别展览在黑河学院开幕。远东地区与中国在博物馆方面的合作，增加了两国人民的友谊，丰富了两国文化交流与合作的内涵，为远东地区与中国的文化融合发展探寻了历史的渊源。

4. 会展合作

2014年，哈尔滨贸易洽谈会升级为"中俄博览会"，分别在中俄两国轮流举办。中俄博览会以会展合作的形式促进了远东地区与中国在文化艺术、民俗艺术、民族文化方面的交流与合作。尤其促进了中俄文化产业的合作。每年中俄博览会期间，都会特设文化产业展区，展示中俄文化产业项目，突出对外文化交流、文化合作、文化贸易。此外，远东地区还与中国举办众多的其他的文化方面的会展，如中俄文化博览会等。

5. 文化产业合作

远东地区与中国在文化产业园区建设方面合作广泛，中俄国际文化物流经贸产业园、中俄影视文化产业园、中俄宝玉石文化创意产业园等都在黑龙江省落户，不仅推动了中俄文化产业合作，也促进了远东地区与中国的文化交流与合作。此外，远东地区还与黑龙江省在体育文化产业、冰雪文化产业、旅游文化产业方面开展合作，不仅促进了跨境产业合作，也为两地的文化合作搭建了更为广阔的平台。

第二十章

远东开发的新阶段

进入21世纪,远东地区开启新的发展阶段,实施远东发展纲要和推进超前经济社会发展区建设成为主要任务,目的是全面提升该地区的经济实力和国际合作水平,促进远东地区的经济增长和社会稳定。在公共服务和社会事业领域也展开了重要的改革,尤其是公共卫生服务体系和公共文化设施建设水平显著提升。这些措施不仅改善了居民的生活质量,还加强了与中国等国的人文交流与合作,推动了区域文化的多元发展。

第一节 2025远东发展纲要的实施

一 2025远东战略出台的历史背景

自2008年以来,受到全球性金融危机、国际能源价格下滑的影响,过分依赖于能源、原材料出口的俄罗斯经济出现了极大的困难,外汇收入下降,国内失业率迅速攀升。2009年俄罗斯经济下滑了7.9%,是此前15年俄经济最大幅度的滑坡。从俄国内经济发展速度看,2009年远东地区是俄联邦区唯一出现经济增长的地区,地区工业生产比2008年增长了2.66%,当地居民收入增长14%。长期以来,俄罗斯的政治、经济、社会发展的重点都集中于西部地区,无论是经济总量还是人口规模,远东和贝加尔地区在俄所占的比例都不高。虽然在1999—2008年这一地区经济发展持续增长,但每年的增幅均小于全国平均增幅。这种反差使俄十分关注东部地区的社会经济发展,力图实现东西部平衡发展。普京上台以后,俄十分重视远东和后贝加尔地区社会—经济发展,制定若干发展规划纲要。2002 年，俄罗斯政府修订实施了《1996—2005 年和至 2010 年远东与后贝加尔地区经济社会发展联邦专项纲要》。2007 年俄联邦政府批准《俄罗斯远东与后贝加尔地区经济和社会发展 2013 年联邦专项规划》。2010 年俄重新出台远东和后贝加尔地区社会经济发展战略，可以说是在金融危机大背景下，促进俄东西部经济全面发展，加快远东和贝加尔地区进入亚太经济一体化进程的重要举措。俄罗斯东部地区资源丰富，对于俄罗斯的重新振兴具有举足轻重的战略意义，但目前远东和贝加尔地区的社会—经济发展现状却未能体现出其战略地位。[①] 从周边地区形势上看，这一时期以中国为代表的东亚经济取得飞速的发展，地区发展势头对于俄罗斯振兴远东具有极大的吸引力。

二　2025 远东战略的主要内容

新的《2025 年前俄远东和贝加尔地区社会—经济发展战略》（以下简称《战略》）由正文和 26 个附件组成，正文分为五章。战略首先对远东和贝加尔地区俄各联邦主体的社会、经济发展现状进行了基本的梳理和总结，分别指出各个联邦在发展各自区域社会、经济方面所存在的不足和问题，并提出 2025 年前俄远东和贝加尔地区社会—经济发展目标。按照这一战略规划，俄远东和贝加尔地区居民收入水平应从 2010 年的每月 1.9 万卢布（1 美元约合 29.7 卢布）增至 2025 年的 6.6 万卢布；人均住房面积从 2010 年的 19 平方米增至 2025 年的 32 平方米；创新产品数量在全部产品中所占的比重从 2010 年的 8.9% 增至 2025 年的 16%。[②]

《战略》认为，由于俄政府缺乏明确的发展规划，远东地区在未来可能沦为亚太地区的原材料和能源基地，无法发挥其联系亚太与欧洲地区的优势地位。《战略》建议政府分三个阶段发展俄远东地区经济：第一阶段，2009—2015 年，主要任务是，参照俄罗斯平均增长速度，提高投资增长速度；推广节能技术；小幅度提高就业率。第二阶段，

[①] 陈君、王海涛：《2025 年前俄远东和贝加尔地区社会—经济发展战略解读》，《国际经济观察》2010 年第 7 期。

[②] 张颖春：《俄罗斯远东经济发展战略的区域经济学分析》，《俄罗斯中亚东欧研究》2008 年第 4 期。

2016—2020年，主要任务是，实施大规模能源项目；扩大过境客运和货运量；完成核心运输网络建设，建设包括公路和铁路网、机场和海港网络；增加对所开采的原材料进行深加工产品的出口份额。第三阶段，2021—2025年，主要任务是，发展创新型经济，建立高新技术企业，扩大高科技附加值产品的出口；实施大型开采、加工和石油天然气出口项目；结束大型能源和交通项目的实施；保持俄罗斯科学在优先科研领域的领先地位等。新版远东社会—经济战略的优先发展领域是能源与交通基础设施。

远东和贝加尔地区的中长期发展离不开劳动力资源的支撑。为此，《战略》采取切实措施稳定本地人口，并吸引外来人口。着力点放在教育、医疗、文化体育和社会保障四个方面。在教育领域采取的主要措施包括：建立对教育领头人的扶持机制；在教育领域引入新的经济机制，鼓励创新；各级预算联合出资建设、改造教育设施；发展远程教育；为北方少数民族原住民儿童建立流动学校；高薪吸引高素质的合同制教师。在医疗方面，力争延长居民的预期寿命，降低婴儿、儿童和产妇的死亡率，降低患病率。在文化和体育方面，保护远东和贝加尔地区的民间传统文化，确保对民俗传承者的扶持，大力推广民间创作；提高居民定期参加体育锻炼的兴趣，倡导把体育运动作为健康生活方式的理念，并调动资金在州、区中心的小区和近郊建设面积为1.5—5公顷的居民休闲、体育综合设施。在社会保障方面，通过对票价进行补贴，降低远东和贝加尔地区居民乘坐飞机、火车的价格；通过制定有关城市建设的法律法规，使用现代造房技术降低建筑成本、采用现代节能的建筑方案以及发展建房筹资的市场机制等支持居民改善居住条件；为留住人才，对于在该地区定居且有意继续居住下去的俄罗斯公民，将提供0.3公顷以下的免费土地用于私人建房；打破住房公用事业领域的垄断，完善住房付费和公用事业服务系统，用特许经营方式吸引私人资本进入该行业，引入住房公用事业领域的自愿认证体系，并对住房公用事业综合性基础设施进行现代化改造；进一步采取措施，吸引国外同胞回到远东和贝加尔地区定居。

重点规划基础经济部门。《战略》筛选出对远东和贝加尔地区经济发展具有重要意义的能源、交通、采矿、林业、渔业、农业、冶金、化工、机械制造、建筑、旅游、水利和环保共13个经济基础部门，规划出各部门的发展目标并制定相应的产业发展政策。重要的经济基础部门如下：

能源部门。主要支持电力和天然气行业的发展。电力行业的发展目标是：使发电量和电网建设符合地区对电能的长期需求；加强跨系统联系，提高供电可靠性；尽量减少电力在输送过程中的损耗；减少电力生产单位能耗；平衡和优化发电燃料结构；扩大利用替代和可再生能源；在新建或重建现有电力设施时，增加对环保技术的利用。国家支持该地区电力发展的措施包括：对于主干电网建设和建造新能源设施，国家通过现代金融机制进行拨款，其中包括专项规划机制、参股、贷款支持、租赁及其他机制；对居民和其他消费者的电力支付，联邦预算出资予以补助，以降低关键经济部门工业用电的生产成本，同时扶助低收入群体；采用税收刺激手段鼓励投资；在投资回收期较长的基础设施电力投资和创新项目上，拓展集中供电区域、开发新电力区、平衡发电燃料中油气和非油气燃料的使用、提高电能效率、发展电力储备和实行电力设施环保等领域推广公私合营机制；继续规范电力市场关系，设定未能享受电力批发价格区域的电力功率，增加电力消费者和生产者签订直接合同的机会，同时推广支持机制，鼓励使用可再生能源；联邦政府采取相应措施规划出台电力出口政策，以使电力出口价格不低于对远东消费者的电力指导价。远东和贝加尔地区天然气行业的发展目标是在国家东部地区形成统一的天然气供应系统。为此，在《战略》中指出，需要规划和采取国家扶持措施。扶持措施主要是税收优惠、构建天然气市场和鼓励消费者使用天然气，其中包括通过对消费者和供气企业提供专项补助，降低终端天然气消费者的天然气使用价格，平衡俄联邦整体经济空间的经济发展条件，提升远东和贝加尔地区的竞争力，为该地区实施油气项目所需而俄罗斯又无法生产的设备降低关税，降低该地区天然气的出口关税税率。

交通部门。主要规划铁路、公路、航空和内河运输。将对铁路机车车组进行升级和改造，建立集卫星导航、数字传输和信息加工技术为一体的现代交通调度系统，使该地区的铁路总运量在2025年前增加50%—70%；大力发展集装箱运输，使集装箱制作技术能满足现代多式联运的需要，在港口和铁路对接点建立物流区，提高集装箱过境运输服务的竞争力，建立集寄件人、收件人和其他集装箱运输参与人共同参与的个性化物流监测系统；构建现代汽车运输系统，形成具有竞争力的专业运输市场，减少货运成本；城市和城市集聚区将发展现代公共客运系统，实行公交优先；支持地方航空基础设施维护，预算拨款支持航空公司发展具有民生意义的地区航线；重建内河航道，提高运营质量，满足陆上和航空运输不足地区人口对内河运输的需求。

采矿部门。减少地下资源开采许可证的申领时间，引入许可证竞争机制；鼓励生产高附加值的精炼产品，进行原料深加工；提供资金，配备现代化设备和高技能人才实施综合勘探；鼓励吸引私人投资。

林业部门。该地区林业发展的主要方向是，扩大利用贝加尔地区和远东南部地区开发程度最高、最有利于再生产区域的森林资源，扩大对低档木材和软木的深加工。政府的支持措施包括：制定必要的法律法规，鼓励对森林资源的长期开发和利用，建立森林资源利用效率自主监测系统，提高森林利用率；对尚待开采的林木实行弹性租金制度，租金率与对木材加工程度挂钩；建立特殊海关制度，降低国内短缺森工设备的进口关税，灵活调控圆木及其加工产品的进出口关税税率；为新建工厂和现有工厂的技术革新进行贷款贴息；对于阿穆尔河（黑龙江）沿岸地区和贝加尔地区的居民建造使用木制房屋，国家给予全额或者部分金额的财政补贴。

渔业部门。支持渔业发展的主要经济措施是：为建造渔船和对渔船和鱼类加工设备进行现代化改造提供贷款贴息；调整进出口关税税率；对从俄罗斯租赁公司租赁捕鱼船予以部分租金补贴；降低水生物资源及其制品在俄罗斯境内的运费；国家对成品鱼输往消费目的地的铁路运费进行调节；对渔业企业实行税收优惠；把"远东鱼类和海产品"品牌推向全俄市场和全球市场；提升远东地区在培育俄罗斯健康饮食文化中的地位。

机械制造业。主要发展油气管道设备、勘探设备、钻井设备和钻井维护设备、再生能源小型发电机组和维修设备的生产；发展渔业服务企业，为远东沿海地区捕鱼船只提供养护服务。其主要支持举措：一是增加国家订货；二是建设专业化机械制造科技园区，最大限度地提供税收优惠；三是发展专业化高等学校，通过发放奖学金和实施资助项目解决高技能人才的短缺问题，并规划国家对企业人才培训的支持。①

旅游业。其发展目标是依赖远东和贝加尔地区独特的自然资源，如贝加尔湖、阿穆尔流域、滨海边疆区和堪察加半岛的世界级疗养胜地，在俄罗斯和世界范围打造旅游休闲品牌，发展多元化、有竞争力的旅游产业。将致力于发展文化信息游、医疗保健游、生态游和海上休闲游等旅游休闲方式，并将挑战极限、体育、探险、科考、捕鱼及其他积极的休闲形式作为未来的发展方向。同时，将根据亚太国家居民对历史游的较大潜在需求，发展商务游、民俗游和文化历史游，并规划在远东和贝加尔地区及边境地区的大型人口聚集区发展酒店业。国家促进远东和贝加尔地区旅游休闲体系发展的支持机制，主要是完善法律法规，构建金融支持系统，完善交通和公共基础设施，制定有效的人力资源政策和信息政策。

《战略》认为，这一地区由于其特殊的地理位置，通过陆路与海运交通可以成为联系亚太地区国家，如朝鲜、韩国、日本与欧洲的纽带，远东地区的港口也可以成为中国东北边境地区与韩国、日本经济联系的便捷通道。通过这种区位的优势，促进地区经济与社会事业的发展。但现实情况是远东和贝加尔地区交通基础设施发展极为滞后。这里的铁路密度只有全国的1/6—1/4，而运费却是全国的2.5倍。《战略》认为，远东和贝加尔地区应加强高科技产品的对外出口，减少初级加工产品出口。应该建设连接周边地区的交通枢纽，其中主要内容有：俄远东各港口有能力承担中国东北边境省份的货物周转，中国东北的黑龙江、吉林等省可以通过俄港口向日本、韩国，甚至美国出口商品；俄东部电力系统富余的产能足够向中国以及蒙古、朝鲜半岛和日本出售电力。此外，《战略》还认为，由于外商可能在俄远东地区开办船舶维修中心，也可为这一地区带来新型技术工艺和更多的就业岗位。

---

① 高际香：《俄罗斯〈2025年前远东和贝加尔地区经济社会发展战略〉解读》，《俄罗斯中亚东欧市场》2011年第1期。

三 2025 远东战略对俄亚太政策的影响

俄新版远东开发战略的制定，为加强俄罗斯与中国在远东地区的经济合作，促进俄中毗邻地区经济发展提供了新的机遇。2009 年 9 月 23 日，中俄元首正式批准《中国东北地区同俄罗斯远东及东西伯利亚地区合作规划纲要》（2009—2018 年），它包括中俄两国边境地区 205 个主要合作方案。与俄远东地区相邻的东北各省也提出一系列的建设规划，黑龙江省提出建设哈大齐工业走廊，哈牡绥东出口加工区等战略规划，目的是将中国东北的地缘的优势与俄罗斯的资源优势相结合。特别是扩大东北地区的出海通道，利用俄远东地区的港口、铁路等基础设施，打造快捷通道，加速与东北亚地区的日、韩等国家的经济合作。俄方在新的社会经济发展战略规划中也充分认识到这一点，一方面积极开发远东矿产资源，另一方面计划将远东与贝加尔地区建设成为世界性的运输中心。针对俄 2025 年前远东开发战略，与俄远东地区接壤的中国东北各省可以充分利用地缘优势，在基础建设、能源等相关领域积极开展合作，扩展合作空间。

从亚太地缘安全角度看，俄罗斯作为地区和全球稳定关键因素，在应对全球安全挑战上肩负着重任，在防止大规模杀伤性武器扩散、国际恐怖主义、跨国犯罪、朝鲜半岛核问题以及南海领土争端等问题上发挥着重要作用。俄罗斯参与亚太地区安全事务有利于维护该地区平衡，建立一种"遏止和抗衡"体系，防止该地区大的冲突发生。由于美国加大了其在亚太军事力量的存在，导致地区军事力量失衡，俄罗斯战略东移在一定程度上对亚太军事力量起到了再平衡作用。同时，俄罗斯积极参与东亚安全事务。俄罗斯通过"六方会谈""东亚峰会"和"东盟地区论坛"等机制，推动亚太相关国家构建"亚太集体安全体系"。近年来，俄罗斯与具有影响力的亚洲国家在安全问题上的战略协作明显增强。俄罗斯与亚洲合作伙伴一起成功阻止了朝鲜半岛危险军事政治冲突升级为大规模军事冲突的可能性，并为恢复朝核问题谈判作出努力。俄罗斯加强了与中东和南亚国家的合作，打击恐怖主义和毒品威胁。在伊核问题上，俄罗斯竭力促使紧张局面缓和，使其变得更具透明性和可控性。

在地区经济贸易层面，作为欧亚地区主要经济体，俄罗斯在苏联地区经济体系中拥有最重要地位，对地区一体化经济发展发挥着主导作用，同时在促进亚太地区经济发展中扮演着重要角色。目前，俄罗斯与亚太地区主要国际组织和机制先后建立了密切关系，它们是亚太经济合作组织、东盟地区论坛、东亚峰会、亚信、中印俄会晤机制、金砖国家、上合组织。2010年10月，俄罗斯加入了亚欧论坛。对俄罗斯亚太战略十分重要的是，积极拓展与上述机构的深入合作，从而实现全面融入亚太地区政治、经济、安全、人文领域的一体化进程。

从亚太地缘经济角度看，俄罗斯作为传统的能源和原材料输出国家，与亚太地区各国经济发展具有密切联系[1]，在保障地区能源供应方面是亚太各国能源战略的一种选择。俄罗斯具备的横跨欧亚大陆的运输通道，为亚太国家通往欧洲物流提供了便利的大陆桥运输线。俄罗斯被视为具有发展前景的投资和商品市场，随着与亚太地区发达国家在高科技和创新领域的合作加强，俄罗斯在亚太地区的地位日益巩固。但是，在亚太地区复杂的地缘政治体系中，俄罗斯必须确立自己应有的定位，设法融入地区一体化进程。在亚太地区一些国家眼里，俄罗斯一方面被视为对世界政治进程拥有很大影响力的政治巨人，另一方面俄罗斯又被视为依赖油气资源和原材料产品出口的"经济矮子"。

在亚太地区经济合作方面，俄罗斯侧重加强能源、运输、卫星通信、军事等领域的务实合作。2001年10月，普京在亚太经合组织工商领导人峰会上提出了俄罗斯同亚太地区经济一体化的方向：一是能源领域。向亚太地区提供石油、天然气和输送电力。二是运输服务。发挥俄罗斯作为欧亚大国的特殊作用，为亚太地区同欧洲的陆海空运输提供服务。三是宇宙空间领域。主要是为亚太地区提供卫星通信服务。

在能源领域，俄罗斯同亚太地区能源合作已取得较大进展。远东输油管道及其俄罗斯—中国支线已开始商业运营，该管道主要满足中国内地、日本、韩国、中国香港等东亚国家和地区的需求。俄中阿尔泰天然气管道项目已经签署商业合同，并在2015年底开始供气。俄日启动了年

---

[1] 赵江林、张奕辉、吴辛烨：《亚太地区经济形势回顾与展望：2015—2016》，《亚太经济》2016年第1期。

产 1000 万吨符拉迪沃斯托克天然气液化厂项目，2017 年投产后可满足日本 9% 的液化气需求。鉴于俄罗斯与日本在开发远东和西伯利亚项目上互有需求，双方能源合作将以资源换投资方式得到进一步加强。2013 年 4 月 28 日，日本首相安倍晋三访问俄罗斯，与俄罗斯总统普京举行了会谈，开启了双方和平条约谈判进程，为扩大两国经济合作创造了条件。

俄罗斯与印度天然气有限公司签订了 20 年供气合同，年出口 250 万吨液化气，计划从 2019 年起开始供货。俄罗斯与越南可能达成继续开采苏联时期业已开始的南海大陆架两处石油区块协议。俄罗斯还将提供 100 亿美元贷款，2014—2020 年为越南建设第一座核电站。同时，俄罗斯同中国和朝鲜的电力合作运营顺畅。俄罗斯和韩国双方正在考虑过境朝鲜供电的可行性。由于朝鲜半岛北南双方实现和解没有确定性，俄罗斯同亚太地区的运输服务、宇宙空间服务等领域的合作进展也受到影响。

在军工技术合作上，近年来，由于亚太地区安全局势趋于紧张，各国军费开支出现逐年上升态势，为俄罗斯扩大武器装备出口带来了机遇。2012 年俄罗斯武器出口额突破历史纪录，达到 151.6 亿美元。俄罗斯积极拓展与亚太地区国家的合作，其中包括强化与越南的战略协作伙伴关系。根据俄越签订的 2012—2016 年供应合同，俄罗斯向越南提供 4 艘"基洛级"潜艇。在维护俄罗斯在亚洲的军事政治安全方面，俄印关系占据突出地位。传统意义上，印度是俄罗斯军工技术合作领域的主要合作伙伴之一，是俄罗斯武器装备的巨大需求方。印度国防装备 60% 为苏联和俄罗斯制造，对俄罗斯军工行业意义非凡。除了为印度改装一艘航母，俄罗斯还批量向印度提供新型多功能战斗机、双方合作研制第五代战机、联合生产"布拉莫斯"导弹。2012 年俄罗斯向印度提供总额约 77 亿美元的武器和军事装备，占俄罗斯计划出口额的 60%。2012 年 12 月 24 日，俄罗斯总统普京访问印度，与印度总理辛格签署了价值 29 亿美元的军备销售合同，内容涉及从俄罗斯购买 42 架苏-30 型战斗机和 71 架米-17 型军用直升机。双方还签署了关于军工技术合作转让的意向书以及关于外空科技合作的协议。

作为俄罗斯亚太战略的重要环节之一，深化与中国的战略协作伙伴关系对整个地区发展具有重大意义。① 2012 年普京再次当选总统后，便把中国定为其出访国家首选之一。普京这次访华进一步加深了两国领导层在国际事务中的战略共识，推进了两国各方面的深入合作。2013 年，中国国家主席习近平同样把俄罗斯作为其出访首选国家，这再次证明了两国关系的特殊性，也向全世界表明中俄两国是世代友好邻国，加强两国全面战略协作伙伴关系是双方的共同愿望，两国领导人将携手共进，为中俄关系发展描绘美好前景。进入 21 世纪，中俄两国政府交往十分频繁，总理定期会晤、能源对话等机制为深化两国经济贸易合作打下了牢固基础。两国贸易额不断扩大，2012 年中俄贸易额达到 800 亿美元。

第二节　新时期的远东能源开发

俄罗斯远东地区作为全球重要的能源储备地，其能源开发与政策走向受到各个利益相关国家的关注。能源的开发与利用历来是世界各国间战略合作的重要议题，同时也是影响世界政治经济发展的热点。世界新兴大国的经济增长，加大了对能源开发与投资的压力，能源与初级能源性产品的频繁波动也加剧了国际相关领域的竞争。同时，在能源开发与投资中，地缘政治因素对能源输出与价格依然有着不可忽视的影响，这些因素在远东能源经济中都有着明显的反映。

一　远东能源经济发展状况

进入 21 世纪，全球主要能源国产量都不同程度地下降，俄罗斯是世界上唯一的能源产量和储量勘探仍然处于上升阶段的国家。俄远东地区蕴藏着相当丰富的能源资源，其中已探明的石油储量为 96 亿吨、天然气储量为 1.5 万亿立方米，沿海大陆架蕴藏的碳氢化合物约为 290 亿吨，此外该地区的煤炭储量也都居世界前列。俄罗斯远东地区蕴藏的能源资源能够给周边国家的经济持续发展和本地区的经济腾飞提供巨大潜力。但是，长期以来远东地区能源产业基础设施更新缓慢，远不能满足

---

① 郭连成：《俄罗斯东部开发新战略与中俄区域经济合作的进展评析》，《俄罗斯东欧中亚研究》2014 年第 5 期。

本地区经济高速发展的需求。总体来看，俄远东能源市场现状表现为能源生产和消费配置不尽如人意，俄欧洲部分国内能源消费占主要部分（其中石油占69%、天然气占82%），而能源生产主要集中在西伯利亚（78%）。

20世纪90年代初，俄远东地区的石油和天然气产量始终处于低谷状态，受生产设备老化、管理涣散、技术人员流失等因素的影响，其产量仅占全俄石油天然气总产量的1%。特别是1992—1996年，远东石油生产加工量急剧减少，在最低的1993年，石油初加工量减少到675万吨，与1991年相比下降了34%。远东地区的能源消费自1992年以来大幅度下降，汽油消费从1992年的230万吨降到1997年的120万吨，对燃料油的需求从660万吨下降到240万吨，柴油需求由910万吨减少到190万吨，尽管该地区炼油量骤减，但由于油品需求下降，致使该地区石油的自给程度相应提高，1992—1997年燃料油的自给率由51%上升到61%，柴油的自给率由32%上升到57%，炼厂原料（原油和凝析油）的自给率由18%上升到45%。[①] 进入21世纪，随着俄罗斯经济的复苏，远东地区石油和天然气的开发利用有所好转，但总体的发展前景尚难以预测，因为上述地区的石油和天然气的开采量在全俄中所占份额较少，2007年，远东地区的石油产量只占全俄的3.1%；天然气只占1.2%。

远东地区石油加工主要依靠现有的哈巴罗夫斯克石油加工厂和阿穆尔共青城石油加工厂，其中哈巴罗夫斯克炼油厂隶属于"联盟"股份集团，阿穆尔共青城石油加工厂受控于俄罗斯石油公司，哈巴罗夫斯克炼油厂81%的油源来自汉特—曼西斯克自治区，19%来自托木斯克州；共青团炼油厂79%的油源来自汉特—曼西斯克自治区和雅马尔—涅涅茨自治区，21%的加工油源来自萨哈林地区。由于俄罗斯东部地区石油和天然气的内部消费能力有限，开采的油气资源大部分用于出口。远东地区独特的地理位置决定了亚太地区将成为油气资源出口的主要消费市场。2010年俄罗斯向亚太地区出口石油3800万吨，占出口总额的15%，石油产品1200万吨，向日本、韩国、中国出口液化天然气134

---

① 娄承：《俄罗斯远东地区的能源供给潜力》，《石油经济》2007年第2期。

亿立方米。

俄罗斯石油股份公司、俄罗斯天然气工业公司和阿利扬斯石油公司及参与萨哈林岛大陆架油气勘探的国际公司，对远东地区的石油天然气综合体功能的形成产生了很大的影响。目前，远东能源产业拥有该地区大部分生产基金，并且在远东联邦区工业生产中所占的份额逐年增长。随着萨哈林岛大陆架石油和天然气资源开发，这里的能源产值正在逐步提高。2009年，根据"萨哈林2号"框架修建的俄境内第一座年产量为960万吨的液化天然气加工厂正式启用，产品主要销往韩国和日本。2010年俄罗斯油气田"萨哈林2号"项目运营商萨哈林能源公司宣布，俄罗斯从2012年3月开始收取项目中自己那部分的产品利润。按照之前签署的"产品分配协议"，在偿还完所有245亿美元的费用（包括项目第一、二阶段的投资和运营费用）后，该项目开始进行产品利润分配。萨哈林大陆架石油天然气的开采，不仅对远东石油天然气工业发展和能源供应结构进行改造，而且对远东整个经济发展会产生决定性影响。2000年以后，远东的石油和天然气产量明显增加，从而降低远东对外部能源的依赖程度。在每年开采的归俄方所有的150亿立方米天然气中，供给哈巴罗夫斯克边疆区110亿立方米。该边疆区全部使用管道天然气，不再大量从西伯利亚地区购进石油，同时可节约大量能源运费，仅以天然气代替煤炭这一项就可使哈巴罗夫斯克边疆区节约30亿美元，大大增加了俄罗斯和远东地区的财政收入。"东方石油管道"系统是整个地区能源综合发展的重要项目，该项目包括哈巴罗夫斯克和阿穆尔河畔共青城的石油加工厂接入"东方石油管道"系统、在纳霍德卡建设海上石油出口终端、建设"斯科沃罗季诺—中国"的石油出口管道。

与全俄能能源消费结构中油气占主要地位不同，远东地区能源主要依靠煤炭，煤炭能源占远东地区能源构成比重超过70%，主要用于电力生产和热力生产。虽然远东地区的萨哈林油气开发推动天然气化的起步，布列雅水电站的建成也在一定程度上缓解电力供应压力，但煤炭仍旧是远东地区最主要的能源。2002年远东地区开采煤炭980万吨，其中90%向外输出，成为俄罗斯远东地区对外第三大出口产品，主要出口日、韩等国，俄远东地区丰富的煤炭资源为东北亚地区各国的经济发展带来极大便利。

在电力能源领域，俄罗斯有七个单独的区域电力系统：西北地区、中部地区、中东伏尔加地区、北高加索地区、乌拉尔地区、西伯利亚和远东地区，其中，远东是唯一一个没有连接到综合电力系统的地区。20世纪末，俄远东地区已形成六个电网，其中阿穆尔州、哈巴罗夫斯克边疆区、犹太自治州、滨海边疆区的电力系统组成了远东地区主干电力系统网络——远东联合电力网，萨哈林电力网、堪察加电力网、马加丹电力网、雅库特电力网和雅库特西部的乌达利—连斯克西部电力网属于单独独立运行网络。除远东联合电力系统较大外，其他五个电力网很小，此外在远东地区还有部分地区属于分散供电。东方电力系统主要由火电站提供，部分电网线路输电能力有限，如"结雅水电站—东方联合电力系统的东部""哈巴罗夫斯克电力系统—滨海电力系统""滨海国营区域发电站—滨海边疆区的南部"等，电力系统间输电能力不足大大限制了电力输送。截至20世纪90年代末，远东联合电力系统拥有水电站装机容量1290兆瓦，火电装机容量2800兆瓦。除远东联合电网外，远东地区的独立电力系统运行成本较为高昂。例如，堪察加热电站1号、2号需要的重油，马加丹州热电站所需要的煤炭，一些分散供电地区所需要的柴油都需要长途运输；为保证供电可靠性，分散电站常常需要维持较高的电力储备，成为导致高昂发电成本的另一个原因。局部地区的高电价影响整个地区的所有用户，阻碍着当地经济部门的进一步发展。在萨哈共和国（雅库特），柴油发电的补助每年达到40亿卢布，其中多数电力用以满足工业用户。

近年来，经济增长给远东电力部门施加越来越大的压力，也成为电力系统向自由市场转型的推动因素，以此来吸引新电厂和基础设施投资。俄政府制定的《2030年前俄罗斯国家能源战略》高度重视东部地区的能源可持续发展问题，电力系统的长期发展与经济社会发展的战略规划相联系，经济社会的发展必定对电力供应提出更高的要求，相应地促使远东地区提高电力生产效率和输送能力。2005年6月30日，俄罗斯决定改革远东地区电力体系。将"远东电力公司""哈巴电力公司""阿穆尔电力公司""卢泰克电力公司""南雅库特电力枢纽公司"合并为一个新的"远东电力公司"，从而整合远东地区的电力资源，使其成为俄第二大电力公司,国家股在该集团中占50%加1股。整合后的远东电力公司的总发电量达到8300兆瓦,发电能力在全国排名第二,仅次于莫斯科电力公司。

发展俄罗斯远东地区的能源综合体是《2030年前俄罗斯国家能源战略》的主要目标之一,远东地区经济发展的现实和前景是与亚太地区的能源供给紧密联系在一起的,俄远东能源资源在东北亚和亚太国家存在很大的市场需求。在俄联邦政府的支持下,远东地区正在优先实施一系列电力输出案,远东电力发展的重要趋势就是确保向东北亚国家(首先是中国)出口电力。对于俄罗斯电力工业来说,中国的电力市场是最具发展前景的出口市场。2002年,中国黑河与俄远东电力部门签订输电合作协议,2004—2013年,黑河市从俄阿穆尔州西北的结雅水电站和的布列雅水电站输入总量为154亿度的电力,电力价格最初为每度1.8美分,随着输电量的逐步扩大,电价也将会随之逐步下调。根据俄远东电力公司数据,2009年第二季度输往中国黑河市电力达到21400万千瓦小时,输出达最高峰,为俄带来经济收入近1亿卢布。向中国出口电力将成为促进远东电力投资发展、利用当地能源建设发电站的主要因素。随着经济的高速增长,特别是高耗能产业的过快发展,中国东北地区的电力需求出现阶段性的短缺,进口俄远东电力纳入中国国家电网,不失为一条解决电力短缺的途径。2005年,中国国家电网公司同俄罗斯统一电力系统股份公司签署了《中俄长期电力合作协议》。中国国家电网公司从俄罗斯引进电力分三步走:第一阶段,通过从俄罗斯远东电网向中国东北黑龙江省电网送电,输电功率60万—72万千瓦,年供电量36亿—43亿千瓦时;第二阶段,到2010年,从俄罗斯远东电网向中国辽宁省电网送电,输电功率为300万千瓦,年供电量165亿—180亿千瓦时;第三阶段,到2015年,从俄罗斯远东电网或东西伯利亚向中国东北电网或华北送电,输电功率为640万千瓦,年供电量380亿千瓦时。除向中国出口电力以外,俄罗斯积极发展与日、韩及其他东北亚国家之间互利的能源合作,俄罗斯向韩国出口电力,并争取2030年达到每年出口100亿—150亿千瓦时。2012年,俄罗斯政府商讨向日本出口电力的计划方案,在远东地区的萨哈林地区建立发电站,然后铺设直达日本北海道的大容量海底电缆向日本出口电力。

远东地区能源经济发展需要挖掘能源和燃料动力综合体的生产潜力，开发具有区域和地方意义的能源产地，加速增加远东的石油和天然气产量。为此，作为能源战略的配套措施，近年俄政府还陆续出台了一系列规划性文件，这些文件主要包括《远东和贝加尔地区2025年前经济社会发展战略》《2030年前东西伯利亚和远东能源综合体发展战略》等，这些战略的主要任务是发展创新型经济，实施石油天然气大型开采、加工和出口项目，完成大型能源项目，增加能源高附加值产品比例，提高地区经济实力，满足消费者对天然气的需求和促进远东能源平衡的优先方向。目前，俄罗斯远东地区能源行业存在着缺乏综合发展规划和协调机制、相关政策不到位、自有投资资金匮乏、能源深加工能力不足等问题。远东地区对石油和天然气的需求在很大程度上取决于政策导向和石油产品加工现有能力的大小。为了确保有效利用资源潜力和提高燃料利用率，综合发展远东地区的开采业（煤炭、石油、天然气）、交通运输系统（输油管道、输气管道、铁路交通、港口）和加工生产（石油化工、天然气化工行业）将具有重大意义。

二 远东能源开发区域分布

远东地区现有55个石油和天然气田，其中13个为油田、13个为天然气伴生油田、16个为石油半生气田、13个为凝析油气田，可开采储量达到19.69亿吨。远东地区大多数油气区都分布在大陆架区域，俄罗斯可勘测的油气海域有一半位于远东地区，预计该地区海上可开采油气资源约170亿吨，其中天然气7万亿立方米，凝析油4亿吨，原油90亿吨。远东石油天然气资源主要分布在萨哈林州等地区。萨哈林的石油气田的勘探工作已初步完成，其陆地上的油田很早就开始工业开采，原油通过跨海输油管线输送到阿穆尔共青城加工；萨哈林岛周围大陆架蕴藏的石油和天然气资源则采用股份方式吸引外国投资者投资开采。

20世纪八九十年代，由于作业条件的限制以及缺少资金，远东地区的油气生产水平很低，而且几乎都集中在萨哈林北部和维柳伊河盆地。天然气产量1985年为18亿立方米，90年代增加到33亿立方米左右。原油产量从1985年的260万吨降至1994年的160万吨，之后回升到1997年的183万吨。进入21世纪，俄远东地区加快大能源开发力度，积极吸引外资进行合作开发。2008 年，萨哈林州开采石油 1287 万吨，2009 年开采石油 1540 万吨。该州天然气开采量 2008 年比 2007 年增加了 16.3%，达到了 79 亿立方米。在萨哈林州地区，石油天然气能源开发主要包括萨哈林项目，其中"萨哈林 1 号"包括柴沃、奥多普图和阿尔库通达吉三个油气田，总的石油储量为 3.07 亿吨，总天然气储量为 4850 亿立方米。俄罗斯远东哈巴罗夫斯克边疆区用户所使用的 50 多亿立方米伴生天然气就是由该项目供应的。

"萨哈林 2 号"油气项目其框架内的油气可采储量为 1.5 亿吨石油和 5000 亿立方米天然气，该项目已于 2006 年 3 月投产，原油日产超过 7 万桶。"萨哈林 4 号"石油天然气项目初步探明天然气的储量预计为 900 亿立方米，地质勘探期不少于 6 年。"萨哈林 5 号"石油天然气项目在 1998 年开始进行勘探，初步探明油气田的储量预计为石油 6 亿吨，天然气 6000 亿立方米。2010 年，"萨哈林 5 号"开始采油，最高年产量可达石油 3550 万吨，天然气 342 亿立方米。"萨哈林 6 号"作为萨哈林石油开采项目中的最大项目，石油蕴藏量 10 亿吨。在这个项目中，共划分成五个区，即克拉新区、东奥克鲁日区、滨海奥克鲁日区、中心区和巴嘎金区，包括两个油田，即下巴嘎金油田和北巴嘎金油田。

在天然气方面，远东天然气工业的发展预计到 2030 年前将形成两个大型天然气开采中心：萨哈林天然气开采中心——萨哈林岛大陆架气田，这其中包括萨哈林 1-6 号勘探项目；雅库特天然气开采中心，包括恰扬金斯克气田及其周边产区，如中博图奥宾、塔斯—尤里亚赫和上维柳昌等产区。按照俄罗斯远东天然气发展规划，这两个中心将由统一的天然气运输系统连接起来，并成为俄罗斯统一天然气供应系统以及欧亚天然气管道系统的重要组成部分，萨哈林和雅库特开采中心天然气除满足国内需求外，还将经管道或者加工成为液化天然气出口到中、韩等亚太国家的能源市场。[①] 目前再建的阿穆尔天然气加工厂是俄最大的天然气加工公司，也是最大的氦气生产企业，产品在各类工业和国民经济生产中需求很高。规划中的阿穆尔天然气化工综合体将在丝绸之路区域段的经济发展中发挥重要作用。根据该项目，天然气化工综合体接受来

[①] 陈小沁：《俄罗斯东部能源发展战略评析》，《亚非纵横》2011 年第 3 期。

自阿穆尔天然气加工厂的原料（乙烷）作进一步处理，天然气加工厂在 2019 年完成第一阶段调试。

在煤炭资源方面，远东地区的煤炭资源占全俄储量的 60%。已初步探明的煤炭储量为 200 亿吨，预测储量将高达 3547 亿吨。在已探明的储量中约一半可进行露天开采，但由于自然条件严酷以及缺乏劳动力，虽然煤炭在远东能源利用中所占份额较高，21 世纪初，远东地区煤炭年开采量占全俄的比例并不高。近年来这种情况有所改变，根据《2030 年前俄罗斯煤炭工业发展规划》，俄煤矿开采中心向逐步东西伯利亚和远东地区进行大规模转移。据预测到 2030 年，俄罗斯煤炭产量将增至 4.1 亿—4.6 亿吨，出口增至 1.7 亿—2.05 亿吨，其中包括向亚太国家出口 0.85 亿—1.2 亿吨。与此同时，远东联邦区和贝加尔地区在俄罗斯煤炭开采总量中的份额从 26% 上升到 40%。俄远东煤炭工业发展的主要趋势是出口稳定增长，根据《2030 年前俄罗斯港口基础设施发展战略》规划，俄罗斯港口将承担煤炭出口供应额 3/4 的运力，在煤炭转运过程中，远东地区的东方港、瓦尼诺港将承担港口转运出口量的 39%。

远东地区煤炭储量主要集中在萨哈共和国（雅库特），较大的煤田有南雅库特煤田、连斯克和济良诺夫斯克煤田、坎戈拉斯克褐煤矿和埃利吉石煤田等；动力煤矿集中在阿穆尔州、滨海边疆区、哈巴罗夫斯克边疆区和萨哈林州等地，具体分布如下：

（一）萨哈共和国（雅库特）

萨哈共和国（雅库特）已探明的煤炭储量为 93.91 亿吨，居远东地区第一位，也是远东地区唯一拥有大规模炼焦煤储量的地区。现有开发项目中最具前景的是埃利吉石煤田和坎戈拉斯克褐煤矿，已经探明煤炭储量达 60 亿吨。南雅库特煤田工业储量为 395 亿吨，其中炼焦煤工业储量为 237 亿吨，可采煤层达 3 层，有烟煤、焦煤、炼焦煤等。用做炉前煤的燃烧热值达 26.8 兆焦耳千克，该煤田是远东地区有开采价值的最大煤田。

（二）阿穆尔州

阿穆尔州已探明的煤炭储量为 38.13 亿吨，居远东地区第二位，年开采能力为 1000 万—1200 万吨。目前的作业煤田主要是赖奇欣斯克、博古恰内和叶尔科夫齐煤田，年开采能力均在450万吨左右。此外，较大煤田还有斯沃博德内煤田、谢尔盖耶夫卡褐煤田以及奥戈贾煤田。

（三）滨海边疆区

滨海边疆区已探明的煤炭储量为26.21亿吨。已勘探的煤田能保证年开采2500万—3000万吨，但这些煤田的地质条件复杂，对开采技术要求较高。其中开采条件较好的煤田有：比金煤田，年开采能力为1200万—1400万吨；巴甫洛夫斯克褐煤田，年开采能力500万—600万吨；利波夫齐和伊里乔夫卡煤田可露天及地下机械化开采，年开采能力为150万—200万吨；拉兹多利诺耶煤田，预计年开采能力为200万—240万吨。

（四）萨哈林州

萨哈林州煤炭地质储量为173亿吨，符合工业指标的储量为159.4亿吨，探明储量为24.67亿吨。该州煤炭资源中褐煤占52%，此外，还有长焰煤、气煤等。煤含硫少，热值可达8000—9000卡，可供炼焦。煤炭产业是该州国民经济主要部门之一，占该地区燃料部门产量的66%，主要的开采企业是西伯利亚煤炭动力公司旗下的萨哈林煤炭公司。2002年煤炭产量达到116.6万吨。

（五）哈巴罗夫斯克边疆区

哈巴罗夫斯克边疆区已探明的煤炭储量为15亿吨，目前的主要产煤地是乌尔加尔煤田。乌尔加尔煤田开采成本较低，其储量可供露天开采3.4亿吨，地下开采10.6亿吨。此外，上布列亚煤田预测储量达180亿吨，主要是发电用煤。

（六）马加丹州

马加丹州主要作业煤田是上阿尔卡戈林煤田。该州已探明的煤田尚有部分未投入开发，这些煤田开采成本高、难度大。在马加丹州煤炭总储量中，无烟煤和劣质煤为26亿吨，瓦斯煤和长焰煤为346亿吨，褐煤为617亿吨。该州煤炭探明储量为28亿吨，其中褐煤18亿吨、硬煤10亿吨。

（七）楚科奇自治区

楚科奇自治区现已探明的煤炭储量为2.12亿吨，有两个煤矿，阿纳德尔煤矿，年开采能力25万吨；布赫多煤矿，年开采能力85万吨。

(八) 堪察加边疆区

该边疆区煤炭预测地质储量约为 1800 亿吨，其中平衡表储量为 900 亿吨。有 80 多个煤矿，其中 60 多个在西部，东部有 20 个。该边疆区煤炭探明储量为 5200 万吨，其中褐煤 1220 万吨、硬煤 3800 万吨。

(九) 犹太自治州

犹太自治州只有乌苏姆褐煤田，每年可露天开采 100 万—150 万吨，能满足本地需要煤炭生产企业主要是乌舒蒙露天煤矿，煤炭主要供应比罗比詹热电站，余下的供给哈巴罗夫斯克动力无限股份公司。

三 远东能源开发与国际合作

俄罗斯经济转轨以来，远东地区把发展能源外贸、吸引外资作为加快地区能源经济发展，促进工业现代化及加快向市场经济转型的重要措施，积极发展与中、日、韩及其他东北亚国家之间互利的能源合作符合俄罗斯的国家利益。20 世纪 90 年代，俄罗斯处于经济转型调整时期，整个油气行业处于萧条之中，发展油气项目只能借助外部资金，这一时期俄罗斯鼓励外国投资者参与俄罗斯的油气项目，在这种情况下俄罗斯方面同壳牌公司、日本三井公司和三菱公司签订了萨哈林油气项目开发协议，其中日美还联合投资了俄萨哈林三个石油开发项目中的两个项目，各国投资的额度差距很大，外资参与的大型能源项目主要有"萨哈林"系列项目：

"萨哈林 1 号"项目是俄罗斯最大的外资项目，该项目由美国、日本、印度和俄罗斯的四家公司共同参与，作为投资牵头者，美国的美孚公司持股 30%。"萨哈林 1 号"项目的石油与天然气开发项目总投资超过 120 亿美元，除埃克森美孚公司外，日本萨哈林石油天然气发展公司在其中持股 30%、印度石油天然气公司持股 20%、俄罗斯石油公司持股 20%。该项目已于 2006 年 10 月 1 日开始投产，每昼夜的原油开采量约为 6300 吨、每昼夜的天然气开采量约为 170 万立方米，其产品主要出口亚太市场，同时也满足远东市场的需求。

"萨哈林 2 号"油气项目签署于 1994 年，是俄罗斯最大的外国投资项目，也曾是唯一没有俄方股份参与的能源项目，开发成本超过 200 亿美元。英荷壳牌石油集团拥有该项目 55% 的股权，两家日本公司三井物产和三菱商事分别拥有该项目 25% 和 20% 的股权。根据当时签署的协议，只有在投资方收回全部成本后，俄政府才能与其分享利润。2006年，壳牌公司宣布该项目成本增加接近220亿美元，是原计划的2倍多，这就意味着俄方获得利润期限大为推迟，这是俄罗斯不能接受的。2006年9月，俄罗斯以破坏环境等罪名向"萨哈林2号"油气项目控股方英荷壳牌石油集团提起刑事诉讼，并要求他们支付10亿卢布（约3800万美元）的罚款。12月，双方进行一系列磋商，最终达成议定书，俄天然气工业股份公司以74.5亿美元的价格购买"萨哈林2号"50%的股份加1股。该项目最初的3个投资方所持的股份相应减少，其中，英荷壳牌石油集团持股比例从原来的55%降至27.5%，日本三井公司和三菱公司的持股比例分别从原来的25%和20%降至12.5%和10%。这样的结果对俄罗斯无疑是非常有利的。一方面，俄将取得向亚洲和美国出口960万吨液化气的控制权；另一方面，俄获得了开采"萨哈林2号"的现成设备。

"萨哈林3号"石油天然气工程包括三个油气田。石油储量约为13亿吨，天然气储量约为8730亿立方米。工程总投资预计为130亿美元，开采期预计为30年。美国埃克森美孚和德士古公司、俄罗斯石油公司和萨哈林海上油气公司联合开采"萨哈林3号"油气田，俄方公司占33.3%的股份，美方公司占66.7%的股份。在油气田开始商业运营前，工程的所有投资由美方公司承担。

"萨哈林4号"石油天然气项目于1998年由俄罗斯石油公司、萨哈林海上油气公司和美国阿科公司签订协议，建立开发工程的联合财团，三家公司所占股份分别为25%、25%和49%。在气田商业开采前，工程的开发费用由美国阿科公司承担。目前已开始对工程中的一个天然气田进行勘探。该气田的储量预计为900亿立方米，地质勘探期不少于6年，开发费用预计为26亿美元。

"萨哈林5号"石油天然气项目由俄罗斯石油公司、萨哈林海上油气公司和英国石油公司组成开发财团，三家公司所占股份分别为25.5%、25.5%和49%，英国公司承担全部的地质勘探费用，在油气田商业运营后，俄英双方公司对工程进行联合投资。

"萨哈林6号"是萨哈林石油开采项目中的最大项目，预计需要投资不低于150亿美元。该项目的开采权最早属于彼得萨哈林股份公司，2002年，俄罗斯石油公司和该公司签订了"萨哈林6号"联合开发协议，但2003年俄罗斯石油公司又宣布退出"萨哈林6号"的活动，其理由是该项目不具有工业开发价值。2004年，英国乌拉尔能源公司购买彼得萨哈林股份公司的股份，总额为4500万美元，另外的股份由萨哈林石油公司持有，所有权属于萨哈林州政府。2010年3月，彼得萨哈林股份公司表示，"萨哈林6号"项目中的维普尼茨卡娅1号钻井开始产油。

项目开发进程充分反映了俄罗斯控制油气资源的战略意图，保持对油气资源的实际控制是远东地区油气资源参与国际合作的基本前提。正是出于上述考虑，俄罗斯在能源合作初期并不愿意向中国等国外公司提供大型油气公司或产田的控制权。俄罗斯从战略的角度出发采取了能源国际合作多元化的策略，俄远东地区油气资源出口市场多元化，充分反映在"泰纳线"管道铺设线路和"安大线"管道铺设方案选择方面。

随着中国的经济发展，能源问题已经上升为战略问题。在中俄确定面向21世纪的战略协作伙伴关系后，双方开始积极寻求能源领域的合作，所取得的进展主要表现在石油贸易方面。进入21世纪，受国际金融危机的影响，为吸引更多的外国投资，俄罗斯对能源政策进行了调整，放宽外资进入俄罗斯能源领域的条件。在这种背景下，2008年10月，中俄签署石油领域合作的备忘录，规定俄将通过东西伯利亚—太平洋管道的支线对华供应石油。2009年，根据"贷款换石油"协议，俄罗斯2011年至2030年按照每年1500万吨的规模向中国通过管道供应总计3亿吨石油，石油价格以俄石油运到纳霍特卡港口的市场价格为基准。此外，在与俄罗斯电力合作方面，中俄拥有广泛的投资合作空间，中国黑河使用俄罗斯电网的电力就是中国东北与俄罗斯远东地区在能源方面合作的实质性进展。

此外，中俄双方在共同开发油气资源方面也取得了重要进展。2009年10月，中俄能源投资公司宣布购买俄罗斯苏尔古特油气公司51%的股份，该合资公司由此获得开发位于东西伯利亚的两个蕴藏量达600亿立方米的天然气田的权利。中俄能源投资公司计划共投入3亿美元用于开发，全方位的中俄石油合作已经涵盖所有层次和领域。

俄罗斯煤炭出口的发展前景同样有赖于与亚太地区国家的能源合

作。2002—2009 年,俄罗斯向亚太国家出口的煤炭占俄煤炭出口总量的比重从 13.7% 上升到 23.5%,达到 2480 万吨。相对于 2008 年仅 30 万吨的水平,2009 年俄罗斯对中国的煤炭出口量增至 960 万吨。预计到 2030 年,俄罗斯出口到亚太地区国家的煤炭总量有可能增长至 0.85 亿—1.2 亿吨。2010 年,中俄双方在布拉戈维申斯克签署煤炭合作协议,根据该协议,在未来 5 年内中国每年至少从俄罗斯进口 1500 万吨煤炭,而在随后的 20 年煤炭进口量将增至每年 2000 万吨。为此,中国将向俄罗斯提供 60 亿元人民币的贷款,主要用于共同开发俄远东阿穆尔河流域的煤炭资源,帮助俄方修建运送煤炭的铁路和公路,以及购买开采设备等。[①] 2010 年前 7 个月,仅通过中国黑河进口的俄罗斯煤炭就已经达 44727 吨。同时,日、韩也在谋求从俄罗斯进口能源。2006 年,远东及外贝加尔地区对韩国出口煤炭贸易额为 9150 万美元。占远东与韩国贸易额的 12%。远东对日、韩煤炭出口呈现逐年上升趋势,2006 年对日本出口 2.92 亿吨,是 2000 年出口量的 2.5 倍;2005 年对韩国出口煤炭总量是 2001 年的 8 倍。除此之外,日本投资者还对远东地区的电力和热能的定价问题感兴趣,希望资本参与远东电力发展,包括投资电力公司,对远东电力销售市场、电力出口、燃料多元化等诸多领域感兴趣。

第三节　蓬勃发展的远东旅游业

俄罗斯远东地域广袤,气象万千,有极为丰富的旅游资源,9 个联邦主体蕴藏的自然风光、历史文化、民族风情、科学探险等独具特色的旅游资源,吸引着国内外无数旅游爱好者。进入 21 世纪以来,旅游业正在成为远东地区的支柱产业之一。

一　远东地区的主要旅游资源

远东 80% 以上的人口居住在南部经济较为发达的地区,这里气候相对较温暖,交通基础设施和游客接待能力也好于北部地区,是远东旅游业最为发达的地区,因此,远东旅游业基本还是在南部主要城市及周

---

① 陈小沁:《俄罗斯东部能源发展战略评析》,《亚非纵横》2011 年第 3 期。

边地区开展的。

（一）远东最大的绿化城市——哈巴罗夫斯克

哈巴罗夫斯克市是哈巴罗夫斯克边疆区的首府，远东联邦区第一大城市，是远东主要旅游地之一。该市人口约61.1万（2016年），面积78.7万平方千米，是远东第七重要交通枢纽、河港城市，也是俄远东重要的航空、水路和铁路枢纽。西伯利亚大铁路横穿哈巴罗夫斯克市区；向北可达共青城、萨哈共和国（雅库特）、马加丹州、堪察加半岛；向南直达乌苏里斯克市和符拉迪沃斯托克市；向西直达西伯利亚及俄欧部分。哈巴罗夫斯克市隔黑龙江与中国黑龙江省的抚远县相望，中间绵延300多平方千米的大黑瞎子岛，作为"两国一岛"正在成为中俄两国的旅游热点。哈巴罗夫斯克市的水、电、气、交通、通信等基础设施建设比较完善，市区内高楼大厦不多，主要是充满浓郁俄罗斯风情的各类建筑。城市山环水绕，市内有列宁大街、卡尔·马克思大街和谢雷舍夫大街三条主要街道。列宁广场是城市的文化娱乐中心，边疆区机关、大学、医学院、电报局、中心旅馆和书店等都建在该广场周围。沿阿穆尔河畔，建有地方自然与历史博物馆、大型体育场、东正教堂等。

（二）太平洋港口城市——符拉迪沃斯托克市

符拉迪沃斯托克（海参崴）市是滨海边疆区首府，位于太平洋沿岸穆拉维约夫—阿穆尔斯基半岛南端的金角湾沿岸，东南临日本海，北接哈巴罗夫斯克边疆区，西面分别与中国和朝鲜接壤。符拉迪沃斯托克城市总面积为560平方千米，城市人口约63万（2016年）。

该市是俄罗斯太平洋沿岸最大的港口城市，也是亚—俄—欧国际旅游通道的起点，是俄罗斯远东地区的跨区域旅游枢纽。2016年滨海边疆区接待了约300万名游客，占远东总游客数量的70%。其中中国游客最多，达到35万人。

符拉迪沃斯托克市作为世界著名的海滨夏季避暑胜地，气候湿润，风光迤逦。阿穆尔湾、金角湾和乌苏里湾拥抱着整个城市，景色十分优美。符拉迪沃斯托克市在什科塔岛、戈尔多比娜角、季哈亚湾和鹰巢山（可乘缆车上山）设有4个观景台，可观望符拉迪沃斯托克市全景。市区多为典型的俄式建筑，并有200多处纪念碑及历史遗址遗迹。主要景观有城堡要塞、列宁广场、火车站、西伯利亚大铁路纪念碑、船站、炮台兵器陈列馆、中心广场、军港、C-56 近卫潜水艇纪念馆、远东苏维埃战士纪念碑、远东太平洋舰队司令部、水族馆、圣巴维尔路德派教堂、悲悼圣母教堂、滨海国立阿尔谢耶夫博物馆、俄联邦太平洋地区边防局战斗史博物馆、俄科学院远东分植物园、海滨浴场等。

符拉迪沃斯托克四季分明，秋季天气晴朗，阳光充足；冬季寒冷湿润，降雪较多；春季微风拂煦，绿植繁盛；夏季凉爽舒适，雨量适中。由于气候宜人，风景秀丽，这里已经成为仅次于黑海、波罗的海沿岸的第三旅游疗养胜地。沿阿穆尔湾分布着海滨疗养院和泥疗疗养院，以及儿童休假中心、度假村和旅游基地。每年7月的最后一个星期日是当地最大的节日——俄罗斯海军节，届时世界各国的军舰都停靠在军港岸边，五颜六色的国旗迎风飘扬，热闹非凡。此外，"渔夫节"和"水手节"也是当地的重要节日。市内建有"现代宾馆""符拉迪沃斯托克"和"阿穆尔"等宾馆。

（三）阿穆尔河畔双子城——布拉戈维申斯克市

阿穆尔州是一个以山地为主的地区。主要山系是斯塔诺夫山脉（最高山峰2312米）和图库林格拉山等。平原只占州总面积的1/10。境内有阿穆尔、结雅、谢列姆贾、吉柳伊、布列亚、奥列克马和纽克扎7条大河（长度均超过500千米），大部分属阿穆尔河流域。面积36.1万平方千米，人口约80.5万。州地下矿泉水和热泉水分布极广，已探明的矿泉水产地有42处。阿穆尔州首府布拉戈维申斯克市位于阿穆尔河与结雅河汇合处，是俄远东第三大城市，人口22.4万（2016年），城市面积321平方千米。该市建有阿穆尔州最大的港口，河运事业发达；是西伯利亚铁路干线支线的终点站；距莫斯科空中距离为6480千米，市内有河港和国际机场。

布拉戈维申斯克市依山傍水，属于典型大陆性季风气候，是亚洲、太平洋和北极地区上空形成的大气环流中心相互作用的结果。这里夏季繁花似锦，草木葱茏。市区有许多哥特式、拜占庭式、欧式风格的建筑群，有83座具有建筑学和历史学价值的保护建筑，其中有4座属国家级保护建筑。沿江建有列宁广场和胜利广场，以及历史悠久的地方志博物馆和木偶剧院等。

黑龙江流经哈巴罗夫斯克、共青城、尼古拉耶夫斯克（庙街），成为远东最重要、最优美的旅游线路之一。沿黑龙江游览，不仅能欣赏美丽的自然风光，了解居住在沿岸少数民族的历史、文化和风土人情，还可为人们提供科学考察、洞穴探险、悠闲垂钓、狩猎、河中漂流等项目。布拉戈维申斯克市社会基础设施较为发达，有14家银行及其分支机构，170多家公共饮食企业，21家宾馆，总接待能力为2500人。

（四）俄罗斯唯一的岛屿州——萨哈林

萨哈林是俄罗斯东部最大的岛屿，位于太平洋西北岸。人口48.7万人，面积8.7万平方千米。西隔鞑靼海峡与大陆相望，南隔拉彼鲁兹海峡（宗谷海峡）同日本北海道相对。北部地势较低，中部和南部多山，最高点海拔109米。主要城市有科尔萨科夫、霍尔姆斯克、奥哈、涅韦尔斯克、波罗奈斯克、乌格列戈尔斯克、亚历山德罗夫斯克、多林斯克、北库里尔斯克和库里尔斯克，州首府南萨哈林斯克距莫斯科10417千米。该岛南部较为发达，物产丰富，大部分城市集中在这里。中部和北部气候恶劣，冬季严寒，夏季酷热，有1/3的面积属荒凉不毛之地。

海岛地区的自然和娱乐业拥有巨大的潜力。萨哈林和千岛群岛上有大量的温泉和地热资源、泥疗场所以及1000多个历史文化遗址。海岛丰富而多样的自然资源适于发展各类旅游项目，如生态游、疗养游、运动游、历史文化游。南萨哈林斯克"山间空气"体育旅游中心吸引着喜欢从事冬季运动项目的游人。布尔什维克岛位于萨哈林州中心的郊区，该岛在风景如画的山坡上安装了现代化升降机，铺设了雪道，冬天许多国内外运动员来此训练。玛涅隆岛位于萨哈林西南海岸43千米处，这里正在打造国际潜水基地，由于海岛周围的海水异常清澈，且水下世界丰富多彩，因此该潜水基地将成为本地区重要的旅游项目。

（五）多姿多彩的自然生态区——犹太自治州

犹太自治州是俄罗斯唯一的自治州，属于远东联邦管区，位于俄罗斯远东地区的阿穆尔河沿岸地区，北纬47°—49°，东经130°—135°，东西跨度最宽330千米，南北最长220千米。其西南和中国（南部阿穆尔河沿岸是中俄分界线）接壤，西北和阿穆尔州接壤，北方、东北及东部和哈巴罗夫斯克边疆区接壤。面积为169.4万平方千米，人口16.6万人。气候属温带季风气候，冬季少雪寒冷，1月平均气温为-21—-26℃；夏季温暖潮湿，6月平均气温为18—21℃。平原地区年降水量450—500毫米，对农作物的生长极为有利。犹太自治州山地复杂，山谷陡峭，南部和东南部地区延伸到平原，平原逐渐降低，从100—150米的山麓脚下到40—50米的黑龙江漫滩。

铁路有西伯利亚干线，连接着东欧、近东亚太平洋地区的国家。铁路总长度4530千米，重要站点有比罗比詹、沃洛哈叶夫卡、奥布卢奇耶、伊恩比拉。公路交通担负着大量客货运输任务，公路总长1900千米，其中硬面公路1600千米，较大的公路有哈巴罗夫斯克—比罗比詹—奥布卢奇耶—阿穆尔州。犹太自治州内水路有太平洋经黑龙江的水路交通，州南部有河运交通，主要在黑龙江和通古斯卡河。河路长600千米，主要港口有列宁农庄、河穆尔泽特、巴什果沃等。

犹太自治州首府比罗比詹市的主要景区有圣尼古拉大教堂、比罗比詹市美术馆、犹太自治州地方志博物馆、库里杜尔疗养院、"荷花丛"、甲鱼湾等。州内还有几个医疗矿泉，著名的有库里杜尔斯克热矿泉，水中含硅酸成分，是国家级大型疗养基地。俄罗斯居民很好地享用中国东部及南部海域的疗养环境，以佳木斯、萝北、鹤岗、同江为短线，甚至辐射到中国的例如北京、上海、哈尔滨这样的大城市。对于中国旅游者来说，来俄旅行光顾的主要是犹太自治州的首府比罗比詹市，进而延伸到俄罗斯中亚区域的大中城市。

二 远东旅游业的发展及问题

（一）硬件设施滞后，接待能力不足

俄罗斯远东地区的交通基础设施和宾馆酒店等硬件条件相对滞后，特别是中部和北部人烟稀少的广大地区，尽管有许多独具特色的自然风光，但旅游业基本没有开展。这又直接导致了远东地区酒店住宿、餐饮及旅游用车价格较高，致使远东地区的旅游产品缺乏吸引力和竞争力。此外，远东前往莫斯科、圣彼得堡等欧洲中心城市的交通费用过高，因此经远东地区前往欧洲中心城市的旅游线路比起其他线路并无多少市场竞争力（见表20—1、表20—2）。[①]

[①] 高玉海：《进一步发展黑龙江省对俄边境旅游研究》，《西伯利亚研究》2013年第6期。

表 20—1　　2005—2015 年俄罗斯远东联邦区旅游公司数量　　单位：家

年份	2005	2010	2011	2012	2013	2014	2015
全俄	5079	9133	10266	10773	11324	11614	11893
远东联邦区	361	473	500	506	539	522	496
萨哈共和国（雅库特）	33	66	64	74	83	76	90
堪察加边疆区	44	69	68	66	68	82	79
滨海边疆区	115	107	142	126	147	128	87
哈巴罗夫斯克边疆区	104	129	123	126	123	117	121
阿穆尔州	24	31	31	39	44	47	50
马加丹州	9	12	14	12	13	16	16
萨哈林州	25	40	41	42	45	44	44
犹太自治州	7	18	15	18	13	9	6
楚科奇自治区	—	1	2	3	3	3	3

资料来源：根据俄联邦统计局数据整理得出。

表 20—2　　2005—2015 年远东联邦区赴俄罗斯境内旅游人数[①]　　单位：千人

年份	2005	2010	2011	2012	2013	2014	2015
全俄	1696.5	1741.3	1731.2	1792.3	1916.4	1974.2	2628.2
远东联邦区	40.9	45.1	49.9	39.6	39.3	48.1	58.6
萨哈共和国（雅库特）	6.7	8.3	9.7	9.6	8.7	12.7	13.8
堪察加边疆区	4.3	8.5	8.6	5.9	3.7	4.9	10.3
滨海边疆区	2.2	4.5	12.9	4.7	9.1	10.0	13.7
哈巴罗夫斯克边疆区	21.9	19.8	14.7	15.2	13.3	15.3	15.6
阿穆尔州	3.9	2.6	2.0	2.2	2.8	2.6	2.3
马加丹州	0.7	0.6	0.5	0.5	0.4	0.5	0.5
萨哈林州	1.3	0.7	1.3	1.2	0.8	1.9	2.3
犹太自治州	0.1	0.1	0.2	0.2	0.4	0.2	0.2
楚科奇自治区	—	—	—	0.0	0.0	0.1	0.0

资料来源：根据俄联邦统计局数据整理得出。

① Регионы России. Социально-экономические показатели. 2016. Статистический сборник. Москва, 2016.

2005—2015年10年时间，远东旅游公司的数量仅增加了27.3%，从361家增加到496家，而全俄在这一时间内旅游公司增加了2.3倍，高出远东联邦区8倍。除了萨哈共和国（雅库特）、哈巴罗夫斯克边疆区等少数联邦主体呈增长态势，其他的各州、自治区都呈下降趋势，其中下降幅度最大的是堪察加边疆区、滨海边疆区，分别下降了44.4%和24.3%。犹太自治州和楚科奇自治区境内只有几家旅游公司，其经营状况和范围极其有限。

（二）旅游设施不足，旅游人数减少

由于资金匮乏，远东各地的旅游项目及旅游设施也严重不足，地方政府为旅游提供的服务相当落后，限制了各地区旅游规模的进一步扩大。同时，也存在餐饮质量不高、旅游项目过少、旅游商品匮乏等问题，影响了旅游资源优势的发挥。

由于俄罗斯经济转轨多年来成效不大，俄罗斯居民收入不高，加之俄罗斯远东距离俄罗斯欧洲部分路途遥远，导致远东居民在俄罗斯境内旅游的热情不高。2005—2015年远东联邦区在俄罗斯境内旅游人数增长缓慢，10年仅增长了31.8%，2012—2013年还呈下降趋势。而全俄这一时期却增长了1.5倍（见表20—3）。

表20—3　　　　2005—2015年远东联邦区出境旅游人数　　　　单位：千人

年份	2005	2010	2011	2012	2013	2014	2015
全俄	2699.8	6462.9	6292.7	7149.9	7966.6	6512.9	5261.0
远东联邦区	579.9	570.5	644.8	519.7	477.6	509.3	414.3
萨哈共和国（雅库特）	8.0	18.5	17.6	22.7	26.4	20.2	10.6
堪察加边疆区	3.8	9.5	10.9	12.8	16.2	13.1	5.3
滨海边疆区	417.3	296.8	402.4	265.9	247.1	101.6	65.8
哈巴罗夫斯克边疆区	66.5	123.1	103.6	96.5	87.7	286.1	266.7
阿穆尔州	72.2	80.8	79.8	86.9	63.5	60.8	51.9
马加丹州	0.7	3.5	3.6	4.7	6.2	6.1	4.6
萨哈林州	6.2	14.4	17.1	16.9	17.7	11.6	4.8
犹太自治州	5.2	23.8	9.8	13.2	12.7	9.7	4.6
楚科奇自治区	—	1	1	0.2	0.2	0.1	0.0

资料来源：Регионы России. Социально-экономические показатели. 2016. Статистический сборник. Москва, 2016.

这一时期远东出境人数却与全俄形势出现较大的逆差。2005—2015年出境人数下降了28.4%，10年仅2011年出现了突然性增长，增幅超过了10%。而全俄这一时期出境人数增长了2倍，特别是2012—2013年，增幅竟达到了3倍。

（三）创新合作的理念有待提升

旅游产业正在成为21世纪俄罗斯远东地区重要的支柱型产业，将创造可观的经济效益。远东旅游业是经济发展的驱动力之一，能有效增加税收，创造就业机会。未来，远东旅游业将以最快的速度增长。[①] 但远东地区的旅游业缺乏国际合作机制，缺少外部投资，大部分旅游还停留在游购娱乐的传统形式上，没有根据现代旅游的新需求推出适销对路的旅游产品，如以"旅游促销+文化交流+产业旅游"的形式没有得到很好的发挥利用。此外，加强科教文化、科学探险、生态康养等旅游新业态的发展也被提上日程。

三 远东旅游业的目标和发展路径

俄罗斯远东2025发展战略中，将远东和贝加尔地区独特的自然资源，如贝加尔湖、阿穆尔流域、滨海边疆区和堪察加半岛等作为打造世界旅游胜地的发展目标。主要是发展多元化、有竞争力的旅游产业，如历史文化游、医疗保健游、生态游和海上休闲游等旅游休闲方式，并将挑战极限、体育、探险、科考等作为未来的发展方向。为了促进远东和贝加尔地区旅游休闲体系的发展，国家正加强完善法律法规，构建金融支持系统，完善交通和公共基础设施，制定有效的人力资源政策和信息政策等。

（一）开发旅游精品

2005年俄罗斯不断开发新的旅游线路，除"莫斯科—圣彼得堡"这一传统旅游线路外，还开通了包括特维尔州等莫斯科附近旅游景点在内的"金环旅游"新线路，增设符拉迪沃斯托克市、萨哈林、伊尔库茨克的海岛风情游、狩猎游和新西伯利亚的科技考察等旅游线路。

---

① Е. Н. Давыборец, И. В. Радиков. Перспективы развития туризма на Дальнем Востоке России // Вестник ЗабГУ, Т. 29. № 2. 2023.

（二）开展特色旅游

以度假式旅游项目推动俄远东地区旅游合作。在俄贝加尔湖地区发展度假式旅游合作也是大有可为的，这里冬夏两季的旅游项目可提供欧洲水平疗养条件。俄罗斯人国内假期较长，又有旅游的爱好和传统，便于以特色旅游项目创造主题旅游品牌。

（三）政府增加扶持措施

在俄远东旅游事业上，应发挥政府的主导作用，不仅制定各种优惠政策，也要增加政府的专项资金投入，并抓紧基础设施建设，为旅游事业大发展奠定基础。2002年俄罗斯首次从联邦预算中拨出资金用于发展旅游业，对俄远东旅游业产生了积极的影响。俄罗斯近期成立了"无国界世界"免签旅游协会，专门负责中国游客的免签证团体旅游，并成立了中国游客救助中心。

（四）加强监管力度

大力整顿出入境旅游市场。俄罗斯边境旅游管理部门应该与公安部门密切配合，建立良好的旅游市场秩序。制定行之有效的措施，规范旅游市场，整顿旅游从业人员队伍。提高旅游从业人员素质，并且制定相应的法律法规保护旅游者自身安全和权益。

（五）建立对话及协调机制

在俄远东旅游事业上，不仅需要政策、资金保障，而且各级政府要建立相应的对话协调机制。根据当前边境旅游发展的实际需要，应定期举行工作会议，协调解决有关边境旅游的问题。此外，俄有关地区应设立边境旅游办事机构。其主要任务是：政府有关部门（俄滨海边疆区旅游委员会已在格罗捷阔沃设立办事处）及时与各国协调解决边境旅游出现的问题；通报边境旅游人员的数量、流向和通关情况；传递俄方的有关信息；研究边境旅游市场的开发等。

2012—2013年，中俄两国互办旅游年，不仅有力推动了两国民间往来与交流，也大大促进了两国跨境旅游业的发展。据中国旅游局统计显示，2011年中俄旅游互访人数近335万人次。其中，俄罗斯来华旅游人数超过253万人次，是中国旅游第三大客源国；中国赴俄旅游人数近81万人次，是俄罗斯第二大客源国。据俄方统计，2012年，前往俄罗斯旅游的中国游客数量同比增长52%，超过2010年全年中国赴俄游客总数。俄罗斯远东旅游业正在成为第三产业的重要支柱，对远东地区的经济社会发展具有重要意义。

第四节 远东超前社会经济发展区的建立

21世纪初，俄罗斯经济和世界经济发展形势尽管有所起伏，但俄远东地区发展规划依然是俄罗斯优先战略之一。为适应后国际金融危机形势以及安全结构新变化，克服社会经济结构缺陷，加快远东地区的开发，2013年俄政府提出率先在远东设立社会经济超前发展区的战略构想。虽然远东地区建设超前发展区具备一些有利条件，经济和社会效益值得预期，但同时也面临一些亟待破解的难题。

一 《俄罗斯社会经济超前发展区联邦法》的颁布

2014年12月29日，普京总统签署《俄罗斯社会经济超前发展区联邦法》，该法确立了在俄罗斯远东地区设立超前社会经济发展区的法律机制以及国家扶持措施，涉及简化投资程序和税收优惠等。远东地区最初所确定的14个超前发展区是从400多个推荐地区中挑选的，这14个社会经济超前发展区包括：堪察加边疆区的"堪察加"发展区（港口工业），萨哈共和国（雅库特）的"玄武岩—新技术"发展区（玄武岩纤维、玄武岩混合材料）和"北方世界"发展区（珠宝钻石生产），滨海边疆区的"纳捷日金斯卡亚"发展区（运输物流、食品、建材）、"俄罗斯岛"发展区（科研、创新、教育、旅游、休闲）、"扎鲁比诺"发展区（工业物流及相关工业服务）、"东方石化公司"发展区（石化工业及相关服务）、"米哈伊洛夫"发展区（农工产业），哈巴罗夫斯克边疆区的"拉基特诺耶"发展区（农业、加工）、"瓦尼诺—苏维埃港"发展区（港口工业、物流）、"阿穆尔共青城"发展区（造船、航空制造），阿穆尔州的"叶卡捷林诺斯拉夫卡"发展区（农工产业）、"别罗戈尔斯克"发展区（农工产业），犹太自治州的"斯米多维奇斯克"发展区（农工产业）。总的来说，滨海边疆区5个，哈巴罗夫斯克边疆区3个，阿穆尔州2个，萨哈共和国（雅库特）2个，犹太自治州1个,堪察加边疆区1个。① 根据《俄罗斯社会经济超前发展区联邦法》的规定,该法实施的前三年只能在远东地区设立超前发展区,对所有实践活动模式、法案实施机制、执法实践工作进行检验。两年至三年以后,再作出将其扩展到俄罗斯全境的决定,这意味着远东开发对全俄具有试验和引领的作用。新任远东发展部长亚历山大·加卢什卡认为,远东超前社会经济发展区的布局不是面向俄内部市场,而是构建面向亚太地区国家的经济发展模式,而只有在远东联邦区的投资环境和经营条件优于亚太地区国家的时候,地区才能具有吸引力。

2015年2月,俄联邦政府专门委员会批准首批三个超前发展区,分别是位于哈巴罗夫斯克边疆区的"哈巴罗夫斯克"超前发展区、"共青城"超前发展区和位于滨海边疆区的"纳杰日金斯克"超前发展区。位于滨海边疆区的"纳捷日金斯卡亚"超前发展区面积约807公顷,主要进行物流和农业开发,拟吸引个人投资67.3亿卢布,该区将解决1630人就业问题。2015年10月下旬,"纳捷日金斯卡亚"超前发展区成立建筑装饰材料厂,也是超前发展区框架下的首个项目。该厂共投资3.5亿卢布,在达到设计能力后,企业每年向各级财政缴纳的税款预计超过4500万卢布。② 两个设在哈巴罗夫斯克边疆区的"哈巴罗夫斯克"超前发展区、"共青城"超前发展区重点推动外部资本设立新企业,其中,"哈巴罗夫斯克"超前发展区占地面积716公顷,拟吸引私人投资285.2亿卢布;同时,国家将拨款18亿卢布用于基础设施建设;该区未来可提供3000余个新就业岗位。"共青城"超前发展区占地面积327公顷,拟吸引私人投资152.3亿卢布;同时,国家拨款12亿卢布;该区未来可安排2700名远东居民就业。在未来几年,俄政府将加大三个超前发展区的基础设施财政支持,预计三个超前发展区吸引私人投资超过500亿卢布,为该地区创造约7000个就业岗位,同时给俄联邦预算带来超过336亿卢布的税收收入。

截至2017年6月,俄罗斯远东地区已经设立17个超前发展区,其

---

① 靳会新:《对〈俄罗斯社会经济超前发展区联邦法〉及相关法律的解读》,《俄罗斯学刊》2015年第6期。

② В Приморье Запущено Первое в Стране Предприятие в Рамках ТОР. http://pri-morsky.ru/news/common/96036/.

中已有17家企业启动运营，总投资300亿卢布，财政部门已拨款40亿卢布用于建设相关基础设施，计划2017年底前再启动44家新企业，涉及总投资1370亿卢布，同时在滨海边疆区增设"俄罗斯岛"超前发展区。[①] 远东超前发展区依托当地资源优势和经济社会发展潜力，着眼发展对外经济关系的需要，确定不同的发展方向，优先方向包括能源开发与加工、机器制造业、农产品加工业、鱼类加工业、建筑材料工业、高新技术产业、国际物流和旅游业等。

按照优先发展产业导向，考虑到各地投资需求、基础设施建设和发展潜力等因素，远东超前发展区大体可分为四种类型（见表20—4）。

表20—4　　　俄罗斯远东超前经济发展区概要

超前发展区名称	优先发展产业类型	当前预计创建就业岗位数（个）	所在联邦主体	建立时间
纳杰日金斯卡亚	生产加工出口为导向，涉及矿产原料加工、建材、木材加工及物流领域	5431	滨海边疆区	2015年
米哈伊洛夫斯基	农业和农产品深加工	3962	滨海边疆区	2015年
大卡缅	船舶制造	7633	滨海边疆区	2016年
石油化学	石化加工	4420	滨海边疆区	2017年
哈巴罗夫斯克	加工业、农业和物流	4645	哈巴罗夫斯克边疆区	2015年
共青城	航空配件、设备制造、金属加工和木材加工	4431	哈巴罗夫斯克边疆区	2015年
尼古拉耶夫斯克	渔业、船舶维修、物流	1272	哈巴罗夫斯克边疆区	2017年

---

① 《俄远东发展部长表示2017年远东地区将再增设2个跨越式发展区》，中国驻哈巴罗夫斯克总领馆经商室网站，http：//khabarovsk.mofcom.gov.cn/article/jmxw/201705/20170502571438.shtml。

续表

超前发展区名称	优先发展产业类型	当前预计创建就业岗位数（个）	所在联邦主体	建立时间
阿穆尔沿岸	工业、物流	1893	阿穆尔州	2015年
别洛戈尔斯克	农业、食品加工	711	阿穆尔州	2015年
自由城	工业	—	阿穆尔州	2017年
南雅库特	采矿业、物流	1562	萨哈共和国（雅库特）	2016年
坎加拉瑟	创新生产和地区服务为导向，制造业	1190	萨哈共和国（雅库特）	2015年
山间空气	旅游疗养	938	萨哈林州	2016年
南方	农业、畜牧业	834	萨哈林州	2016年
阿穆尔—兴安岭	林业加工、畜牧、农产品加工及物流等	1190	犹太自治州	2016年
堪察加	物流、旅游	3983	堪察加边疆区	2015年
白令科夫斯基	采矿业	1157	楚科奇自治区	2015年

资料来源：https：//minvr.ru/.

第一种类型是以农牧业及农产品深加工业为导向，如滨海边疆区的"米哈伊洛夫斯基"、阿穆尔州的"别洛戈尔斯克"、萨哈林州的"南方"均属于远东农产品生产基地，农牧业是当地主要支柱产业。截至2016年底，上述超前发展区已有11家入驻企业计划实施农业项目，预计总投资540亿卢布，涉及奶牛和畜牧养殖、农业种植、大豆加工、榨油等项目。

第二种类型是以工业集群为主，依靠自身技术储备及资源优势，面向国内外招商，发展制造业，如楚科奇自治区的"白令戈夫斯基"煤炭丰富，该超前发展区主要发展煤炭开发和相关基础设施；滨海边疆区"大卡缅"重点发展造船业，生产船舶出口导向和进口替代产品。"哈巴罗夫斯克""共青城"和"纳杰日金斯卡亚"等工业园区由于临近铁路、公路和机场，交通、电网、给水等基础设施较好，与其他类型超前发展区相比制造业入驻较多，"哈巴罗夫斯克"超前发展区累计入驻企业 14 家（2016 年底），其中 10 家是制造业企业，"坎加拉瑟"超前发展区入驻企业 10 家，其中 9 家是制造业企业。①

第三种类型是以服务业为主，如萨哈林州的"山间空气"、堪察加边疆区的"堪察加"利用其滑雪场、宾馆等设施发展旅游、休闲度假产业，由于"堪察加"超前发展区地处太平洋北部交通枢纽，具有海空交通运输发展潜力，物流业也是其主导产业。

第四种类型是以综合类为主，犹太自治州的超前发展区"阿穆尔—兴安岭"目前有"阿穆尔工业"公司、"物流"公司、"远东石墨"公司、"比罗比詹"钢结构加工等企业申请入区，拟在超前发展区开展包括大豆加工、木材加工、宾馆和会展综合体建设在内的综合生产业务；建立石墨矿石采选综合体（4 万吨/年）以及钢构加工厂（3 万吨/年）。

二　远东超前发展区的内涵与特点

在建立首批超前发展区过程中，最重要的是获得"不可或缺的成功经验"，远东发展部的主要目标不是建立独立的超前经济发展区，而是要在远东地区形成超前发展区经济辐射网。远东发展区的总体构想与特别经济区非常相似，超前发展区与特别经济区的主要区别在于超前发展区专门为具体的投资者创造条件，将指向使区内生产出具有竞争力的产品，换言之，对具体的超前发展区将采用具体的杠杆，是加快远东地区经济社会发展的举措和必要的战略选择，主要内涵如下：

（一）加快远东经济开发，实现全俄均衡发展

计划经济时期，远东地区主要依靠国家财政的扶持发展，虽然经济转轨后俄联邦中央的财政投入和政策优惠程度不断加大，但由于国家财政整体扶持和政策倾斜不够，加之交通基础设施落后严重等原因，远东地区经济社会发展水平与俄欧部分相比仍存在明显差距。2012 年远东地区生产总值仅占国内生产总值的 5%，丰富的自然资源并没有成为经济增长的优势。超前经济发展区旨在培育多个经济增长点，利用优惠政策吸引资金填补国家财政投入不足，加快基础设施建设。

---

① 封安全：《俄远东超前发展区与自由港建设状况综述》，《西伯利亚研究》2017 年第 2 期。

（二）促进远东地区乃至俄罗斯与亚太地区一体化的进程

在区域经济一体化和世界经济全球化趋势加快的情况下，中国已经成为世界第二大经济体，日韩两国经济发展水平和资本积累不可小觑，科技创新能力不断提升，在亚太地区经济一体化中均发挥着较大作用。超前经济发展区依托资源优势和经济创新能够不断增强俄罗斯远东经济实力，提升其在亚太地区和全球经济中的地位和作用，应对各种竞争和挑战。

（三）借鉴中国的改革经验，拓展中俄两国经贸合作领域

俄罗斯远东发展部希望借鉴亚太地区国家运行良好的超前发展区经验，特别是借鉴中国的经验发展双边和多边经贸科技合作。俄罗斯在建立超前发展区上存在缺陷，重要的是没有这方面的发展战略和管理人才。中俄在能源领域的供需结构、产业发展环境等方面均形成了互补性极强的地缘经济环境。与俄远东超前发展区战略几乎同时，2013年，中国国家主席习近平提出"一带一路"倡议，可见，中俄两国发展战略有明显交集，既强调广泛的对外区域合作，又强调包括基础设施、贸易、资金、物流互通，为中俄利益的契合找到了多个支撑点，为构建全方位、多层次中俄战略合作关系带来历史性新机遇。

根据《俄罗斯社会经济超前发展区联邦法》，超前发展区的建设主要涉及建设超前发展区基础设施的资金保障，俄罗斯企业经营环境与管理、在超前发展区内实施自由关税区海关程序等方面。修建发展区基础设施最重要的是资金问题，为此《俄罗斯社会经济超前发展区联邦法》规定：修建超前发展区基础设施的资金保障来自联邦预算资金、联邦主体预算资金、地方预算资金和预算外资金；俄联邦可通过向管理公司注入注册资本，管理公司（由俄联邦全资控股）为基础设施修建融资；通过对投资者贷款修建基础设施提供贴息，最高可达再融资利率的100%。

俄罗斯企业经营环境一直为人诟病。此次对超前发展区内国家和市政监管特别作出规定。国家和地方对个别种类例行检查，应由国家和市政监管机构以联合检查的方式进行。例行检查的持续时间不超过15个工作日。对于同一家小型入驻企业，接受例行检查总时间不得超过40小时/年，微型企业不超过10小时/年。如进行检查的国家和市政监管

机构官员提出有必要进行复杂和（或）持久的专项调查和鉴定，可适当延长检查时间，但针对小企业的延长检查时间不超过10个工作日，针对微型企业则不超过10小时。

在税收方面，新建的超前发展区将享有更多的税收优惠。超前发展区的入驻者将无须缴纳增值税，进口生产所需的原料、材料、工程和服务等商品税。列入联邦预算的所得税为零，列入地方预算的所得税，在10个税收期内将为5%，此后增长率将不超过10%。此外还将免征财产税。在特别经济区，列入联邦预算的所得税税率为零，列入地方预算的所得税税率为13.5%，免征财产税，免征土地税，各地区可自行设定交通税。此外，远东发展部还坚持为超前发展区的入驻者设定7.6%的保险费率。但在三年后，联邦政府将视情况可能改变这一决定。

三 远东超前发展区与国际合作

俄远东地区为了加强国际合作，吸引外资企业，专门成立远东发展集团，为超前发展区企业进行基础设施建设，并针对其履行"一站式窗口"服务职能。远东发展基金也积极运营为项目提供融资，基金提供年利率5%的卢布贷款，条件比银行优惠很多。此外还成立了吸引投资署，目的是为合作伙伴提供合作信息，并在项目落实过程中提供全方位服务。这些措施使外国投资者的兴趣发生了质变，俄罗斯的投资者也表现出了极大的兴趣。2014年，仅哈巴罗夫斯克边疆区政府代表在国内外与外国代表进行的会晤就达130余次，其中与日本代表会晤45次、与中国32次、与韩国25次、与朝鲜8次。此外，还与白俄罗斯、德国、马来西亚、美国、英国、立陶宛、蒙古、以色列、丹麦和欧盟的代表进行了会晤。通过上述活动，签订了多项合作意向书和合作协议草案，其中大部分都与建设超前发展区有直接关系。[①] 截至2017年上半年，远东地区的17个超前发展区已累计批准136家企业入驻，项目协议金额近4863亿卢布，将提供26467个就业岗位，"纳杰日金斯卡亚""堪察加""哈巴罗夫斯克"等超前发展区规划已产生良好的社会效应，入驻企业准入数量较多；受理入驻企业申请293家，项目涉及金额近

---

① 赵欣然：《俄罗斯远东超前发展区探析》，《西伯利亚研究》2015年第6期。

14887亿卢布，预计提供45252个就业岗位（见表20—4、表20—5）。中方正在远东超前发展区实施20多个项目，总投资额约1800亿卢布（约合200亿元人民币），占超前发展区投资总额的15%，项目涉及领域很宽，包括建立养殖场和建筑材料企业（"坎加拉瑟""哈巴罗夫斯克"），炼油厂、食品加工（"米哈伊洛夫斯基"），此外还涉及边境基础设施建设项目（"阿穆尔沿岸"），超前发展区已成为中俄产业合作的有效途径。

表20—5　　俄罗斯远东超前发展区入驻企业情况

超前发展区名称	已签约企业数量（家）	正在签署入驻协议的企业数（家）	申请入驻的企业数量（家）	预计投资总额（亿卢布）
纳杰日金斯卡亚	19	14	14	450.35
米哈伊洛夫斯基	7	1	8	650.60
大卡缅	10	6	3	1278.73
石油化学	—	—	1	7965.00
哈巴罗夫斯克	19	5	22	469.46
共青城	14	4	9	911.94
尼古拉耶夫斯克	—	—	8	38.45
阿穆尔沿岸	4	1	—	1365.61
别洛戈尔斯克	3	—	1	21.96
南雅库特	2	—	—	284.16
坎加拉瑟	10	5	8	52.76
山间空气	7	—	4	163.20
南方	3	—	4	177.58
阿穆尔—兴安岭	4	—	—	159.31
堪察加	22	7	21	268.06
白令科夫斯基	14	4	5	178.87
自由城	—	—	—	—

资料来源：https://minvr.ru/.

俄罗斯加快建设远东超前发展区给中俄双方带来重要的合作新机遇，主要缘于双方发展战略在目标上交集、在需求上互补。强化与亚太地区国家合作，促进远东发展。发展远东，俄最看重的合作伙伴是中国。俄中两国经贸合作水平显著超越与其他东北亚国家。中国"一带一路"倡议提出后，俄中双方在交通运输基础设施建设的合作更是突飞猛进，基建项目合作为两国利用地理优势促进双方社会经济发展奠定了基础。截至 2015 年，中国投资占远东超前发展区申请投资总额的 40%。与此同时，中国企业积极参与超前发展区的管理工作，这也部分弥补了俄远东地区在管理人员上不足的缺陷，中国天狼星集团计划成为阿穆尔州超前发展区的管理公司。俄远东地区与中国在阿穆尔超前发展区框架下成功合作的典范是在阿穆尔州的石油加工厂俄中联合项目。预估投资总额为 19.6 亿美元，其产品将供应俄罗斯国内市场，并出口中国、日本和东南亚国家。丝绸之路经济带也将影响到阿穆尔州已实施多项大型项目，包括与超前发展区相关项目、交通、能源项目以及基础设施建设在这里相当重要。阿穆尔炼油厂项目具有跨国性质，能够在许多方面为丝绸之路项目提供服务。它被列入中国丝绸之路经济带规划主要项目的名单之中，以及阿穆尔沿岸超前发展区常驻名单之中，该厂 20%的产品将在俄罗斯销售，首先是面向阿穆尔州。而工厂的其他产品还包括百万吨柴油、55000 吨欧五标准汽油、130 吨液化天然气、15 万吨用于生产焊条的石油焦炭，这些产品的 85%销往中国。

在交通基础设施项目上，正在启动的俄罗斯贝阿铁路和西伯利亚大铁路的现代化改造，开发北极和东西伯利亚新油气田，建设东线天然气管道和东西伯利亚—太平洋石油运输管道，兴建远东石油天然气产业集群，建设阿穆尔州别洛戈尔斯克庞大的天然气加工产业等，不仅可以获得亚投行的资金支持，也给中资企业全面参与提供了机遇。

在农业方面，中国的农业开发技术和人力资源都是俄远东超前发展区所急需的，中国每年从国外进口大量粮食、牛羊肉、蔬菜，随着俄远东土地大规模开发和农业发展，中国可获得俄农产品的稳定供应，实现真正意义上的互利双赢。现今中国企业已着手租赁俄远东地区的土地开展农业项目经营，俄远东地区为中俄之间的大项目合作开启绿灯，包括土地出租和经营,并准备给投资商提供最大限度的优惠条件。① 加强与中国合作的同时,俄也积极借助上合组织、亚信会议、亚太经合组织峰会等多边平台,着力推出"远东超前经济发展区"这张新名片,依托远东地区加速融入亚太经济一体化进程,为经济增长寻求新的突破口。

四 新时期远东开发开放及其展望

21世纪初,尽管受世界经济与政治影响,俄国内经济有所波动,但发展远东地区依然是俄罗斯的优先战略之一,根据自身经济以及对外战略布局需要,俄罗斯出台了一系列新的远东开发措施。这其中包括,为强化"亚太国家形象",促进俄罗斯亚太一体化进程,确保俄远东现代化和创新发展,俄罗斯将承办的2012年亚太经济合作组织(APEC)领导人非正式会议定在远东的符拉迪沃斯托克举行。除此之外,俄罗斯政府为推进远东开发战略,期待远东能够成为俄经济增长的撬动点,2014年2月29日,普京签署《俄罗斯社会经济超前发展区联邦法》,该法确立了在俄罗斯远东地区设立超前发展区的法律机制以及国家扶持措施;俄罗斯打造的又一旨在推动对外经贸合作的国际交流平台"东方经济论坛"也在2015年召开,此后每年举行一次;2017年11月1日,中国国家主席习近平会见俄罗斯总理梅德韦杰夫时,双方正式提出做好"一带一路"建设同欧亚经济联盟对接,努力推动滨海国际运输走廊等项目落地,共同开展北极航道开发和利用合作,打造"冰上丝绸之路"。"冰上丝绸之路"概念的提出是中俄全方位合作的又一重要内容。

2012年APEC第二十次领导人非正式会议是在世界经济复苏乏力、亚太地区保持增长势头的背景下召开的。俄罗斯作为此次APEC峰会主席国,将峰会定在经济相对落后的远东地区举行,其用意十分明显,即希望借APEC峰会之机进一步推动已实施多年的远东发展战略,促进远东地区社会经济得到更快发展,使远东地区成为其经济发展的新通道和新支点。尽管此次APEC峰会正式议程仅为两天,但俄罗斯为此次峰会却筹备了长达四年之久,自2007年开始,俄罗斯中

---

① 关雪凌、祝明侠:《俄远东超前发展区给中俄合作带来的机遇和挑战》,《西伯利亚研究》2016年第2期。

央和地方政府为符拉迪沃斯托克基础设施全面现代化升级改造投资约210亿美元，会址区新建和改建50多项工程，包括3座桥梁、1座全新现代化机场等。俄罗斯的巨额投入具有重要的象征意义，彰显俄罗斯对远东地区开发的重视程度，远东地区经济开发借助这次峰会得以进一步推介。

俄方通过APEC峰会意在促进重点领域合作，包括贸易投资自由化和区域经济一体化、加强粮食安全、建立可靠的供应链、加强创新增长合作四个方面重要内容。在贸易投资自由化和区域经济一体化合作领域，俄方提出制定自由贸易协定示范文件，应对保护主义以及其他隐形国际贸易保护壁垒，在APEC框架下建立解决国际贸易纠纷的机制，此外俄罗斯还提出关于投资高科技产业的建议；粮食安全议题同样是峰会的重点研讨议题，主要是通过农业投资和创新技术，保障国际粮食市场稳定运行，俄罗斯建议各经济体积极参与打击非法捕捞的国际公约和协议，俄中双方就此展开探讨并交换经验；俄方提出在重点领域建立可靠的运输供应链，涉及交通基础设施以及过境通关等领域。俄方希望利用其过境运输线路完善和发展跨欧亚货运路线，扩建铁路及港口包括利用北极航线潜力，部分替代经马六甲海峡和苏伊士运河的传统货运路线；峰会另一重要议题是创新合作，促进有关部门、科研机构、高校和企业的合作，俄方建议定期举行APEC科技对话会，探讨最新科研成果。

举办"东方经济论坛"是俄罗斯为加强同亚太国家政经联系，吸引投资加快远东开发新举措之一。依据俄罗斯总统弗拉基米尔·普京的命令，俄政府自2015年起每年在远东地区举办"东方经济论坛"。论坛面向俄罗斯和亚太地区国家的政府代表、大型投资人、企业代表和各领域的专家，俄方将通过论坛向各界代表推介俄罗斯远东投资热点，全面讨论投资可能性以及在远东这块资源丰富的地区将要实施的具体项目。首届"东方经济论坛"在2015年9月3—5日举行，这是西方国家采取对俄经济制裁后俄罗斯首次在其远东地区举办论坛，俄罗斯总统普京出席并会见了亚太地区国家企业家代表，鼓励和邀请外国投资者参与远东地区开发。论坛包括投资项目推介；如何构建透明投资环境；宏观区域投资环境研讨；亚太地区国家经济趋势、机遇与挑战以及企业家交流；为中国、日本、韩国等国的企业家举办单独国别专场；外交专场共六大专题板块。俄罗斯在论坛上推出200余项投资项目，总价值约5000亿卢布，论坛召开前外企公司递交参会申请近500份，远超俄罗斯预期。中国政府与企业对俄召开"远东经济论坛"同样给予高度重视，中国国务院副总理汪洋率团参与此次论坛并与普京总统举行会谈，参加论坛的中国代表团成员包括10名部长和4名省长。60多家中国大型公司出席首届"东方经济论坛"，这些公司2014年营业额超过2万亿美元，中俄双方就能源、农业、物流交通、基础设施建设等领域投资合作进行了深入交流。

第二届"东方经济论坛"2016年9月2日在符拉迪沃斯托克市远东联邦大学举行，论坛期间举行各类活动和专题会议超过100场，另有5场俄罗斯与其主要贸易伙伴的商务对话。论坛吸引了来自近30个国家和地区的代表参加，其中包括中国人大常委会副委员长陈昌智率领的中国代表团。论坛期间，中俄合作依然保持了此前的良好发展趋势，中俄双方在能源开发、农业投资以及金融领域等方面达成一系列合作意向或协议。值得一提的是，作为首届东方经济论坛中俄合作成果的延续，由俄中两国共同宣布设立的农工产业发展基金在本届东方论坛上收获成果，中国亚太粮食产业发展基金管理公司确定的大豆加工和水产养殖投资项目在本届东方论坛上正式签约。俄石油与中石化签署了东西伯利亚天然气加工与油气化工综合体建设项目的初步可行性研究协议；俄中双方共同成立的农业发展基金将向俄现代化养猪综合体、大豆小麦深加工等农业项目注资；由郑州银行、阜新银行、赣州银行等金融机构组成的中资银行团将在未来三年内向俄外经贸银行融资15亿美元。[①] 相较首届"东方经济论坛"，本届经济论坛得到日本及韩国的高度重视，日本代表团人数超过中国，成为论坛第一大外国代表团，时任日本首相安倍晋三、时任韩国总统朴槿惠均出席并发表演讲。值得注意的是，尽管日韩两国均派出高层商务代表参与论坛，但日韩两国与俄远东发展经贸合作具有较强的政治性，论坛期间两国对俄交流重心仍侧重于地缘政治，

---

① 俄东方经济论坛闭幕，中俄日韩各有收获，http：//news.21cn.com/hotnews/a/2016/0904/04/31504671.shtml.

日韩两国领导人在强调参与俄罗斯远东开发的同时，则借机反复强调自身核心诉求。在论坛期间，俄方更希望加强的是与日韩两国的经贸往来，提出了与日韩就天然气加工厂、远东港口基础设施、煤炭码头以及对俄银行贷款等方面进行合作的意愿。此外，普京提出建议，希望日本和韩国考虑与俄罗斯共同建立投资平台，为工业和高科技领域项目融资。[①] 2016 年第二届论坛举办期间各方代表共签署 216 项投资协议，项目总值超过 1.8 千亿卢布，共有 3500 人到访论坛，并且有 1100 名来自 56 个国家的媒体代表参加本届论坛。

第三届"东方经济论坛"于 2017 年 9 月 6 日在符拉迪沃斯托克市远东联邦大学举行。论坛的主要任务是旨在加强亚太地区商业联系，全面评估俄罗斯远东地区经济前景，提高远东地区竞争力和吸引力，并展示新利好条件吸引投资，并为亚太地区合作发展提供平台。来自 60 余个国家超过 6000 名代表参与本届论坛，中国连续 3 年派出政府代表团参加东方经济论坛，2017 年中国国务院副总理汪洋率领政府代表团出席第三届东方经济论坛，这是中俄两国建设性对话的延续。中国对俄远东地区经济发展中的机遇表现出极大兴趣，在此之前的 2017 年 6 月 15 日，中国在哈尔滨为俄罗斯"东方经济论坛"举办了专门推介会，作为第四届中国—俄罗斯博览会框架下的主要活动之一，推介会吸引了两国众多商界和学界人士，俄罗斯阿穆尔州、萨哈共和国（雅库特）、萨哈林州、堪察加边疆区以及滨海边疆区的政府代表分别介绍了本地区的投资优势、投资项目以及支持措施等方面的情况。

第三届论坛共签署 217 个协议，总金额为 4960 亿卢布，其中最大的是"远东发展集团"股份公司与"东方石油化学公司"股份公司之间签署的关于 Euro－5 燃料与其他石油化学产品生产投资项目协议，投资总额为 6300 亿卢布；远东发展部与"纳霍德卡"矿物肥料厂之间所签署的关于建设纳霍德卡矿物肥料厂的协议，投资总额 3877 亿卢布。论坛期间，俄罗斯与中方企业签署的协议总额达 55 亿美元，这是外国伙伴在俄的最大投资额。东方经济论坛组委会主席、俄罗斯副总理兼总

---

① 俄东方经济论坛闭幕，中俄日韩各有收获，http://news.21cn.com/hotnews/a/2016/0904/04/31504671.shtml.

统驻远东联邦区全权代表尤里·特鲁特涅夫强调,此届论坛"与前两届'东方经济论坛'不同。在 2015 年的首届论坛上,俄罗斯政府谈及想要创建的内容,咨询投资者并听取专家意见。在 2016 年的第二届论坛上,我们已经谈到了创建的机制如何开始运作,并且听取了来自各界同行的建议,收到实施某些投资项目时出现的问题反馈,而现在我们已经可以将这些成果推介给投资者"。

  本届论坛商务议程主要由 4 个主题组成。第一个主题是"俄罗斯东部经济政策及未来趋势"。该主题下将讨论远东新发展机制的前景,如设立超前发展区和符拉迪沃斯托克自由港,支持大型投资计划以及落实"远东一公顷"项目。第二个主题是"远东投资",讨论该远东地区在石油和天然气、矿业、旅游、农业、鱼类加工、运输和物流等领域的投资潜力。第三个主题是"我们是邻居:合作共赢",主要讨论俄罗斯经济如何融入亚太地区,以及在能源、交通、矿业、金融和新科技领域落实合作项目。第四个主题是"迎接挑战的远东:新生活品质",讨论该地区人口政策、地区和城市系统发展以及如何创建新的工作岗位。此外,论坛期间将举行 5 场国家间商业对话,分别是俄罗斯与中国对话、俄罗斯与印度对话、俄罗斯与韩国对话、俄罗斯与日本对话、俄罗斯与东盟国家对话。第三届东方经济论坛还举行了俄罗斯—东盟教育论坛、第六届 APEC 国际教育大会、世界青年联欢节会议、瓦尔代国际辩论俱乐部会议、投资项目推介、远东新企业成立揭牌仪式,首次设立教育和青年日,在此框架内为年轻企业家举行一系列研讨会。[①] 在此次论坛期间,除了经济问题,各国领导人还通过论坛就迫切的国际问题交换了意见,其中朝鲜半岛问题是最大热点。各国领导人对此都颇为关注,但意见却并不一致。俄罗斯建议,应逐步吸引朝鲜参与地区的合作,有经朝鲜连接西伯利亚大铁路和韩国铁路的合作项目、管道运输与朝鲜港口开发项目等。第四届东方经济论坛于 2018 年 9 月 11—13 日在符拉迪沃斯托克举行,截至 2018 年 6 月底,已经有英国、德国、印度、加拿大、塞浦路斯、中国、荷兰、挪威、阿联酋、泽西岛、韩国、新加坡、美国、乌克兰、法国、瑞士和日本等 17 个国家与地区的代表确认参加。

[①] 2017 东方经济论坛商务议程,http://sputniknews.cn/russia/201708081023312883/.

第四届东方经济论坛取得丰硕成果，有6002名代表和1357名媒体代表参加了本届经济论坛，在来自58个国家及地区的外国代表团中，中国代表团人数最具代表性（1096人），其次是日本（570人），韩国（335人）居第三位，有340家外国公司负责人和383俄罗斯企业代表参加了本届论坛。在2018年9月13日举行的论坛签约仪式上，共签署了175项协议，合同价值达2.9万亿卢布。

随着全球变暖导致的北极冰层融化，以及新型运输船只的出现，穿越北极连接北美、东亚和西欧三大经济中心的北方航道有可能成为高效运输大通道，与经马六甲海峡和苏伊士运河的传统航线相比，北方航道能够将运输缩短至少20天，节约25%左右的运输成本，可以说这条航道对于俄罗斯远东地区开发有着巨大的潜力。为此俄罗斯已专门建立单独机构，服务于北方海上航道以及远东相关支柱地区的全面发展，包括基础设施建设、水道测量、航道安全、管理以及所有配套服务。俄罗斯政府计划2025年前提供1600亿卢布（约合27.5亿美元）资金用于开发北极大陆架区域以及发展周边地区经济。俄罗斯将和中国共同勘探极地石油以及进行基础设施建设。中国具有在冻土地带建设高速铁路以及其他独有的建设技术，中国的参与将为俄罗斯实现北极地区开发计划注入动力。值得关注的是，在"一带一路"建设与欧亚经济联盟对接基础上，俄罗斯已经向中方发出邀请，共同开发利用北极航线，建设"冰上丝绸之路"，包括投资建设连接北极航道主要港口和西伯利亚大铁路的重要干线。实际上2015年，中俄总理第二十次会晤联合公报中，"冰上丝绸之路"的雏形就已经出现，当时的表述是"加强北方航道开发利用合作，开展北极航运研究"；2017年5月在北京召开的"一带一路"国际合作高峰论坛，这一概念得以更加明晰，俄罗斯总统普京指出，在欧亚经济联盟和"一带一路"倡议建设的框架内提出的基础设施建设项目，通过与北方航道的结合，可以为欧亚地区打造一个新的交通格局，而这也将成为区域开发和提高经济发展与投资活力的一把钥匙[1]；2017年7月4日，

---

[1] 俄罗斯驻华大使：欢迎中方积极参与北方航道的开发和利用，人民网，http://world.people.com.cn/n1/2017/0705/c1002-29383470.html.

习近平主席在莫斯科会见俄罗斯总理梅德韦杰夫时,双方正式提出概念:要开展北极航道合作,共同打造冰上丝绸之路。与之相呼应的是,中方发布《"一带一路"建设海上合作设想》,首次将"北冰洋—欧洲"蓝色经济通道纳入"海上丝绸之路"。自2017年5月中俄外长会晤期间提出共建"冰上丝绸之路"以来,不到半年时间内,中俄两国完成了政策沟通,并于2017年12月完成了首个合作项目——亚马尔液化天然气项目,两国在北极地区的高效率合作也为实现"两国两港"之间的互联互通提供可能。而共建支点港口也将为中俄两国参与北极公共水域治理提供合作经验。北极航线未来的前景良好,拥有巨大的商机。支点港口构想的提出,意在完善基础设施建设,因为商机与基础设施是相辅相成的关系,完善基础设施的建设,才能使北极航线的商业价值进一步体现。

可以说,中俄联手开辟"冰上丝绸之路"是"一带一路"建设与欧亚经济联盟对接框架下的又一重要成果,对双方政治、经济合作均具有重要意义。北极航线如能长期通航,中国巨大的货运量及对能源的需求,将成为中俄务实合作的新亮点,也将进一步扩大与该沿线地区间的文化、经贸、旅游等方面合作。2017年,中俄积极推进打造"冰上丝绸之路",中国商务部和俄罗斯经济发展部牵头建立工作机制,统筹推进北极地区资源的开发、基础设施的建设,以及科考等全方位合作。中俄就打造"冰上丝绸之路"达成新共识,包括中远海运集团已完成北极航道的多次试航;两国交通部门商谈中俄极地水域海事合作谅解备忘录,完善北极开发合作的政策和法律基础;两国企业积极开展北极地区的油气勘探开发合作,商谈北极航道沿线的交通基础设施建设项目。[①] 上述合作为中俄打造"冰上丝绸之路"奠定了坚实的基础。

目前,新一轮的远东大开发方兴未艾,远东地区自然资源丰富,依托西伯利亚大铁路的"中蒙俄经济走廊"将"一带一路"与欧亚经济联盟对接,正在对区域经济发展和欧亚经济联通产生极大影响。俄联邦

---

① 中俄北极开发合作取得积极进展,http://news.ifeng.com/a/20171109/53115847_0.shtml.

政府将外贝加尔地区和布里亚特自治共和国并入远东联邦区,这一历史性的区域版图变化,将进一步加强远东国际运输和能源项目的协调能力,加快远东经济社会的整体发展。今天的俄罗斯远东正在进入一个快速发展的新时期。

主要参考文献

一 中文文献

程亦军：《俄罗斯人口安全与社会发展》，经济管理出版社2007年版。

郭力：《俄罗斯东北亚战略》，社会科学文献出版社2006年版。

郭连成：《俄罗斯东部开发新战略与东北亚经济合作研究》，人民出版社2014年版。

姜振军：《俄罗斯东部地区经济发展研究》，社会科学文献出版社2016年版。

薛君度、陆南泉：《俄罗斯的西伯利亚与远东》，世界知识出版社2002年版。

B.B.库列绍夫：《21世纪初的西伯利亚》，马友君等译，黑龙江人民出版社2012年版。

李英男、戴桂菊：《俄罗斯地理》，外语教学与研究出版社2005年版。

马友君：《俄罗斯远东地区开发研究》，黑龙江人民出版社2011年版。

П.А.米纳基尔：《俄罗斯远东经济概览》，中国对外经济贸易出版社1995年版。

王胜今、尹豪：《东北亚区域人口与发展》，吉林大学出版社2001年版。

徐景学：《西伯利亚史》，黑龙江教育出版社1991年版。

许华：《俄罗斯软实力研究》，中国社会科学出版社2017年版。

殷剑平主编：《俄罗斯远东经济》，黑龙江教育出版社2003年版。

于潇：《东北亚区域劳务合作研究》，吉林人民出版社2006年版。

张恒轩、王钢：《苏联远东经贸区》，哈尔滨工业大学出版社1989

年版。

张寰海等：《西伯利亚开发战略》，黑龙江人民出版社1993年版。

赵传君：《创建中俄自由贸易区问题探索》，社会科学文献出版社2010年版。

赵海燕：《俄罗斯东部交通运输》，黑龙江教育出版社2003年版。

赵立枝：《俄罗斯东部经济社会发展概要》，黑龙江教育出版社2001年版。

二　外文文献

Демографический ежегодник России. 2002 – 2017. ФСГС. 2017

Регионы России. Социально – экономические показатели. 2004 г.

Е. Л. Мотрич. Дальневосточный регион в демографическом пространстве России：пореформенный тренд // Пространственная экономика，2009.

Сельское хозяйство. охота и лесоводство в России. Росстат. М．，2010.

Регионы России：социально – экономические показатели 2015. Статистический сборник，М．，2013.

П. А. Минакир, Российский Дальний восток на пути в будущее. Хабаровск. 2017.

П. А. Минакир. Российский Дальный Восток на путь в будущее. Хабаровск：ИЭИ ДВО РАН，2017.

《Транспортная стратегия Российской Федерации на период до 2020 года》，Министерство транспорта Российской Федерации，М．，2005 г.

《Транспортная стратегия Российской Федерации на период до 2030 года》，Министерство транспорта Российской Федерации，М．，сентябрь 2008 года。

В. В. Зелецов. Экономическая история морского транспорта Дальнего Востока России（вторая половина XX века）. Владивосток，2000.

В. Г. Дьяченко，В. Б. Пригорнев，Л. В. Солохина. Здравоохранение Дальнего Востока России в условиях рыночных реформ Хабаровск：

ГБОУ ВПО ДВГМУ, 2013.

《Стратегия развития железнодорожного транспорта в Российской Федерации до 2030 года》, Утверждена распоряжением Правительства Российской Федерации от 17 июня 2008 г.

Олег Кульгин. Восточный вектор магистрали //Дальневосточный капитал, 2017. № 12.

С. Н. Киселев. Демографические аспекты старения населения дальневосточного федерального округа // Дальневосточный медицинский журнал, 2017.

Регионы России: Социально‐экономические показатели‐2016. Статистический сборник. М., 2016.

И. О. Загорский, П. П. Володьки, А. С. Рыжова. Транспортная инфраструктура. Хабаровск: Изд‐во Тихоокеан. гос. ун‐та, 2015.

Д. С. Вишневский, А. Н. Демьяненко. Макроэкономическое зонирование как метод регионального стратегического анализа: Дальний Восток России // Пространственная экономика, 2010.

В. И. Ишаев. Стратегия социально‐экономического развития Дальнего Востока и Забайкалья. // Третий Дальневосточный международный экономический форум // Издательство Тихоокеанского государственного университета. Хабаровск, 2008.

Преступность и правопорядок в России. Статистический аспек 2003. Статистический сборник, М., 2003.

Экономическая активность населения России. М., Росстат. 2002‐2010.

В. А. Конталев, А. А. Луговец. Развитие морского транспорта России. Владивосток: ДВГМА, 2000.

俄汉地名对照表

A

Абусацкая　阿布萨茨卡亚

Авачинская губа　阿瓦恰湾

Азия　亚洲

Азербайджан　阿塞拜疆

Алдан　阿尔丹

Алессандровск　亚历山德罗夫斯克

Алеутские острова　阿留申群岛

Альге остров　阿尔赫岛

Аляска　阿拉斯加

Амга　阿姆加

Америка　美洲

Амрия Остров　阿姆利亚岛

Амур　阿穆尔

Анадырь　阿纳德尔

Анадырск　阿纳德尔斯克

Андреяновские острова　安德烈扬群岛

Арбазин крепостца　阿尔巴津堡

Армян　亚美尼亚

Арсеньев　阿尔谢尼耶夫

Архала　阿尔哈拉

Астраханское ханство　阿斯特拉罕汗国

Ачинск　阿钦斯克

Аян　阿扬

Б

Баланганск　巴拉甘斯克

Баргуджин　巴尔古津

Белогорск　别洛戈尔斯克

Берингов пролив　白令海峡

Беркакит　别尔卡基特

Биробиджан　比罗比詹

Благовещенск　布拉戈维申斯克

Блацк　布拉茨克

Богроцкое　博戈罗茨科耶

Болли　伯力

Болотное озеро　博格尼湖

Бухта Кнейско　克奈斯科湾

Бухта ольга　奥莉加湾

Бухта чугач　丘加奇湾

В

Вай Синьаньлин　外兴安岭

Великий Лекки　大列茨基

Верхнеангарск　上安加尔斯克

Верхнеколымский　上科雷姆斯克

Верхнеудинск　上乌丁斯克

Верхняя Коремаск Порт　上科雷马斯克港

Верхний Индиго Порт　上印迪吉尔卡港

Верхний Янск　上扬斯克

Верхоленск　维尔霍连斯克

Верхотурье　维尔霍图里耶

Верхоянск　维尔霍扬斯克

Владивосток　符拉迪沃斯托克（海参崴）

Волочаевка　沃洛恰耶夫卡

Ворошиловск 伏罗希洛夫斯克

Восточная Сибирь 东西伯利亚

Высокогорная 维索科戈尔纳亚

Вязэмская 维亚泽姆斯卡亚

Г

Гавайские острова 夏威夷群岛

Гари 加里

Генимур 根忒木尔

Глухариный 格卢哈里内

Гора Сихотэ 锡霍特山

Город Ушито 乌斯奇图镇

Город Кумара 库玛拉镇

Гродеково 格罗杰科沃

Грузия 格鲁吉亚

Грузовой 格鲁佐沃伊

Группа 胪滨

Д

Да гама 达·伽马

Дальний Восток 远东

Дальневосточный федеральный округ 远东联邦区

Де–Кастри зал. 德卡斯特里湾

Деревня Ситка 锡特卡村

Деревня Якутат 亚库塔特村

Деревянко 杰列维扬科

Договор о диффамации 《瑷珲条约》

Долинск 多林斯克

Доронинск 多罗宁斯克

Дучерский 杜切尔斯基

Дарецкий 大列茨基港

Е

Еврейская автономная область 犹太自治州

Евразийский континентальный мост　欧亚大陆桥

Европа　欧洲

Енисейск　叶尼塞斯克

Ж

Желтая река　黄河

З

Забайкальский　外贝加尔

Забайкальский край　外贝加尔边疆区

Залив Геомет　吉奥米特湾

Залив Кварнер　克默尔湾

Залив Петра Великого　彼得大帝湾

Залива Хаджи　哈吉湾

Заяци　扎亚齐

Зеленемес Порт　泽列内梅斯港

Золотая Орда　金帐汗国

Зоналиное　佐纳利诺耶

И

Иванокит　伊万诺基特

Игнатиево　伊格纳季耶沃

Известквая　伊兹韦斯特科瓦亚

Илимск　伊利姆斯克

Ильи Святого о.　圣伊莱亚斯岛

Иман　伊曼

Имба　伊姆巴

Императорская гавань　皇帝港

Иркутск　伊尔库茨克

Иркутская область　伊尔库茨克州

К

Кабанский форт　卡班斯克堡

Кавказ　高加索

Кадьяк остров　科迪亚克岛

Кадыкча́н　卡德克恰恩

Казанское ханство　喀山汗国

Камча́тская область　堪察加州

Камчатский край　堪察加边疆区

Камчатский полуостров　堪察加半岛

Камчатское море　堪察加海

Канск　坎斯克

Карасук　卡拉苏克

Каяк остров　卡亚克岛

Кенайский залив　基奈海峡

Кипарисовик　基帕里索夫斯克

Киренск　基廉斯克

Китай　中国

Кневичи　克涅维奇

Ковыкин　科维克金

Когурё　高句丽

Комсомольский,　共青城

Комсомольск на Амуре　共青城

Командорские острова　科曼多尔群岛

Корейский полуостров　朝鲜半岛

Корея　韩国

Корса́ков　科尔萨科夫

Корсаковский порт　科萨科夫港

Корякский национальный автономный округ　科里亚克民族自治区

Кох　科赫

Красноярск　克拉斯诺亚尔斯克

Красноярский край　克拉斯诺亚尔斯克边疆区

Кречев вулкан　克留切夫火山

Кроуновская культура　克罗乌诺夫卡文化

Кругликово　克鲁格利科沃

Куанда　库安达

Кузнецк　库兹涅茨克

Кулон　库伦

Курильск　库里尔斯克

Кыргызия　吉尔吉斯

Кыргызстан　吉尔吉斯斯坦

Кяхта（Кяхтинский район）　恰克图

Л

Лагар　拉加尔

Лачи́нск　拉琴斯克

Лена　列纳

Ленск　连斯克

Лисьи острова　利斯伊群岛

Лугекань　卢戈坎

Ляховский острова　利亚霍夫群岛

М

Магаданская область　马加丹州

Марин Харбор　马林港

Мастови　马斯托维

Медве́жий　梅德韦日

Мельник　米勒尔

Могзон　莫格宗

Мома　莫马

Монголия　蒙古

Москвкин　莫斯克维金

Мунук　姆努克

Моховый　莫霍维

Мыс дежнева　杰日涅夫角

Мэйджино　梅吉诺

Н

Накаев порт　纳卡耶夫港

Налун　纳伦

Нанкурирск（Мэнтелево）　南库里尔斯克（门捷列沃）

Нарем　纳雷姆

Невельск　涅韦尔斯克

Невер　涅韦尔

Непа　涅帕

Нерча　尼布楚

Нерчинск　涅尔琴斯克

Нерюнгри　涅柳恩格里

Нижнеколымский　下科雷姆斯克

Нижний Коремск　下科雷姆斯克

Нижнее ленинское　下列宁斯阔耶

Нижнеянск　尼日涅扬斯克

Нижний Бестях　下别斯佳赫

Нижний Новгород　下诺夫哥罗德

Николаевск（Храмовая улица）　尼古拉耶夫斯克（庙街）

Николаевский порт　尼古拉耶夫斯克港

Никольск　尼科利斯克

Ново－Архангельск　新阿尔汉格尔斯克

Новая Тюгуевка　新丘古耶夫卡

Новая Чара　新恰拉

Новый Киев　新基辅

Новая стройка　新斯特罗伊卡

Новый уауян　新乌奥扬

Новый ургал　新乌尔加尔

Номонхан　诺门罕

Ноглики　诺格利基

Ныш　内什

O

Облучье　奥布卢奇耶

Область Енисейск　叶尼塞斯克省

Одесса　敖德萨
Озеро Билтен（озеро Цзинбо）　毕尔滕湖（镜泊湖）
Озеро Кеджи　克季湖
Озеро Киджи　基济湖
Озеро Оери　奥列利湖
Озеро Синкай　兴凯湖
Озеро Чилия　奇利亚湖
Оймякон　奥伊米亚康
Осиповка　奥西莫夫卡（奥西波夫卡）
Остров Агато　阿加图岛
Остров Адак　埃达克岛
Остров Атка　阿特卡岛
Остров Афгунак　阿福格纳克岛
Остров Ату　阿图岛
Остров Итуруп　择捉岛
Остров Леонтьева　列昂季耶夫岛
Остров Медвежий　熊岛群岛
Остров Медный　铜岛
Остров Пушкарёва　普什卡廖夫岛
Остров Рыйсова　雷索夫岛
Остров Сахалин　萨哈林岛
Остров Святой Матвей　圣·马特维岛
Остров Седан　色丹岛
Остров Тигара　季加拉赫岛
Остров Умнак　乌姆纳克岛
Остров Унимак　乌尼马克岛
Остров Фигуна　菲古勒内岛
Остров четтина　切特希纳岛
Охотск　鄂霍次克
Охотское море　鄂霍次克海
Ошеровский Порт　奥谢特罗沃港

Овинны　奥温内

Одёлны　奥焦尔内

Озеро Байкал　贝加尔湖

Окруж　奥克鲁日

Олёкминск　奥廖克明斯克

Ольск　奥利斯克

Остров Кадьяк　科迪亚克岛

Остров Путятина　普提雅廷岛

Оха　奥哈

Охотское Море　鄂霍次克海

П

Павловская бухта　巴甫洛夫斯克湾

Парамушир. о.　幌筵岛

Петропавловск　彼得罗巴甫洛夫斯克

Петропавловская бухта　彼得罗巴甫洛夫斯克湾

Цзяинь　嘉荫

Пограничный　波格拉尼奇内

Подусичка руины　小波杜舍奇卡遗址

Полуостров Аляска　阿拉斯加半岛

Полуостров Сьюард　苏厄德半岛

Полуостров Ямал　亚马尔半岛

Поронайск　波罗奈斯克

Порт Анбарчик　安巴尔奇克港

Порт Белаягора　别拉亚戈拉港

Порт Ванино　瓦尼诺港

Порт Джиея　结雅港

Порт Дунфан　东方港

Порт Зарубино　扎鲁比诺港

Порт Киренск　基廉斯克港

Порт Ленск　连斯克港

Порт Луоджин　罗津港

Порт Магадан　马加丹港

Порт Накаево　纳卡耶沃港

Порт Находка　纳霍德卡港

Порт Орликминск　奥廖克明斯克港

Порт Покровка　波克罗夫卡港

Порт Посьет　波谢特港

Порт Пялково　波亚尔科沃港

Портсмут　朴茨茅斯

Порт Советский　苏维埃港

Порт Тикси　季克西港

Порт Ханданга　汉德加港

Порт Цзилианка　济良卡港

Порт Черский　切尔斯基港

Порт Якутск　雅库茨克港

Приаргонск　普里阿尔贡斯克

Прибеловские острова　普里贝洛沃群岛

Приволжский федеральный округ　伏尔加沿岸联邦区

Приморский край　滨海边疆区

Пролив Лаперуза　拉佩鲁兹海峡（宗谷海峡）

Р

Река Алдан　阿尔丹河

Река Альхара　阿尔哈拉河

Река Амга　阿姆加河

Река Амгон　阿姆贡河

Река Амур　阿穆尔河

Река Анадырь　阿纳德尔河

Река Аргунь　额尔吉纳河

Река Ачинск　阿钦斯克河

Река баляга　巴利亚加河

Река бахэй　巴海

Река Венда　温达河

Реки Бикин　比金河

Река Бирхан　比尔汉河

Река Бурея　布列亚河

Река Вилюй　维柳伊河

Река витим　维季姆河

Река Волга　伏尔加河

Река гурья　古里河

Река Горбичанка　格尔必齐河

Река домикан　多米坎河

Река Дон　顿河

Река Завета　扎维塔河

Река Зея　结雅河（精奇里江）

Река Индигирка　因迪吉尔卡河

Река Иртыш　额尔齐斯河

Река Кара　卡拉河

Река Киренга　基廉加河

Река Колыма　科雷马河

Река Куридур　库利杜尔河

Река Куэнка　库恩加河

Река лена　勒拿河

Река Мая　马亚河

Река Меркель　梅克尔特河

Река мутная　穆特纳亚河

Река Нэньцзян　嫩江

Река Обь　鄂毕河

Река Онон　斡难河

Река Орокема　奥廖克马河

Река потерянная　失里河

Река Селемджа　谢列姆贾河

Река Селенги　色楞格河

Река Серебрянка　谢列布良卡河

Река Сунхуа　松花江

Река Таймыр　泰梅尔河

Река Тавда　塔夫达河

Река Тагил　塔吉尔河

Река Тобола　托博尔河

Река Тула　图拉河

Река Тунгус　通古斯河

Река Тюмень　图们江

Река уссури　乌苏里江

Река удурчукан　乌杜尔丘坎河

Река урил　乌里尔河

Река Ханнан　汉南河

Река Хоргос　霍尔果斯河

Река Чирка　希尔卡河

Река Яна　亚纳河

Реповце　里波夫采

Республика Алтай　共和国阿尔泰

Республика Бурятия　布里亚特共和国

Республика Саха（Якутия）　萨哈（雅库特）共和国

Республика Таджикистан　塔吉克斯坦

Республика Тева　图瓦共和国

Республика Туркменистан　土库曼斯坦

Республика Узбекистан　乌兹别克斯坦

Республика Хакасия　哈卡斯共和国

Росс деревня　罗斯村

Россия　俄罗斯

Руденая залив　鲁德纳亚海湾

Рудная пристань　鲁德纳亚普里斯坦

С

Самалгская бухта　萨马尔加湾

Самарга　萨马尔加

Сахалинская область　萨哈林州
Свободном　斯沃博德内
Свободном Порт　斯沃博德内港
Северная корея　朝鲜
Северный Ледовитый океан　北冰洋
Северо-Восточная Азия　东北亚
Селенгинск　色楞金斯克
Селихин　谢利欣
Село Филипмошка　菲利莫什卡村
Северо-Западный федеральный округ　西北联邦区
Сергеевка　谢尔盖耶夫卡
Сибирский федеральный округ　西伯利亚联邦区
Сибирское ханство　西伯利亚汗国
Сибирцево　锡比尔采沃
Сковородино　斯科沃罗季诺
Смирных　斯米尔内赫
Советский Союз　苏联
Сокол　索科尔
Солдировочны　索尔季罗沃奇内
Сосновый　索斯诺维
Софиск　索菲斯克
Среднеколымский　中科雷姆斯克
Сукпай　苏克派
Сусуман　苏苏曼

T

Тайшет　泰舍特
Тасоуе　塔科耶
Татарский пролив　鞑靼海峡
Тгда　特格达
Тихий океан　太平洋
Тобольск　托博尔斯克

Томот 托莫特

Томск 托木斯克

Торки 托基

Тройское 特罗伊斯科耶

Тройскшавск 特罗伊茨科萨夫斯克

Тува 图瓦

Тукчи 图克奇

Тулун 图伦

Тулуханск 图鲁汉斯克

Тумнин 图姆宁

Тунгусский 通古斯

Тчна 奇纳

Тында 滕达

Тысяча островов 千岛群岛

У

Углегырск 乌格列戈尔斯克

Угловая 乌格洛瓦亚

Удская река（река Уды） 乌第河

Улунга Река 乌伦加河

Унылав остров 乌内拉斯卡岛

Уральский федеральный округ 乌拉尔联邦区

Урак 乌拉克

Уркалан 乌尔咖兰

Уссурийск 乌苏里斯克

Устиновка 乌斯季诺夫卡

Усть－илимск 乌斯季伊利姆斯克

Усть－нера 乌斯季涅拉

Усть－Орочи 乌斯季奥洛奇

Ушковская культура Камчатки 乌什科夫文化

Уцк 乌茨克

Ф

Февлариск　费夫拉利斯克

Фоладо　福拉多

Фризские острова　利斯伊群岛 弗里西亚群岛

Х

Хабаровск　哈巴罗夫斯克

Хабаровский край　哈巴罗夫斯克边疆区

Хани　哈尼

Ханты‐Мансийский автономный округ　汉特—曼西自治区

Хасан　哈桑

Херпучи　赫尔普奇

Хиагда　希阿格达

Химановск　希马诺夫斯克

Хоккайдо　北海道

Холмский порт　霍尔姆斯克港

Хомутово　霍穆托沃

Хребет　大兴安岭

Хурба　胡尔巴

Хэйлунцзян　黑龙江

Ц

Центральная Азия　中央亚细亚

Центральный федеральный округ　中央联邦区

Ч

Чаяндин　恰扬金

Чебоксары　切尔萨雷

Черемхово　切列姆霍沃

Чжоукоудянь　周口店

Чукотский полуостров　楚科奇半岛

Чукотский автономный округ　楚科奇自治区

Чириков　奇里科夫

Чирикова м.　奇里科夫角

Чита   赤塔

Чукотское море   楚科奇海

Чумикан   丘米坎

Чусовая   楚索瓦亚河

Ш

Шахечельск   沙赫乔尔斯克

Ши Вэй   室韦

Шилка   石勒喀河

Шимано́вская   舍曼诺夫斯卡亚

Щ

Э

Эгвекинот   埃格韦基诺特

Эдак остров   埃达克岛

Экимчан   埃基姆昌

Элига   埃利加

Элистинский   埃利金斯基

Ю

Южная сибирь   南西伯利亚

Южно－Сахалинск   南萨哈林斯克

Южный федеральный округ   南方联邦区

Юлитин   尤利廷

Я

Якутия   雅库特

Якутск   雅库茨克

Якутская Автономная Республика   雅库特自治共和国

Япония   日本

Японское море   日本海

Японские острова   日本群岛

俄汉人名对照表

А

Агапова Т. И.　阿加波娃
Аганбегян А. Г.　阿甘别格扬
Азатья А. А.　阿扎季娅
Акуричев В. А.　阿库里乔夫
Александр Н. О.　亚历山大二世
Александр А. А.　亚历山大三世
Алексеев А. В.　阿列克谢耶夫
Алексеев А. И.　阿列克谢耶夫
Алексеевский А. Н.　阿列克谢耶夫斯基
Альтемьев А. Р.　阿尔捷米耶夫
Амосов Н. М.　阿莫索夫
Андре Б. Д.　安德烈
Андреева Ж. В.　安德列耶娃
Андреевич В. К.　安德列维奇
Андропов Ю. В.　安德罗波夫
Аникиев В. В.　阿尼基耶夫
Аникин А. С.　阿尼金
Аносов Н. П.　阿诺索夫
Антипин И. М.　安季平
Антоннов О. К.　安东诺夫
Анциферов Д. Я.　安齐费罗夫

Араньев А. Р.　阿然耶夫
Аренков К. М.　阿连科夫
Арсеников В. К.　阿尔谢尼耶夫
Арсеньева В. К.　阿尔谢尼耶娃
Арсеньев В.　阿尔谢尼耶夫
Арсеньев В. К.　阿尔谢尼耶夫
Асалханов И. А.　阿萨尔哈诺夫

Б

Бабушкин И. В.　巴布什金
Бадмаев П. А.　巴德马耶夫
Байков Н. А.　巴伊科夫
Баланд Ф.　巴兰德
Баланов А. А.　巴拉诺夫
Баланов А. В.　巴拉诺夫
Баланский Н. Н.　巴兰斯基
Балидов Ф. И.　巴利道夫
Балховский Ю. А.　巴尔霍夫斯基
Баранков А. О.　巴兰尼科娃
Барановский П. Д.　巴拉诺夫斯基
Барсуков А. Н.　巴尔苏科夫
Баталов В. А.　巴塔洛夫
Бацаев И. Д.　巴扎耶夫
Бебелияев В. Н.　别别利亚耶夫
Беликова Л. И.　别利科娃
Бейм К. М.　贝姆
Белов М. И.　别洛夫
Белокопитов М. Г.　别洛科佩托夫
Бендегев Б. П.　别恩杰戈夫
Берг Л. С.　别尔格
Бешта И. Л.　别什塔
Билецкий С.　比列茨基

Биллингс И. И.　比林格斯

Бимынов А. С.　毕梅诺夫

Блещавенко Л. П.　布列沙文科

Богданов К. Т.　波格丹诺夫

Богданов К. А.　波格丹诺夫

Бойко－Павлов Д. И.　博伊克—帕夫洛夫

Болутов Д. В.　博卢托夫

Борзунов В. Ф.　博尔祖诺夫

Борисович Л. В.　鲍里索维奇

Брежнев Л. И.　勃列日涅夫

Бугаев Ф. И.　布加耶夫

Буганов В. И.　布甘诺夫

Булгаков Н. П.　布尔加科夫

Бунич П. Г.　布尼奇

Бурдаков М. М.　布尔达科夫

Буще Ф. Ф.　布谢

Быков Л. А.　贝科夫

В

Вакланов П. Я.　巴克拉诺夫

Вакулин Н. А.　瓦库林

Варюзанич А. А.　瓦留扎尼奇

Васильев Б. И.　瓦西里耶夫

Васильева Е. В.　瓦西里耶娃

Васильевский Р. С.　瓦西里耶夫斯基

Ваховский С. М.　瓦霍夫斯基

Ващук А. С.　瓦休科

Ващук А. С.　瓦休克

Верхотуров Н. И.　韦尔霍图罗夫

Вибери К. Ю.　维别里

Вилков О. Н.　维尔科夫

Витсен Н.　维岑

Власов С. А.　弗拉索夫
Внотченко Л. Н.　弗诺特钦科
Вознещенский Н. А.　沃兹涅先斯基
Ворконский С. Г.　沃尔孔斯基
Востлотин С. В.　沃斯特洛京

Г

Гагалин М. П.　加加林
Газиус И.　加济乌斯
Галид Ж.　久加利德
Галлямова Л. И.　加利亚莫娃
Гвоздев М. С.　格沃兹杰夫
Гвоздецкий Н. А.　格沃兹杰茨基
Гек Ф.　格克
Георгиева Т. С.　格奥尔吉耶娃
Герасимова Л. А.　格拉西莫娃
Глóтов С.　格洛托夫
Голованов Н. М.　戈洛瓦诺夫
Головин Д. Ф.　戈洛温
Гольденберг Л. А.　戈利坚别尔格
Гонсович Е. В.　冈索维奇
Горбунов И. А.　戈尔布诺夫
Горбачёв М. С.　戈尔巴乔夫
Горьюшкин Л. М.　戈留什金
Граве В. В.　格拉韦
Градков П. М.　格拉德科夫
Грасимов Л. Е.　格拉西莫夫
Греков В. И.　格列科夫
Греков А. Ю.　格列科夫
Гребивонщиков А. В.　格列比翁希科夫
Григорий А. Г.　格利高里
Григорцевич С. С.　格里戈尔采维奇

Гродеков Н. И.　格罗杰科夫

Громыко А. А.　葛罗米柯

Гротеков Н. И.　格罗捷科夫

Грухалев В. А.　格鲁哈列夫

Гуандаки Н. Л.　关达基

Гуринов С. Л.　古里诺夫

Гучков А. И.　古奇科夫

Д

Давыдов И. И.　达维多夫

Д'Анвиль Ж. Б.　德安维利

Дербер П. Я.　杰尔别尔

Деревянко А. П.　杰列维杨科

Деришев А. В.　杰列舍夫

Дикунов А. И.　季库诺夫

Длир Ж. Н.　德利尔

Добровольская И. В.　多布罗瓦里斯卡娅

Долгов В. П.　多尔科夫

Доркин Н. И.　道尔金

Дрогошевский Г. С.　德罗戈舍夫斯基

Дружинин Н. М.　德鲁日宁

Духовский С. М.　杜霍夫斯基

Дыдмов А. Г.　德德莫夫

Дьяченко В. Г.　季亚琴科

Е

Евреинов И. М.　叶夫列伊诺夫

Екатерина В. А.　叶卡捷琳娜二世

Ельцин Б. Н.　叶利钦

Еляков Г. Б.　叶利亚科夫

Епифанов П. П.　叶皮法诺夫

Еркин В. Г.　叶尔金

Ж

Жирмунский А. В.　日尔蒙斯基

З

Задорнов Н. П.　扎多尔诺夫

Захаров Е. В.　扎哈罗夫

Знаменский С. В.　兹纳缅斯基

Зуева Г. П.　祖耶娃

И

Иван В. Г.　伊凡四世

Иванов С. А.　伊万诺夫

Иващенко Л. Я.　伊瓦辛科

Игенациус С. В.　伊格纳齐乌斯

Ильичев В. И.　伊利乔夫

Исаев А. А.　伊萨耶夫

Ишаев В. И.　伊沙耶夫

К

Кабузан В. М.　卡布赞

Калиников В. С.　卡里尼科夫

Калпов Г. Г.　卡尔波夫

Камардина Н.　卡玛尔季娜

Кантиба В. И.　康提巴

Караиванов А. А.　卡拉伊万诺夫

Караулов А. К.　卡拉乌波夫

Карбенко А. Н.　卡尔边科

Карелова Г. Н.　卡列洛娃

Кари К. Н.　卡里

Карпенко З. Г.　卡尔边科

Кашик О. И.　卡希克

Кечешков Н. В.　科切什科夫

Ким К. В.　基姆

Кире Н. Б.　基列

Кирилов И. К.　基里洛夫
Китин А. В.　基京
Кищик Е. В.　季什科
Князев Л. Н.　科尼亚杰夫
Ковалева З. А.　卡瓦列娃
Коваленко С. Г.　卡瓦琳科
Кожевников Н. Г.　科热夫尼科夫
Кожухов Ю. В.　科茹霍夫
Козанов И. К.　科扎诺夫
Козилев И. П.　科济列夫
Козлов В. Ф.　科兹洛夫
Колчак А. В.　高尔察克
Комаров В. Л.　科马罗夫
Комогорцев И. И.　科莫戈尔采夫
Корженевский Н. И.　科尔热涅夫斯基
Королева В. А.　科罗列娃
Коростелёв В. В.　卡洛斯捷廖夫
Корынин П. Н.　科雷宁
Костанов А. И.　卡斯坦诺夫
Косыгин Ю. А.　柯西金
Краснощеков А. М.　克拉斯诺谢科夫
Кремэнтиев А. Н.　科列门季耶夫
Креницын П. К.　克列尼岑
Критика Ф. Н.　克里奇卡
Крузенштерн И. Ф.　克鲁森施滕
Крупоткин П. А.　克鲁泡特金
Крушанов А. И.　克鲁沙诺夫
Крюков Н. А.　克留科夫
Крооф В. А.　克罗夫
Ксицзин Ю. А.　科斯京
Кулник Р. Г.　库利尼奇

Курнатовский В. К.　库尔纳托夫斯基
Куропаткин В. П.　库罗帕特金
Курский М.　库尔斯基
Куртина Г. Б.　库尔季娜
Кусман К. Д.　库斯曼
Кутаков Л. Н.　库塔科夫
Куцый Г. С.　库齐
Кушлин В. И.　库什林

Л

Ладкович Е. А.　拉德科维奇
Лаймунносов М. В.　莱蒙诺索夫
Лалин И. Е.　拉林
Ларин В. Л.　拉林
Ларина В. Л.　拉林娜
Лебедев П. С.　列别杰夫
Лебедева А. А.　列别杰娃
Левандиан А. Г.　列万季安
Лежнин П. Д.　列日宁
Лейнардет В. А.　列伊纳尔德特
Ленишов М. Д.　列尼绍夫
Леонтьев И.　列昂季耶夫
Леонтьева Г. А.　列翁吉耶娃
Ливеровский А. В.　利韦罗夫斯基
Лисянский Ю. Ф.　利相斯基
Лужин Ф. Ф.　卢任
Лунин М. С.　卢宁
Лушников А. А.　卢什尼科夫
Лынша О. Б.　伦莎
Лянзанцаив П. И.　梁赞采夫

М

Магидович И. П.　玛吉多维奇

Майбков К.　马伊博科夫

Макаренко В. Г.　马卡林科

Макаров Р. В.　马卡罗夫

Макаров С. О.　马卡罗夫

Макарова Р. В.　玛卡罗娃

Маклюков А. В.　马科留科夫

Максимец А. А.　马克西梅茨

Максимов Н.　马克西莫夫

Максимов А. Я.　马克西莫夫

Манаев Ф. Е.　马纳耶夫

Мандликов М. С.　曼德利科夫

Марголин А. Б.　马尔戈林

Марков А. Я.　马尔科夫

Марышев А. И.　马雷舍夫

Матвиев Н. П.　马特维耶夫

Мацуев Л. А.　马祖耶夫

Машанова Л. В.　玛莎诺娃

Медведев Д. А.　梅德韦杰夫

Медведева Л. М.　梅德韦杰娃

Мелиников Н. П.　梅利尼科夫

Ми́ллер Г. Ф.　米勒

Минакир П. А.　米纳基尔

Митин Г. И.　米京

Митинский А. Н.　米金斯基

Молотов В. М.　莫洛托夫

Морчанов А. А.　莫尔恰诺夫

Московитин И. Ю.　莫斯科维京

Мулашев Н. Е.　穆拉舍夫

Муловский Г. И.　穆洛夫斯基

Муров Г. Т.　穆罗夫

Мусин Ф. Н.　穆辛

Мусин Р. М.　穆辛

Мусин – Пушкин А. И.　穆辛·普希金

Мухачев Б. И.　穆哈切夫

Н

Наволочкин Н. Д.　纳沃洛奇金

Нагаев А. И.　纳加耶夫

Нагишкин Д. Д.　纳吉什金

Надаров И. П.　纳达罗夫

Нарышкин В. В.　纳雷什金

Насекин Н. А.　纳谢金

Наэньс В. И.　纳恩斯

Нейбут А. Я.　涅伊布特

Немчинов А. Я.　涅姆奇诺夫

Неунылов Б. А.　涅乌内罗夫

Николай Б. Р.　尼古拉一世

Нилус Е Х.　尼卢斯

Носов М Г.　诺索夫

Нуждин И. И.　努日津

Нурхаци　努尔哈赤

О

Огрызко И. И.　奥格雷兹科

Однокони Я. М.　奥德诺科尼

Окладников А. П.　奥克拉德尼科夫

Онишимовский В. Л.　奥尼西莫夫斯基

Осипова Э. В.　奥西波娃

Осокин М. О.　奥索金

Островский А. И.　奥斯特洛夫斯基

П

Павел П. Р.　保罗一世

Павлуцкий Д. И.　帕夫卢茨基

Пак Б. Д.　帕克

Пак Б. Б.　帕克

Панемакер К. А.　帕涅马克尔

Паримов Н. П　帕里莫夫

Петр А. Р.　彼得一世

Педров Н. П.　彼得罗夫

Перекислов В. Е.　佩列基斯洛夫

Пестели И. Б.　佩斯捷利

Петров А. И.　彼得罗夫

Пименнов А. С.　皮缅诺夫

Плетнев А. Н.　普列特涅夫

Плохих С. В.　普洛西克

Плэнисна Ф. Х.　普莱尼斯纳

Полонский А. С.　波隆斯基

Поляков Ю. А.　波利亚科夫

Попов А. Ф.　波波夫

Порватов В. М.　波尔瓦托夫

Пригорны Г. И.　普里戈尔内

Проскулияков Л. Д.　普罗斯库里亚科夫

Протопопов М. Н.　普罗托波波夫

Пугачев Е. И.　普加乔夫

Р

Рабинович Г. Х.　拉比诺维奇

Раев Г. Ф.　拉耶夫

Разумовский А. Г.　拉祖莫夫斯基

Распутина К. В.　拉斯布季娜

Рафиценко Л. С.　拉菲岑科

Рашин А. Г.　拉申

Рубан Н. И.　卢班

Рудаков А. В.　鲁达科夫

Русанов А. Н.　鲁萨诺夫

Рушников А. М.　鲁什尼科夫

Рыбачук И. В.　　雷巴丘克

С

Савченко А. Е.　　萨夫琴科
Сакович В. В.　　萨科维奇
Салтыков Ф. С.　　萨尔特科夫
Сарычев Г. А.　　萨雷切夫
Сафронов Ф. Г.　　萨夫罗诺夫
Светачев М. И.　　斯韦塔切夫
Свиркунов И. П.　　斯维尔库诺夫
Свиякин Н. С.　　斯维亚金
Свырдеов Я. М.　　斯维尔德洛夫
Сгибнев А. С.　　斯吉布涅夫
Семевский В. И.　　谢梅夫斯基
Семенов М. Г.　　谢苗诺夫
Семенов Я. Л.　　谢苗诺夫
Сергеев М. А.　　谢尔格耶夫
Серебренников И. И.　　谢列布连尼科夫
Сисайнин Л. Д.　　西塞宁
Синт И. Б.　　辛特
Сиянов В. Г.　　西亚诺夫
Скорнияков У. Г.　　斯科尔尼亚科夫
Соймонов Ф. И.　　索伊莫诺夫
Соловьев Ф. В.　　索洛维约夫
Сопоцко А. А.　　索波茨科
Сорокина Т. Н.　　索罗金娜
Спеланский М. М.　　斯佩兰斯基
Станкевич А. П.　　斯坦克维奇
Старков М. И.　　斯塔尔科夫
Стенин А. С.　　斯捷宁
Стрельцова Т. П.　　斯特烈里佐娃
Стрюченко И. Г.　　斯特留琴科

Суханов К. А.   苏哈诺夫
Сухаренко А. Н.   苏哈连科
Сушинов И. И.   苏希诺夫
Сьюткин Ф. Н.   休特金

Т
Тарасов Г. Л.   塔拉索夫
Таскин С. А.   塔斯金
Татаринов Ф. В.   塔塔里诺夫
Телещанко М. И.   捷列先科
Темби А. Г.   捷姆比
Тесельская И. П.   捷谢利斯卡娅
Тимошенко А. И.   季莫申科
Тителихс М. К.   季捷里赫斯
Ткачева Г. А.   特卡切娃
Ткачева А. А.   特卡切娃
Толстой А. Н.   托尔斯泰
Топоков А. С.   托波尔科夫
Трубецкой С. П.   特鲁别茨科伊
Трутнев Ю. А.   特鲁特涅夫
Тухачевский М. Н.   图哈切夫斯基

У
Увачан В. Н.   乌瓦昌
Унтербергер П. Ф.   温捷尔别尔格尔
Устлугов Л. А.   乌斯特卢戈夫

Ф
Фадеев А. А.   法杰耶夫
Фадеев В. А.   法杰耶夫
Федор Х. В.   费多尔
Федотов А. М.   费奥多托夫
Федорова С. Г.   费多罗娃
Фомина Н. В.   弗米纳

Фролов К. Д.　　费罗洛夫
Фруг В. Е.　　弗鲁格
Фу́рман Д. Е.　　福尔曼
Фуруглим И. В.　　富鲁格利姆

Х
Хабаров Е. П.　　哈巴罗夫
Хило Н. А.　　希洛
Ходасевич А. П.　　霍达谢维奇
Хрущев Н. С.　　赫鲁晓夫
Хуан тайцзи　　皇太极

Ц
Целищев М. И.　　切利谢夫

Ч
Чаплин П. А.　　恰普林
Чеплин И. П.　　切普林
Черевко К. Е.　　切列夫科
Черенки В. Д.　　连科夫
Чернолуцкая Е. Н.　　切尔诺卢茨卡娅
Чешов Р. Г.　　切绍夫
Чингисхан　　成吉思汗
Чириков А. И.　　奇里科夫
Чичканов В. П.　　奇奇卡诺夫

Ш
Шавкунов Э. В.　　沙夫古诺夫
Шадлин С. С.　　沙德林
Шафир Я. Г.　　沙菲尔
Швызов А. В.　　什维佐夫
Шестаков А. Ф.　　舍斯塔科夫
Шебеко К. И.　　舍别科
Шелихов Г. И.　　舍利霍夫
Шечов Е. Г.　　瑟乔夫

Шешунов В. Г.　舍舒诺夫

Шило Н. А.　希洛

Шиндялов Н. А.　申佳洛夫

Шмелев В. А.　什梅廖夫

Шмит П. П.　施密特

Шунков В. И.　顺科夫

Шумилин М. К.　舒米林

Щ

Щагин Э. М.　夏金

Щебеньков В. Г.　谢别尼科夫

Щербановский О. С.　谢尔巴诺夫斯基

Щишлов И. Н.　希什洛夫

Ю

Ющанков И. А.　尤先科夫

Я

Language А. А.　亚济科夫

Якоби И. В.　雅科比

Яковлева Е. В.　雅科夫列娃

Якубович П. Ф.　雅库鲍维奇

Янковский М. И.　扬科夫斯基

后　　记

　　本书是国家社会科学基金重点项目"俄罗斯远东历史研究"的最终成果。自 2013 年项目获批立项以来，至今已经过了整整十年。这十年可分为前后两个阶段：前五年是搜集翻译资料、实地考察调研、编写全书大纲、集体分工写作、听取专家意见、修改加工完善，直到项目完成并申请结项；后五年则是出版社编校和送审，作者根据专家意见进行修改和补充。在不断的波折和反复的完善过程中，作者集体始终充满信心，为最大程度地提升书稿质量做出了不懈努力。今天，该成果终于能够付梓，实属不易。

　　这十年间，世界发生了巨大变化，中俄两国的国内形势和外部环境也在不断发展变化。与此同时，中俄关系稳步前行，随着政治互信不断深化、战略协作愈加紧密、互利合作进一步加强，中俄关系进入历史最好时期。新时代中俄战略协作伙伴关系对世界形势和国际格局的影响逐步加深。中国与俄罗斯相互毗邻，两国的地区合作对于提升中俄务实合作的质量与水平具有重要作用。为此，深入了解和全面认识对方的历史与现实至关重要，也印证了项目申请立项时关于学术价值和现实意义的基本阐述。

　　客观地说，我们对俄罗斯远东历史的研究，无论在考古发掘、田野调查、文献资料等方面，还是在研究范围的广度和研究层次的深度上，都与俄罗斯学者有着很大差距，需要我们做长期的、系统的研究。从这一意义上说，本书的确是抛砖引玉之作，期待将来能有更多、更好的成果涌现。由于区域国别史的极端复杂和不断变化的特征，俄罗斯远东史的研究难度很大，研究工作也不可能一蹴而就。因此，书中难免出现资料的不足、技术的疏漏和表述的欠妥等问题，诚望同行批评指正。

  本书在写作过程中，参考和引用了不少中外学者的研究成果，其中包括黑龙江省社会科学院俄罗斯研究所徐景学、侯育成、赵立枝、殷剑平等先生的成果，以及俄罗斯科学院系统 В. В. 库列绍夫、П. А. 米纳基尔、В. Л. 拉林等院士的相关著述，在此谨对学界前辈和同行致以由衷的感谢，对他们的不懈探索和深厚学养深表敬佩。在本书修改过程中，曾经在黑龙江省社会科学院俄罗斯研究所学习或工作过的初祥、王晓菊等同志，提出过宝贵的修改意见；中国社会科学院科研局有关同志、中国社会科学出版社孔继萍编审都为本书的出版做了大量工作，在此表示衷心的感谢。中国社会科学院中国边疆研究所所长、学部委员邢广程先生，在极为繁忙的工作期间，拨冗为本书撰写序言，对他的抬爱和辛苦也表示最诚挚的谢意。

作者

2024 年 3 月 6 日